U0054151

中國大陸與兩岸關係概論

張亞中、李英明◎著

序

　　兩岸從廿世紀中葉起分治，轉眼已進入了廿一世紀。在這逾五十年的時間裡，雙方的人民在不同的空間內成長，心理的距離似乎是相當的遙遠；但是兩岸的人民畢竟是同文同種，地緣的距離也不過百里，使得彼此的關係又是無法切斷。特別是，當現今的世界已經越來越相互依存地像一個大家庭時，不論兩岸政府與人民的基本立場為何，彼此的關係恐怕也難脫離地緣政治的宿命，而越趨密切。

　　作為一個關心國家前途的公民，或是作為一個生活在台灣的國民，無論對兩岸關係的立場與好惡為何，都應該不會否認，兩岸關係對於台灣的未來是極為重要的課題。對兩岸關係的瞭解應該不只是大學的通識教育，更應該已是國人所應有的知識。

　　在認識兩岸關係時，不可避免地會觸發到中國大陸的立場與看法。如果我們不對中國大陸的意識型態或黨、政、經、軍、教、外交有基本的認識，將會影響到我們在討論兩岸關係時的判斷。因此，這本書在寫作時，特別將中國大陸與兩岸關係合併在一起討論。

　　本書的第一部分共分為七章，側重在對中國大陸的探討，分別對中國大陸的意識型態、黨政、民族主義、經濟、教育、軍事、

外交作一介紹與論述。第二部分則針對兩岸關係討論，共有八章，分別為國際間對兩岸地位的看法、兩岸的基本政策、兩岸交流體系的建立、交流秩序與協商、社會交流、經貿交流、文化交流，以及兩岸與港澳。

鑑於中國大陸的軍事與外交發展對兩岸關係影響甚大，本書特多予著墨。另外有關兩岸間的交流互動，本書也提供詳盡資料數據，以供讀者參考。有關兩岸關係中某些議題，例如對國家定位、經貿交流、兩岸協商等等，兩岸以及我國內部各政黨間都有不同的看法。本書在寫作時立求公正客觀，僅提供完整的事實，對各方的見解均作陳述與分析，並盡量避免作者個人的評斷。有關爭議性的議題，可由師生與同學自行討論。

本書原本附錄了廿餘份重要文件以供讀者參考，但後來為避免使得本書頁數過多，而增加讀者購書時的負擔，因而將其割愛。讀者如有需要參考原始重要文件，可向行政院大陸委員會查詢，該會有相當完整的文件資料。本書在寫作過程中曾經陸委會同意並安排赴該會圖書館進行資料蒐集與寫作，特亦在此表達謝意。

本書的第一至五章是由李英明執筆，第六至十五章則是由張亞中撰寫。中國大陸與兩岸關係牽涉甚廣，作者本身礙於學養有限，恐無法面面顧及，疏漏偏失自所難免，尚祈各位學術先進與實務工作者能予指正為感。

張亞中、李英明　謹識

目　錄

序　i

第一章　中國大陸意識型態　1

　第一節　中共意識型態的本質　2

　第二節　毛澤東思想的形成與發展　4

　第三節　毛後中共意識型態的發展　13

　問題與討論　17

第二章　中國大陸黨政　19

　第一節　黨組織　20

　第二節　人大角色變化　27

　第三節　中共與其他黨派　30

　第四節　大陸基層選舉之研析　32

　問題與討論　36

第三章　中國大陸民族主義　37

　第一節　民族主義與文化主義　38

　第二節　民族主義與進化主義　41

第三節　孫中山與民族主義　44

第四節　中共與民族主義　51

第五節　結　論　57

問題與討論　62

第四章　中國大陸經濟　63

第一節　尋租與行政干預　64

第二節　地方保護主義　67

第三節　八〇年代以來的經濟改革及其效應　72

問題與討論　78

第五章　中國大陸教育　79

第一節　經濟主義與政治主義的兩條路線　80

第二節　教育的改革及其演變　82

第三節　現階段的教育改革計畫　86

問題與討論　90

第六章　中國大陸軍事　91

第一節　中共軍事戰略思想的轉變　92

第二節　中共的軍事體制　99

第三節　中共的軍事力量　103

第四節　中共武力犯台的可能性　128

問題與討論　133

第七章　中國大陸外交　135

第一節　毛澤東時期（1949-1976）　136

第二節　鄧小平時期（1976-1989）　145

第三節　冷戰後時期（1989-　）　152

第四節　中共未來外交政策取向　165

問題與討論　169

第八章　國際間對兩岸地位的看法　171

第一節　1943-1949年國際間對台澎歸還中國無異議　172

第二節　1949-1972年國際間對兩岸地位的看法　174

第三節　1972-1982年美國對兩岸的立場　186

第四節　冷戰後美國與兩岸的關係　193

第五節　其他主要國家的態度　197

第六節　民眾對於發展兩岸關係與外交關係的看法　200

問題與討論　204

第九章　兩岸的基本政策　207

第一節　軍事對立與衝突時期（1949-1978）　208

第二節　相互對峙與互不往來時期（1979-1987）　210

第三節　開展兩岸民間交流與協商時期（1987-　）　216

第四節　兩岸對基本政策的歧異　234

第五節　民眾對於兩岸基本關係的看法　241

問題與討論　246

第十章　兩岸交流體系的建立　249

第一節　交流體系建立的過程　250

第二節　兩岸相關機構的組織架構　252

第三節　兩岸中介團體的設置　257

問題與討論　261

第十一章　兩岸交流秩序與協商　263

第一節　中華民國對兩岸交流的整體立法　264

第二節　中共對兩岸交流的個別立法　271

第三節　兩岸協商　274

第四節　未來的方向　279

問題與討論　281

第十二章　兩岸社會交流　283

第一節　兩岸社會交流的演進　284

第二節　兩岸社會交流的成果　287

第三節　兩岸社會交流衍生的問題與限制　290

第四節　未來的方向　294

問題與討論　295

第十三章　兩岸經貿交流　297

第一節　兩岸經貿關係的互動現況　298

第二節　政府推動兩岸經貿交流的基本看法　305

第三節　兩岸經貿交流的問題　307

第四節　有關兩岸航運關係　309

第五節　未來展望　315

第六節　兩岸經貿交流的爭議性看法　317

問題與討論　325

第十四章　兩岸文教交流　327

　　第一節　兩岸文教交流發展狀況　328

　　第二節　兩岸文教交流的問題　332

　　第三節　未來努力的方向　338

　　問題與討論　341

第十五章　兩岸與港澳　343

　　第一節　香港實施「一國兩制」的評估　344

　　第二節　香港主權轉移對兩岸三地關係的影響　347

　　第三節　香港主權移轉後兩岸三地經貿關係的展望　349

　　第四節　我政府對港澳的政策　350

　　問題與討論　352

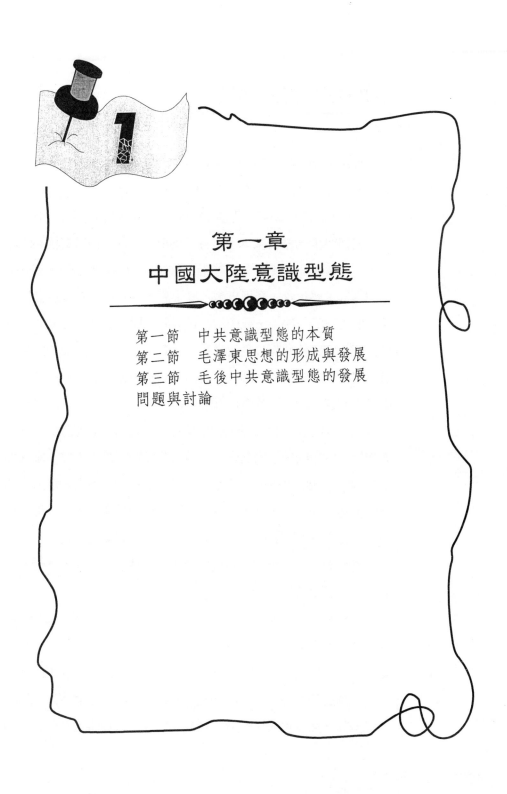

第一章
中國大陸意識型態

第一節　中共意識型態的本質
第二節　毛澤東思想的形成與發展
第三節　毛後中共意識型態的發展
問題與討論

中共意識型態的本質

要瞭解中共的意識型態，首先必須弄清楚「意識型態」是什麼，其實在現實世界中的意識型態，絕不只是一套所謂的抽象理念的組合，而是會呈現出具體的結構，甚至會被轉成具體的建制。

意識型態的結構基本上可分為兩部分，其一是所謂核心的部分，其二是環繞著核心的外圍實踐性的（practical）部分，核心部分的內容主要包含一套世界觀、歷史觀，以及用來支撐這套世界觀、歷史觀的方法論，或由這套世界觀、歷史觀延伸出來的一套價值觀、實踐性的部分主要是提供一套引導人們去認知和判斷周遭世界的認知圖和評估圖，以及由此認知圖和評估圖所延伸出來引導人們實踐行動的戰略和策略設計。

核心部分主要是影響人的價值理性的運作，而實踐部分則主要影響人的策略理性的運作，指導人的實際行動；因此，兩大部分的角色功能的區隔非常清楚。不過，必須注意的是，意識型態不可能孤立的存在，必須通過一個團體或組織作為載體，從而以導引人從事實體的實踐行動為標的，因此，意識型態是以實踐和群眾為取向的，其總的目的就是要使人成為合乎組織或團體要求和期待的「組織的人」。

從分析的角度來看，意識型態的結構分成上述兩大部分，而這兩大部分要結合起來，意識型態才能發揮其實際的效應和功能。光有一套世界觀、歷史觀和方法論，是不成其為意識型態的，必須通過能夠引導人們實踐的指導綱領的設計，才能成為完整的意識型態，而反過來，任何一套能夠引導人們從事實踐的綱領絕

不是空穴來風，必須以一套世界觀、歷史觀、方法論或價值觀作為其正當性的辯護基礎，意識型態結構中兩大部分如何結合，是一個團體或組織的領導人必須面對的嚴肅課題。

一個團體或組織在處理其意識型態的核心部分時，通常會賦予核心部分普遍性的意涵；亦即，通常核心部分會被視為具有普遍有效意義的理論或真理，這樣一套東西是放諸四海而皆準，可以跨越時空界限的，至於實踐性的部分，則通常會被打上該團體或組織領導人的色彩；因此，一個團體或組織的意識型態，基本上就等於被視為普遍有效的理論或真理，加上具人格化或個人化的領導人的思想。而人格化或個人化的領導人的思想，一方面固然會被理解成是普遍有效的理論或真理的應用，另一方面則更會被解釋成普遍有效的理論或真理和該團體或組織所處的具體情境相結合的產物，亦即會被理解成普遍有效的理論或真理經過本土化洗禮的產物。

舒爾曼（Franz Schurmann）在其《共產中國的意識型態與組織》（*Ideology & Organization in Communist China*）一書中認為，中共意識型態基本上就分成上述二大部分，而作為實踐性部分的中共領導人特別是毛澤東思想，則是被中共視為普遍有效的馬列主義和中共在中國具體實踐經驗相結合的產物。亦即舒爾曼認為，作為中共意識型態結構一部分的領導人思想，是馬列主義經過本土化洗禮的產物，因此，通過上述的說明和舒爾曼的看法可知，其實一個團體或組織的意識型態的形成和發展，會涉及到被視為普遍有效的理論和真理本土化的問題，而就中共意識型態的問題來看，中共從建黨以來所面對的嚴肅課題，主要就是馬克思主義本土化或叫做中國化的問題。舒爾曼雖然沒有直接明白講，但是他在論述中共意識型態問題時，確實處理了中共與馬克

思主義中國化之間關係的問題，而這個問題其實也就是馬克思主義全球化擴散的問題。[1]

中共如何面對馬克思主義全球化，與如何讓馬克思主義中國化是直接關連在一起的，而面對這些問題的立場就會延伸為中共內部的路線之爭。舒爾曼企圖告訴人們，馬克思主義要作為各國共產黨的意識型態，向外擴散是必然的趨勢，而毛澤東思想就是這種擴散過程中所表現的本土化的具體產物，因此，中共意識型態結構中核心與實踐性部分的結合，其實就是通過馬克思主義擴散和本土化過程來實現的。

毛澤東思想的形成與發展

從中共黨史來看，延安時期，毛澤東之所以能夠整肅國際派，取得黨內意識型態主導權，其中主因之一就是毛澤東抓住了馬克思主義本土化（中國化）的形勢，而國際派卻違逆了這個形勢。延安時期，毛澤東與國際派環繞著意識型態的鬥爭，基本上就反映了當時中共黨內關於如何面對馬克思主義中國化的兩條路線的分歧。對毛澤東而言，馬克思主義包括了基本原理和個別論斷兩部分，前者指的是以歷史唯物論或辯證唯物論為主所呈現的一套世界觀、歷史觀，以及用以支撐這套世界觀、歷史觀的方法論；而後者指的是馬克思在特定時空環境下針對特定議題所作的論述，這種論述具有時空的局限性，會因為時空的變易而出現適用性和合理性的問題。毛澤東認為，中共所要堅持的是前者而不是

---

[1] Franz Schurmann , *Ideology & Organization in Communist China*, Calitornia University Press, 1966.

後者，而國際派卻不知道馬克思主義的這種二元結構，經常把後者當成前者來看待，這表示國際派根本不瞭解馬克思主義，而國際派在意識型態領域中所犯的教條主義的錯誤，主要也是表現在這個關鍵點上。在另一方面，毛澤東認為，馬克思主義的基本原理其實主要是支撐其世界觀和歷史觀的方法論，這套方法論是具開放性的，也因為其具開放性，才能因應本土化過程的洗禮。亦即，馬克思主義基本原理中的方法論所具有的普遍性，是通過具有特殊性的本土化過程才得以不斷呈現出來。

　　既然毛澤東思想的形成發展，是馬克思主義本土化（中國化）的結果；接下來的問題是，本土化過程是如何進行的，而其中會觸及如何面對馬克思主義俄國化的產物──列寧主義的問題；其實，毛澤東思想的發展過程也就是通過中共和馬克思主義和列寧主義互動和區隔來實現的。前面已論及，馬克思主義向外擴散，本土化是無可避免的趨勢；而史達林也不反對馬克思主義的本土化，他關心的是其他國家如何對待馬克思主義俄國化的態度，不允許其他國家否定或挑戰俄國化的馬克思主義的權威。

　　列寧主義作為馬克思主義俄國化的表現，主要是通過三個理論作為標誌來實現的。其一是在其《社會化主意在革命中的兩種策略》所建構的兩階段革命論。在此著作中，列寧清楚地意識到俄國與西方環境的不同，不認為俄國可以一下子就實現社會主義革命，而必須經過資產階級民主革命和社會主義革命兩個階段。其二是在其《怎麼辦？》中所表達的建黨論。在此著作中，列寧不認為社會主義革命可以因著資本主義社會內在矛盾而自然發生，在落後地區的俄國，更不能期待社會主義革命的自然發生；因此，列寧強調，無產階級的階級意識是不會自然發生的，在落後的俄國更是如此，必須靠外來的灌輸。靠誰灌輸呢？靠以革命

作爲終身職志的精英份子所組成黨來灌輸。這也就是說，列寧走的是精英主義的政黨和革命的道路，他不相信無產階級會自然的形成階級意識並採取集體的革命行動，而必須靠前述的精英的政黨來領導和保證。這樣的黨是個組織嚴密、紀律嚴格的黨，其運作的主體是靠所謂的民主集中制，這種制度的重點在於決策未形成前，黨內可以充分討論，使既成爲決策後，黨內各層級就必須嚴格地遵守。其三是列寧在《帝國主義是資本主義發展的最高階段》所表露的觀點。列寧在此著作中，揭櫫了帝國主義理論，從而把社會主義或共產革命建立在民族主義的基礎上。

如果列寧主義沒有第二特別是第三個理論的提出，其對於落後地區的影響力就不可能如歷史過程中所表現的那樣大，俄國和西方不同，其他落後國家更和俄國不同，俄國沒有受到西方帝國主義的壓迫，但是其他落後地區都先後受到西方帝國主義的欺壓；因此，不管是列寧兩階段革命中的哪個階段，其他落後地區都必須把反帝國主義列爲首務，如此一來，社會主義革命必須和民族主義相結合；不過，其實在列寧的帝國主義論中，就允許民族主義和社會主義革命結合在一起，這與古典的馬克思主義是不同的。我們可以這麼說，列寧帝國主義理論的提出，標誌著馬克思主義朝非西方化的方向發展，列寧主義和落後地區發生關聯，主要應該是通過此理論，毛澤東和列寧主義的關係，主要是通過帝國主義作爲中介，當然毛澤東也受到列寧兩個階段革命論的影響。

在對於黨的觀念上，毛澤東與列寧主義基本上是不同的，從這點來看，毛澤東思想不能算是列寧主義的直接發展的產物，毛澤東從早年就有民粹主義（Populism）的觀念，相信人民群眾的力量可以跨越客觀的歷史條件的限制，實現社會主義革命。毛澤東

從這種民粹主義的途徑形成唯意志論的史觀，形成不同於傳統馬克思主義歷史決定論的看法。這種民粹主義更使毛澤東在延安時期以前就形成以農民為取向的農民民粹主義，而從這種立場出發，毛澤東形成了和國際派不同的革命和軍事觀點，這種不同其實早已在 1928 年至 1935 年間表現出來。

　　在列寧主義影響下的革命和軍事觀點有幾個特點：其一是以城市為中心；其二是以工人階級為革命主體力量，農民雖可參與革命，但與工人之間是從屬的關係；不允許農民成為革命的主體力量，或具備和工人同等的地位；其三是堅持以無產階級作為意識型態建構的核心範疇。而毛澤東從農民民粹主義出發，所形成的與列寧主義以及受其影響的國際派不同觀點，其特點下數項：其一是反對以城市作為革命中心，強調農村包圍城市；其二是凸顯農民在革命中的角色，並不把農民視為從屬於工人之下的範疇。

　　此外，民粹主義也使毛澤東走上反制度主義和專業主義的方向；而這個方向竟然在大躍進特別是文革時期表現得更為鮮明。不過，在 1935 年之前，毛澤東的民粹主義途徑仍然沒有跳離階級分析的架構，一直到 1935 年前，毛澤東才因著中國內外形勢的變化，轉而以民族主義的角度作為分析問題的基礎，而也因此使毛澤東從強調階級革命進而強調民族革命重要性；反帝和民族革命結合在一起，乍看之下，似乎是列寧主義的發展，但其實更標誌著毛澤東思想與列寧主義的距離漸行漸遠；因為民族革命的被強調，對毛澤東而言，顯示馬克思主義中國化（本土化）正在無法抵擋的發展；馬克思主義本土化的過程是以民族主義為訴求的，民族革命標示著各落後地區包括中國的共產黨可以從民族主義出發，走自己的革命和軍事道路，而不必因襲國際主義的老路或列寧主義的途徑。

毛澤東從民粹主義發展出群眾路線，是否符合群眾路線成為毛澤東討論領導者是否具有正當性的基礎。而領導者到底如何操作群眾路線呢？主要有以下幾個步驟：第一階段是收集羅列的階段，將群眾零散無系統的意見加以收集；第二階段是摘要整理的階段，研究整理群眾的意見，使之系統化，並以摘要的形式向上級領導提出報告；第三階段是權威化的階段，上級領導根據這些報告給予評論或指示，而各級幹部必須把這些評論或指示往下傳達，以至於回饋到群眾中去；在這個階段中，幹部會對群眾進行教育或宣傳，除了解釋上級的理念外，並且測試這些理念的正確性；第四階段是落實的階段，當群眾都瞭解並且接受這些理念後，進一步將這些理念轉成具體的行動。毛澤東認為，上述這些過程可以視現況需要重複操作數次，以便使群眾路線的操作儘量減少錯誤。[2]

　　毛澤東從 1930 年代江西蘇維埃時期就形成了上述群眾路線的看法；就毛澤東看來，這是中共取得群眾支持的相當有效的方法，因為在群眾路線應用操作的過程中，各級領導和群眾共同經歷一個受教育的過程，他們彼此學習並進而相互支持。

　　從某個角度來看，毛澤東所標榜的群眾路線是對列寧的「民主集中制」概念的發展和修正，將民粹主義和制度主義（institutionalism）結合起來；亦即，毛澤東雖然從民粹主義出發，相當重視群眾力量的重要性，但是他並不允許由於重視群眾力量而變成無政府主義；所以，對毛澤東而言，群眾路線絕不能完全擺脫制度的制約而無限上綱的發展運作；在文革期間，紅衛兵運動當然是毛澤東群眾路線的表現，不過，當不同的紅衛兵派系的

---

[2] James C. F. Wang, *Contemporary Chinese Politics: An Introduction*, Prentice-Hall International Editions , 1989 , pp.55-56.

鬥爭已達無政府狀態時，毛澤東毫不猶豫地讓軍隊出面來恢復秩序。

在前面曾提及，對毛澤東而言，中共所要堅持的馬克思主義，是指以歷史唯物論或辯證唯物論為主體的一套世界觀、歷史觀，以及用來支持這套世界觀和歷史觀的一套辯證法。當然，這套世界觀、歷史觀和方法論，對於中共的革命實踐會有指導作用，但是具體的行動綱領還必須靠中共從實踐過程中來不斷總結，亦即，對毛澤東而言，馬克思主義的基本原理可以提供人們恰當的方向，但人們無法從中獲得直接具體的行動綱領，要獲得正確的行動綱領必須從現實和實踐過程中才有可能，而要判斷這些行動綱領或政策是否正確，唯一的方式是去展開行動，從行動中來進行評判，只有投身於現實，展開行動實踐，才能不斷獲得經驗，總結經驗，進而去開展更深入的行動和實踐。

《實踐論》和《矛盾論》在毛澤東思想中屬於基本原理，毛澤東通過它們提供了一套世界觀、歷史觀，以及一套方法論和知識論；這套基本原理以辯證法為基礎，並且從衝突主義和矛盾取向鋪陳了一套分析社會和歷史的架構。

毛澤東抓住了馬克思主義本土化的勢頭，在延安時期整肅了國際派，取得了中共意識型態的主導權，基本上統一了黨內對馬克思主義的態度。而毛澤東在凸顯馬克思主義本土化的必要性和重要性的同時，其實已經挑戰了列寧主義的權威，只不過當時的國際環境使得蘇聯和共黨國際並無法直接有效地制約毛澤東。

毛澤東認為，從馬克思主義本土化過程的必然趨勢可以看出，馬克思主義的普遍性必須通過本土化所表現出來的特殊性作為載體，然後其普遍性才能持續不斷以符合各地各國特性的方式表現出來。就因為毛澤東認為，馬克思主義要往外擴散就必然要

經過本土化的洗禮，因此，馬克思主義絕不可能原原本本地以原來面貌呈現在不同地區和國家；在這個關鍵點上，其實毛澤東已認識到，馬克思主義的本土化意謂著馬克思主義往外擴散到了不同地區和國家，就會不斷走上後馬克思主義的方向去，和當地的國情特色和歷史條件相結合，否則馬克思主義就無法在當地發生實質的影響力。

從民粹主義和本土化的角度看毛澤東思想的發展，當然可以幫助人們瞭解毛澤東思想和馬克思主義和列寧主義的不同；但是，絕不能因此而過度凸顯毛澤東思想的原創性。在對待農民的態度上，雖然毛澤東賦予了農民革命的重要角色；但是，列寧在兩階段革命論中同樣賦予農民的革命角色；當然，列寧把農民的革命位階放在工人之下。此外，毛澤東在 1935 年後，相當凸顯民族革命的重要性；但值得注意的是，列寧在帝國主義論中也早就允許共產革命和民族革命的結合。而毛澤東雖然強調農民的革命角色，但他卻不敢直接而且清楚賦予農民在社會主義革命後的政治角色，顯得閃閃躲躲的。

古典馬克思主義認為，無產階級通過和資產階級結構性的矛盾和衝突，會形成階級意識，並進而遂行共產革命；階級意識的形成必須以實際的階級實體的存在為條件；列寧則認為無產階級沒有馬克思所認定的能耐，其階級意識或是共產主義革命意識的形成必須靠精英從外灌輸；而毛澤東的民粹主義使他認為，階級意識的形成並不須要以一個現實存在的階級作為載體，只要能形成共產革命的意識就可以證明無產階級的存在。

不過，雖然民粹主義對毛澤東有巨大的制約作用；但是毛澤東在民粹主義和精英主義之間的關係分寸，一直無法拿捏得很妥當。民粹主義使毛澤東強調群眾路線的重要性，毛澤東認為領導

者的正當性主要是奠立在他是否能夠從群眾中來到群眾中去；這也就是說，毛澤東拿群眾路線來作為證明其領導者權威正當性的基礎，他並沒有因為民粹主義的傾向而完全否定精英主義。

通過延安時期，毛澤東基本上統合了黨內的意識型態，這種形勢的發展影響了往後國共內戰的權力消長。因為延安時期毛澤東的意識型態統合鬥爭，不只階段性地解決中共黨內意識路線層面的分歧，而且也奠立中共與國民黨爭奪民間社會意識型態主導權的基礎，抗戰後中共更掌握住在文化、政治、經濟等各領域的結構性張力，配合蘇聯的協助，取得上層建築的主導權，從國民黨手中獲得中國大陸的控制權。

按照毛澤東在延安時期所提出新民主主義論來看，中國當時是處在新民主主義階段，中共的勝利是所謂新民主主義的勝利，中共取得的政權仍然要歷經一定時間的新民主主義階段，或者叫做向社會主義過渡的階段。而農業合作化運動和所謂農業、手工業和資本主義工商業的社會主義改造超出中共和毛澤東意料之外的快速；毛澤東在向社會主義過渡的同時，形成了對中國大陸向更成熟的社會主義邁進的樂觀期待，在這種期待制約下，一九五六年下半葉毛澤東發動了雙百運動，可結果卻演變成一九五七年的反右鬥爭。

這種劇烈的轉折變化，使毛澤東的反智傾向再度抬頭，民粹主義也因此再度明顯地佔據毛澤東思想的主體位置。反右鬥爭使毛澤東的思想路線開始左傾，並且放棄了新民主義階段的時期的統一戰線作風，農民群眾儼然成為毛澤東要求中國大陸快速邁向成熟社會主義的主體。1957 年至 1958 年毛澤東不斷鼓吹「落後優勢」的觀念，並且在 1958 年的南京會議提出「不斷革命論」，以及在同年的北戴河會議正式發動人民公社化運動。

反右讓毛澤東認為中國大陸就算進入社會主義階段，還是存在著對抗性的教義矛盾；而這樣的認知通過赫魯雪夫批判史達林獲得強化。就因為存在教義矛盾，毛澤東認為，必須把革命繼續下去，不能光靠政權的改變以及社會主義改造所觸及的財產權的變化，而更要通過群眾運動進一步徹底翻轉生產關係甚至整個上層建築。

　　大躍進產生了巨大的負效應，並導致了中共黨內的鬥爭，五九年的夏季的廬山會議，彭德懷和張聞天等人批判毛澤東和大躍進的錯誤。這種形勢更進一步激化中共黨內的紛爭，毛澤東認為對抗性的矛盾確實已經蔓延到中共高層。這種鬥爭形勢因為中蘇共論戰而更形複雜，修正主義開始成為毛澤東為對手戴帽子的名辭。雖然毛澤東在 1962 年的七千人大會上被迫承認錯誤，劉少奇並且投入為大躍進的負效應進行善後，但是也進一步激化毛澤東和劉少奇的矛盾，1964 年毛澤東在中共中央工作會議上正式提出階級鬥爭擴大化的論點，明白地指出黨的往後任務就是在整黨內的走資派和修正主義。按毛澤東當時的認知，在社會主義改造後，資本主義的力量仍然繼續滲透到中共黨內，形成走資路線，並且偽裝成修正主義，掌握中共黨機器尤其是意識型態主導權；因此，就必須以群眾的力量，進行文化意識型態的革命，徹底摧毀偽裝為修正主義的走資力量，從他們手中奪回黨的領導權。在這樣的認知結構下，劉少奇被塑造成鬥爭的主體標的。1966 年 5 月 7 日，在毛的所謂「五七指示」中正式指出，他希望中國大陸通過文化大革命和生產關係的總體變革，讓中國大陸進入一個以人民公社為主體的平均主義的社會，然後再以此為基礎，讓中國大陸能夠向真正的共產主義社會過渡。

　　文化大革命在上述結構形勢的制約下展開，毛澤東所透過群

眾運動導致中國大陸陷入極度的失序和動盪的狀態，中國大陸在各個領域都為此而付出極為慘重的代價。而文化大革命最後終於因為毛澤東的死以及所謂四人幫的被逮捕而宣告結束。後毛澤東和後文革時代，中共被迫必須花費巨大的代價重新為文革善後，這個主軸制約了後文革時代中國大陸的政經發展。

毛後中共意識型態的發展

　　毛死後，在 1977 和 1978 兩年，鄧小平在胡耀邦的協助下，以及善於運用後文革時代的總體形勢，運用了類似毛澤東在延安時期所謂「馬克思主義中國化」的手法，從華國鋒手中取得了中共意識型態的主導權，這種形勢變化於 1978 年的十一屆三中全會獲得確立；而以此為基礎，鄧小平進一步順勢掌握中共黨內的歷史解釋權，從 1979 年開始著手試圖統一黨內對中共建政以來歷史的認知，並且在 1981 年的十一屆六中全會通過了「關於建國以來黨的若干問題的決議」。在此決議中中共總的評價了大躍進和文革，並且依三七開的方式，論斷毛澤東的功過，將「毛澤東思想」與「毛澤東的思想」區隔開來，甚至把毛澤東思想定位成中共領導人集體智慧的結晶，以防止往後中共黨內的派系企圖挾毛澤東思想以自重，進而使毛澤東思想淪為派系鬥爭的工具。

　　通過對毛澤東思想的定位，毛澤東思想中的基本原理和被認為有用的個別論斷幾乎都被打入中共意識型態結構中的核心部分，與現實的政治經濟和社會發展隔開。而鄧小平在擁有意識型態的歷史解釋權後，進一步在 1982 年十二大正式確立了人事主導權，正式展開他的時代。而與此形勢相關連的是，鄧必須開始揭

藥他的基本原理原則甚至使他對各領域的個別論斷都能進入中共意識型態結構中。因此，我們可以說，在十二大之前，鄧小平是著重處理傳統中共意識型態的清理善後工作，而十二大後，鄧小平則努力地想進行中共意識型態的內容重建。社會主義初級階段是鄧小平時代，中共為後文革的中國大陸的歷史發展所做的定位；而為防止因為文革悲劇而使中國大陸知識界和民間社會傾向於以非社會主義的途徑和邏輯來思考中國大陸前途，中共在重建意識型態的同時，不斷進行所謂反資產階級自由化和反和平演變的工作。

　　十二大之後中共意識型態的建構，一方面既必須遵行社會主義的方向和途徑，但另一方面又必須重新處理和資本主義世界體系的關係；在前一方面，中共所要求的是不能讓社會主義世界體系其他國家的經驗主導中國大陸，在後一方面，中共所要求的是既要重建和資本主義的關係，運用資本主義，但又不能使資本主義反客為主，擠壓中國大陸的社會主義；在這種雙重性的考量下，中共提出了所謂建設有中國特色的社會主義作為總路線，並於十三大正式加以確立。

　　鄧小平在十二大後真正進入了他的時代，可是中共世代交替的壓力迫使他必須面臨政治權力交班的壓力；因此，他必須一方面重建中共意識型態，而另一方面叫必須努力著手接班梯隊的安排，胡耀邦和趙紫陽的先後下台，具體反映了中共意識型態重建過程中的張力。1989 年的天安門事件導致趙紫陽的下台，反而迫使鄧小平必須加緊接班的安排步伐，並且設法使中共意識型態的走向不會因此而偏離改革，甚至轉而左傾。不過，趙紫陽的下台以及天安門事件的發生，相當程度地很容易被解讀成鄧小平時代意識型態重建的不成功；因此，在後天安門階段，中共又再度面

臨嚴重的意識型態重建的問題。

通過天安門事件的發生，鄧小平本身也更不願意也不可能直接暴露在最前線，尤其是在意識型態領域，總的形勢使得鄧小平思想面臨必須被拱入中共意識型態結構核心的命運。在1989年的十三屆五中全會，中共開始將鄧小平思想定位成集體智慧的結晶，而十四屆五中全會，江澤民提出「論十二大關係」，企圖摸索後天安門事件的政經發展方向，並且填充中共意識型態結構的實踐部分的內容。而十五大可算是江澤民時代的來臨，江澤民必須面對如何定位毛澤東思想與鄧小平思想的關係，以及自己的思想與毛澤東思想和鄧小平思想關係等重要課題。

雖然在後文革時代，中共在進行改革的同時，仍然不斷宣稱要堅持與完善社會主義；但是，中共改革的發展已不斷顯示，絕不能再把社會主義看成是高於資本主義的人類社會的發展階段，或是資本主義外的唯一選擇。其實，所謂資本主義與社會主義絕不是二元對立的兩個範疇，其間具有相互滲透、相互支持的關聯性，彼此都無法缺乏對方，否則就很難完善；而若從這個角度觀之，其實不管是中國大陸或是西方國家，在二十一世紀必然邁向後社會主義和後資本主義的方向，這種發展方向使得中共將很難再做傳統式的社會主義的堅持。在經濟全球化以及資訊化時代來臨之際，中國大陸將如同其他國家或地區一樣面對傳統的世界觀、歷史觀和價值觀快速變遷的嚴肅課題，中共很難再依賴傳統的馬克思主義或毛澤東思想及鄧小平思想做為其意識型態的核心部分。而面對中國大陸這種可能的變化，我們也不要非常簡單地說成是資本主義戰勝社會主義，因為未來中國大陸所可能發展出來的路，不再是純粹的資本主義或社會主義邏輯所能解釋清楚的，民族主義有可能在中國大陸未來發展中扮演相當重要的角色。

在人類當代的歷史中，為了糾正及反對資本主義的弊端，直間接地將許多國家地區先後帶往法西斯主義或共黨專政獨裁的悲劇中去，而真正奠立在民主基礎上的社會主義，其實一直沒有出現或落實；共黨的黨國機器一直是實現這樣的社會主義的障礙，而今天，在中國大陸黨國官僚機器和官僚都紛紛以不同形式成為使中國大陸市場化操作的一環，中國大陸正朝國家或官僚資本主義的方向發展，不過，中國大陸這種發展經驗也不是其他經驗所能完全解釋得了的，中共黨國機器要扮演解決各種利益衝突、扶植完善市場經濟的角色，其實很難奠立在社會主義的號召上，而必須依賴使中國大陸擺脫文革陰影進一步強大的民族主義的號召上。

問題與討論

問　題

一、何謂「意識型態」？中共建政以來意識型態內容為何？

二、毛澤東在延安時期對國際派鬥爭的意識型態意涵為何？

三、比較毛澤東在延安時期對國際派的鬥爭和鄧小平在七十年代末期對「凡是派」的鬥爭。

四、中共未來可能的意識型態發展方向為何？民族主義因素會扮演何種角色？

討　論

一、意識型態問題對於理解中共政經發展的重要性為何？馬克思主義、列寧主義、毛澤東思想、鄧小平理論，甚至包括江澤民言論，在中共意識型態結構的位階角色為何？

二、中共如何在後毛時代重建其意識型態？

三、中共在後鄧時代又會如何重建其意識型態？

四、反和平演變、建設有中國特色的社會主義，這些命題和論述，對在意識型態層面如何被理解？

五、未來中共有無可能撐得住西方透過科技和網際網路傳輸西方的價值觀念？

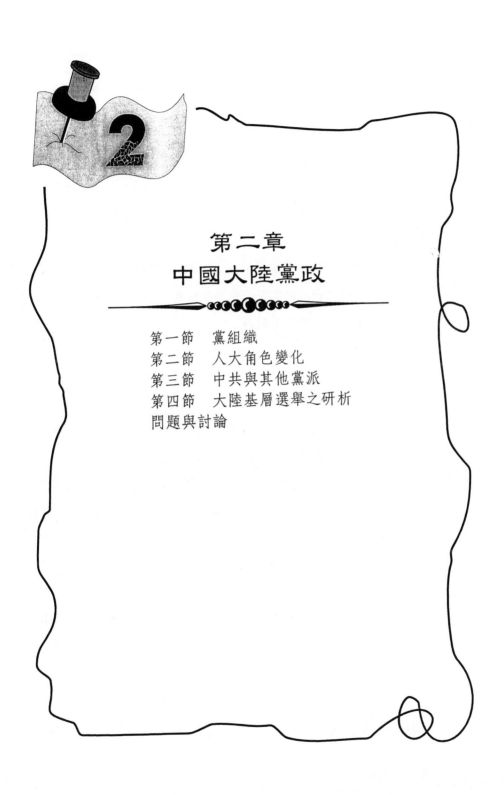

第二章
中國大陸黨政

第一節　黨組織
第二節　人大角色變化
第三節　中共與其他黨派
第四節　大陸基層選舉之研析
問題與討論

黨組織

　　中共黨的組織呈現一種中央集權式的金字塔型的科展
（hierarchical）結構。這個結構主要分成四層：(1)中央組織；(2)
省和自治區的組織；(3)縣及鄉鎮組織；(4)在學校、工廠或公社中
的基本組織。[1]

　　中共黨的中央組織包括：中國共產黨全國代表大會、中央委
員會、中央政治局和它的常務委員會、中央安全會總書記、中央
書記處、中央軍事委員會、中央顧問委員會，以及中央紀律檢查
委員會。

　　全國代表大會是中共黨的最高領導機關，其成員由選舉產生
的黨員代表組成，每次的名額和選舉辦法，由上一屆的中央委員
會決定，其職權主要是：聽取和審查中央委員會、中央顧問委員
會、中央紀律檢查委員會的報告；討論並決定黨的重大問題；修
改黨章；選舉中央委員會、中央顧問委員會和中央紀律檢查委員
會。[2]按照 1969、1973、1977 和 1982 的黨章規定，全國代表大會
每五年必須舉行一次，1982 的規定，中央委員會認為有必要，或
有三分之一以上的省級組織提出要求，可提前舉行，除非有特殊
情況不得延期。

　　從黨的全國代表大會接受的報告，可以看出中共的政策路線
是否改變以及對於某些計畫的強調。政治局或政治局常委會負責

---

[1]　James C. F. Wang, *Contemporary Chinese Politics: An Introduction*,
　　Prentice-Hall International Editions, 1989, pp.79-80.
[2]　浦興祖主編，《當代中國政治制度》，上海人民出版社，1992 年，頁 462-3。

安排人選草擬報告，以及安排黨全國代表大會的議題。中共十二大宣告了鄧小平時代的真正開始，中共的政策路線方向真正開始全面地往改革開放轉向；而 1987 年的十三大，則是進一步確立鄧小平在後毛時代所謂改革的總工程師的地位；此外，在十三大也表現出中共權力結構的演變，從長征世代向新的受教育的技術官僚的轉移。[3]

中央委員會是全國代表大會閉會期間黨的最高領導機關；中共現行黨章賦予中央委員會管理黨的事務和監督黨的政策執行的權力；而由於中央委員會委員的人數眾多，使其在本質上不可能做為政策制定的機關，但它具有認可接受黨的政策、計劃以及決定黨中央機關人數改變的權力。

中共黨章規定，中央委員會每屆任期五年，由黨的全國代表大會選舉產生，其任期隨全國代表大會正式會期而改變，每一屆中央委員和候補委員名單，由上一屆中央政治局彙整各省、自治區、直轄市和中央有關部門的提名向新一屆的全國代表大會主席團提出，然後經全體代表投票產生。[4]中央委員會全體會議由中央政治局召集，每年至少舉行一次，甚至可以舉行包含非中央委員會成員的擴大會議。

中央委員會的人數規模在文革後呈現穩定增加的趨勢，其理由如下：(1)反映文革之後黨員人數快速增加；(2)中央委員或候補委員經常作為對黨政人物、學者和科學家的酬庸；(3)反映文革之後擴大政治領導人才甄補的基礎；(4)女性人數比率的增加。[5]

中央政治局及其常委會是中央委員會閉會期間中共黨的最高

---

[3] James C. F. Wang, *op. cit.*, pp.80-4.
[4] 同註 2，pp.465-6.
[5] James C. F. Wang, *op. cit.*, p.85.

領導機關，由中央委員會全體會議選舉產生，政治局的日常工作是由它的常委會來執行，常委會算是黨金字塔型權力結構的頂端。

中央政治局及其常委會擁有巨大的影響黨的一般政策和政府機關所有重大事務的權力；政治局也具有挑選黨政軍負責人的權力。此外，政治局經常開會，通過討論形成共識後作成決定。從1949年以來政治局的成員至少有十一位；而1956年的黨章規定成立政治常委會，其成員從五位至九位不等，1982年的黨大會選出了一個六名成員的政治局常委會。而從許多中共黨史的例子顯示，常委會在作決策時經常不須與政治局商量。

中央政治局和它的常委會作為黨的最高權力核心，可是從1935至1975年，其成員產生的實際權力操在毛澤東手中；在文革前，黨的決策是通過在政治局主導下的工作會議來實現，但是，在文革期間工作會議停擺，一直到1976年10月，這樣的工作會議才告恢復。[6]

鄧小平在毛死後的 1978 年中共十一屆三中全會確立了意識型態主導權，進而在 1981 年的十一屆六中全會確立了歷史解釋權，以至於在1982年的十二大擁有人事主導權；可是十二大選出的政治局委員，平均年齡超過七十二歲，呈現老人政治的格局；政治局委員的年輕化真正是從 1985 年開始，十位年邁的委員退出，重新選出平均年齡才 60.3 歲的六位新委員進入政治局，他們基本上屬於技術官僚；這次的政治洗牌，是通過黨的特別會議而不是通過正式黨的全會來進行，政治局的年輕化在1987年的十三大進一步獲得實現，平均年齡六十三歲，而且基本上都屬於技術官僚。[7]

---

[6] *Ibid.*, pp.86-7.

[7] *Ibid.*, pp.87-8.

在中共建政直到文革前，中央書記處負責處理中央的行政和幕僚事務，文革期間被取消，直到 1980 年的十一屆五中全會才告恢復，由中央政治局和它的常委會領導，處理中央日常工作，並在中共十二大黨章正式獲得確立；十三大黨章又進一步規定中央書記處為中央政治局和它的常委會的辦事機構，其成員由中央政治局常委會提名，中全會通過。

中央委員會總書記主持中央書記處的工作；他同時也是黨中央負責人，由中央全會從中央政治局常委會委員中選舉產生，負責召集政治局和它的常委會的會議。總書記制是在十二大以後才正式獲得確立；1950 年八大前是主席制，八大以後至九大前是「主席－總書記制」，九大、十大和十一大，一直到 1980 年十一屆五中全會前，因為書記處被取消，連帶的總書記也被取消，又變成是主席制。十一屆五中全會至十二大期間，因為恢復書記處，同時又恢復總書記，於是又出現「主席－總書記制」。[8]

十二大後，取消主席制採行總書記制，主要是基於避免毛澤東的時期權力過度集中的考量；中央日常工作置於政治局和它的常委會的監督之下。中央書記處目前轄有幾個單位：統戰部、宣傳部、經戰部、求是雜誌和人民日報出版辦公室、政策研究室、黨校辦公室。中央書記處據瞭解每兩個星期開會一次。

中共建政後於 1954 年重新確立以中共中央軍事委員會，直接領導人民解放軍和其他武裝力量；而中共 1975 年和 1978 年憲法，還更直接地取消國家機器中的軍事統轄機關，完全表現出以黨代政的作風；迄至 1982 年憲法，中共才正式作出設立國家中央軍事委員會的決定。

---

[8] 同註 2，頁 467。

中共中央軍事委員會通過一個常務委員會來運作，是直接向中央政治局及其常委會報告；此外，也經常舉行階段性的特殊工作會議，集合各地區和省的軍事領導人討論軍事和政治意識型態的議題。

在毛澤東時代，黨的最高領導人同時也掌握中央軍委的領導權；1982年的黨章改變了這個格局，並規定中央軍委主席必須是政治局常委會的成員，而在1987年的十三大，鄧辭去其他黨職，卻仍然擔任中央軍委會主席，這迫使中共又必須修改黨章，重新規定中央軍委會的成員屬性由中央委員會決定，而不再要求中央軍委會主席必須是政治局常委會的成員。中央軍委會的成員包括重要的軍事領導人，而且通常會反映政治局的權力結構，它的人數從十名一直到二十名不等；1982年以前，首席的副主席同時會擔任國防部長，但1982年以後這個傳統被打破；此外，共軍的總參謀長通常必然是中央軍委常委會的成員。[9]

中央紀律檢查委員會是中共最高紀律檢查機關，按中共十二大黨章的規定，由中共全國代表大會選舉產生，由中央委員會領導；其任期與中央委員會相同（五年），其日常工作由其常委會和書記、副書記負責。而這些成員由中央紀律檢查委員會選舉產生，報中央委員會批准。其主要任務為維護黨的典章制度，整頓黨的紀律，檢查黨的路線、方針、政策和決議的落實情況。它甚至可以檢查中央委員違法犯紀的情事。

由於中央紀律檢查委員會所擁有的特殊角色和權力，使它經常捲入黨內鬥爭之中；而且，作為黨內的法庭，它經常成為派系權力爭奪的重要對象；而為了遏制它的權力膨脹，1986年後，中

---

[9] James C. F. Wang, *op. cit.*, pp.91-2.

共在中央書記處成立了「中央工作領導小組」。

　　中共十二大黨章規定，中央和省一級設置顧問委員會。中央顧問委員會被定位成中央委員會在政治上的助手和參謀，它的每屆任期和中央委員會相同（五年），其成員必須有四十年以上的黨齡，豐富的領導工作經驗。它的常委會和主任、副主任，由中央顧問委員會全體會議產生，其成員可以列席中央全會，但無投票權；它的主任、副主任可以列席中央政治局全會；而且中央政治局認爲必要時，其常委會可以列席中央政治局全會。

　　中央顧問委員會的成立主要是提供政治老人退休的去處，以便空出職位由年輕的世代來接替。原先在設計成立中央顧問會時，將其定位爲中央委員會的助理和參謀，主要就是不讓其不再擁有實際的權力，但是，由於中共論資排輩的政治文化和老人政治的特質，中央顧問委員會仍然發揮政治影響力，特別是在迫使胡耀邦退職的事件上，1987 年，中央顧問委員會的成員不只列席了政治局的擴大會議，甚至投票接受胡耀邦的辭職，這基本上是違反黨章的，因爲中共黨章規定，中央顧問委員會成員雖可以列席政治局會議，但無投票權。中央顧問委員會的運作超出原先設計的想像之外，顯示中共老人政治的巨大制約作用。不過，中央顧問委員會畢竟是個過渡的機構，隨著中共政治世代交替的持續進行，中央顧問委員會終究抵不住政治形勢和潮流的演變，而於1992 年十四大被正式取消。[10]

　　中共地方各級代表大會，是中共地方各級領導機關，由選舉產生的黨員代表組成；閉會期間，中共地方各級委員會是中共地方各級的領導機關，由同級黨的代表大會選舉產生。

---

[10] *Ibid.*, pp.96-7.

按照中共黨章規定，省、自治區、直轄市、設區的市和自治州的代表大會，每五年舉行一次。縣（旗）、自治縣、不設區的市和市轄區的代表大會，每三年舉行一次，這些代表大會均由同級的黨的委員會召集。與前者同級的黨的委員會，每屆任期五年，而與後者同級的黨的委員會，每屆任期三年。各級的地方委員會的常委會、書記、副書記，由同級委員會全體會議選舉，報上級黨委員會批准產生，常委會在委員會閉會期間行使委員會的職權。

　　由於省一級的黨的委員會和它所屬的基本黨組織是落實黨的政策的中介，因此省一級的黨的委員會在黨的結構中擁有獨特的地位。省一級的黨委員會的書記可以發揮巨大的影響力，在許多情況下，可以很巧妙地拒絕執行中央的指示；而且，省一級的黨委書記還可以參與黨中央的事務，省一級的黨委擁有掌握省級黨組織、管理經濟活動、執行建設和政策、青年與婦女的動員、政策發展的研究等任務。而在經濟活動的管理上，會涉及到和中央的權力消長的互動關係，譬如說在中央集權的階段，省級黨委的權力相對被削弱，而在相對分權的階段，省級黨委管理經濟的權力就相對強化。[11]

　　省一級之下的黨的委員會算是黨的基層單位，這些單位諸如工廠、學校、街道、農場、公司、軍隊等。這些基層單位也是由一位黨書記領導，此書記同時向黨的委員會負責。這些單位的功能包括：(1)黨員召集和吸收。(2)對黨員進行政治和意識型態教育。(3)維護黨紀。(4)維持和群眾的關係。

　　文革時期，中共黨的組織遭到摧毀，很多中下級的黨工和幹部遭到整肅；從中央到地方各級組織都由革命委員會取代黨機

---

[11] *Ibid.*, pp.99-110.

器。按中共七大和八大黨章規定，黨中央日常事務由中央書記處負責，可是文革開始後，1960年5月，就由「中央文化革命小組」所取代，這些各層級的革委會不只取代了黨組織，甚至僭越了政府的職能。毛死後黨組織的重建，其實一直到1982年的十二大才算真正完成，而爲了鞏固黨的組織秩序、機制和紀律，十二大黨章確立並擴大中央紀律檢查委員會的權威基礎；而革委會的系統在1982年正式被取消。在中共建政到1960年代初文革前，中共黨的組織已經高度制度化，但在文革期間遭到破壞，毛死後中共黨組織的再制度化就如上述一直到十二大才算真正完成。

人大角色變化

　　人大的角色功能在中共黨史發展過程中起起落落，與中共政系統中的決策制定環境的變遷直接關聯起來，而且也反映中共高層政治精英之間以及政治精英與群眾或社會互動的情形；換言之，人大角色功能的變化反映中共「黨國」和「黨－社會」關係的變化。

　　1980年代以來，中共在排斥自由化的原則下，希望人大能不斷「理性化」（rationalization）和擴大包容度（inclusion）。理性化指的是使法律或法案的制定能夠規則化以及保證制定後能夠使其通過一定的客觀程序獲得執行，所以理性化的目標在於增強政治權力的制度化和國家機器的能力；而這其中當然涉及對政府權力的制度化監督的問題。而所謂擴大包容度指的是，擴大政治聯合陣線，整合政治社群，以使一黨統治能夠獲得制度化的政治正當性。

在朝向理性化的目標過程中，人大的組織變化非常明顯：(1)強化人大常委會的功能以及擴大其活動範圍。(2)增加專職幕僚，以及專業的委員會，並且確立法案草擬討論以及提出的流程和規則。(3)人大代表擁有一定程度的批評政府官僚機器，修定以及檢討法律或對法案無法落實執行的監督權力。

在擴大包容度方面，主要包括：(1)人大及其委員會可以包容各專業領域的學者、技術專家、富農以及其他代表非社會主義經濟性質的人員。(2)在人大開會期間，允許以分組的方式讓人大代表和高層官僚面對面對話，並表達不滿意見，以顯示中共能整合社會不同的利益和立場。(3)允許人大代表在立法過程可以進行討論和爭論。中共在這方面的企圖，就是讓人大代表擁有表達不同意見和體現各自代表的團體利益的權利，進而使人大代表能夠滲透到社會各階層，讓中共的政治正當性獲得制度化的確立，以維繫一黨統治的政治系統的運作。總的來說，使人大朝向理性化和擴大包容度方向發展，主要就是要使中共的一黨統治能夠制度化、規則化，從而使中共擁有制度化的政治正當性。

儘管中共擴大人大的包容度，但中共迄今仍然無法容忍個人有權組織或加入團體來反對中共的領導。就中共而言，人大無論如何都只能是維繫和確立中共一黨統治的配套工具，儘管人大代表選舉逐漸通過允許有差額選舉的現象出現，但這些改變都不能改變人大必須維護中共一黨統治這個基本原則。

在朝向理性化目標方面，人大成為中共高層領導監督批評官僚，以保證黨或自己的政策能夠落實的手段和工具；於是人大成為中共高層各路人馬兵家必爭的重鎮；在法案決策制定與執行制度化和規則化的大帽子下，誰掌握人大誰就擁有監督批評其他政治對手的制度化的權力。這也就是為什麼目前中共高層掌握人大

的這些人要不斷強調必須強化人大的監督權的真正政治原因。而且，按中共的政治體制的格局來看，中共的政體叫做人民代表大會制，人大是中共政權最高權力機構，是中共國家機器運作的權力合法性根源和基礎，如果中共高層政治領導善於利用理性化這個勢頭進而掌握人大的話，那麼其在中共政治系統中將擁有舉足輕重的地位和角色。

　　不過，從天安門事件的鎮壓決策的制定以及趙紫陽和胡耀邦的下台，都可以明顯看出，中共政治系統理性化的發展仍然是具有相當局限性的，不具有正式職位的政治老人對人事、法案或政策的制定與執行，都仍具有超越制度和規則的影響力；包括人大在內的政治系統的理性化，主要是中共最高領導人或階層行使權力或權威的一種工具性的機制或中介手段，亦即是使人治的運作獲得合理化的辯護基礎，理性化的發展仍很難逾越人治的底線；但對人治會繼續構成一定的壓力。值得注意的是，理性化目標一方面會成為中央要求地方服從中央權威的手段，但另一方面則會成為地方要求免於中央或上級不合制度或規則的過度干預的憑藉；至於擴大包容度則會成為地方勢力介入影響中央領導階層政治形勢的重要途徑。理性化和擴大包容度的要求會持續下去，而其政治意義會更趨複雜。如果大陸民間社會力量在鄧後形成氣候，那麼人大運轉的自由化目標可能會被提出來，而這意味著中共一黨統治的格局遭到巨大的挑戰。

中共與其他黨派

　　從 1980 年代以來，鑑於文革的歷史教訓，中共想要使其國家
機器成爲組合主義（corporatism）的國家機器。這個國家機器是通
過堅持四項基本原則特別是中共領導來組成的，中共之外的其他
黨派或社會力量，只能扮演參政協商以及建言的合作角色。中共
本身被說成是公眾利益的化身，因此應該具有道德的權威和無可
置疑的政治正當性，而其他黨派必須扮演證成中共這種政治地位
的「共襄盛舉」的角色。其他黨派若不願扮演這種角色，其存在
就不具有合法性，只有通過這種角色的扮演才能進入國家機器中
獲得正式的承認。亦即中共將其他黨派納入這種國家機器之內，
作爲幫助中共行使統治權和領導權的建制化環節，使其不具有挑
戰或取代中共統治地位的機會和可能性。這樣一來，其他黨派只
具有共同證成以及維繫中共統治地位的合作角色，而不能具有西
方式民主國家反對黨向執政黨競爭挑戰的角色。

　　從允許其他黨派具有參政角色來看，中共企圖使其國家機器
在中共主導控制下具有某種準「聯合政府」的意義，不過，其與
西方依循政黨政治運作所形成的意涵並不相同，而主要著眼於中
共與其他黨派政治統戰和聯盟關係的維繫。中共通過讓其他黨派
參加國家權力機關、行政機關和協商機關中，雖使這些黨派具有
某種形式上的參與國家機器的權力，但使其無法具有西方式的反
對黨和在野黨的角色。

　　此外，按照中共的看法，中共與其他黨派的這種關係，只是
新民主主義階段和社會主義初級階段過渡性的關係，在邁入更高

級社會主義甚至是共產主義時，就會失去存在的價值和意義。

中共高層內部對於其他黨派只能做為參政黨不能挑戰中共領導地位，雖然相當一致，但在這個基本共識下到底應該讓其他黨派的建言協商角色表現到什麼程度則有分歧。其中有一種看法認為，為了使中共國家機器運作能夠避免文革時期的覆轍，使其能朝向制度化和理性化的方向發展，就應該使其他黨派通過參加政協和人大更大發揮建言協商甚至監督的角色；但另外有些看法則對此存有極大疑慮，認為如果讓其他黨派的協商批評甚至參政角色提昇的話，將會危及中共的領導地位。總的來說，有關民主黨派的政治角色的定位問題，涉及到中共黨內流派間政治路線和權力的鬥爭。不過爭取其他黨派的聯盟合作關係，已成為中共目前檯面上掌權者擴大社會政治基礎、應付其競爭力量的重要手段之一。這其中尤以安排攏絡其他黨派人士進入各級國家機關的動作最為突出。此外，特別值得注意的是，從 1989 年天安門事件以後，中共檯面上的掌權者也把攏絡其他黨派人士，使其更多的人進入各級國家機關，作為瓦解民間社會凝聚力量挑戰中共的重要手段之一。

不過，從 1980 年代以來，其他黨派人士通過參加政協和人大，在諸如科技、文化、教育、知識份子以及其他涉及專業技術問題的領域中，的確也表現了一定程度的建言批評角色；總的來說，在不觸及敏感的政治經濟路線討論以及意識型態領域的問題，其他黨派人士擁有一定程度的政治影響力；而翻閱 1980 年代以來的中共政治發展史可以看出，中共全國政協的全體委員，以及各級人大代表、人大常委會委員和正副委員長（主任）中，其他黨派人士所佔的數量和比例，一直都是中共高層處理「黨－群」關係的重要政治工程，而這些比例和數量變化，與中共高層到底

誰能真正掌握人大和政協有著直接的關係。

人大和政協如果不斷擴大其「理性化」和「包容度」的角色，一方面當然有助於中共國家機器運作的制度化發展，但另一方面則有可能挑戰中共一黨統治的領導地位；對於掌握人大和政協者而言，強調提昇人大和政協的批評監督角色，有助於提昇其在中共政治系統以至於中共高層的角色；而其他黨派當然有可能趁此政治形勢很微妙地要求擴大他們的政治角色。總的來說，人大、政協和其他黨派的政治角色問題，是直接關連在一起的，牽扯到中共高層權力路線的角逐，以及中共中央與地方的權力拔河的問題，不過除非中共政局出現動盪，否則其他黨派要改變他們做為參政黨的附屬合作地位恐怕很難；不過，其他黨派或許可能會通過抓住中共高層向鄧後轉折的重要時機，直接要求增加其相對於中共的自主性或要求人大和政協不斷擴大「理性化」和「包容度」的程度，來提昇其政治地位，進一步的「量變質變」的結構性角色變化累積基礎和創造更大更多的可能性機會，突破組合主義式國家機器運作格局，往政黨競爭的方向發展。

大陸基層選舉之研析

以村委會幹部直選為主體的大陸農村民主化發展趨勢，反映了大陸農村政經變革的現實。中共「十五屆三中全會」強調要擴大農村基層民主，基本上是對大陸農村政經變革現實的追認和接受。

在改革之前，中共通過人民公社化的操作，企圖將大陸農村組織在一個等級框架中，使黨政的力量通過組織系列將各村各級

管理機構垂直整合起來，每一級管理機構集黨政經三權於一身，對各級農村進行強力的行政抗制；企圖導致農民對各級管理機構的逐級依附關係；但以聯產承包責任制改革為主體的農村經濟改革使農村各級行政管理機構賴以行使權力的資源和組織依託嚴重弱化；農民的利益取向逐漸由向上看改變為向下傾並且出現多元化現象。

村委會是人民公社和生產大隊解體後大陸農村的基層組織；但隨著集體化比重在農村政經結構中的下降，以村黨支部、村委員會為代表的基層組織已無能力向村民分配經濟利益，甚至不能向農民提供有利於其經濟發展的服務；由於對發展農村經濟的無能為力使大陸農村基層組織很容易對農民缺乏吸引力；再加上缺乏嚴格管理和抵制農民的行政權力，很容易也使村幹部感到無能為力；而上級政府下達的政策任務經常造成的幹群矛盾使村幹部陷入上下為難的困境中；此外，村幹部還必須有求於農民，從農民手中收錢發誤工補貼，在這種無補於農民卻又必須求農民的情況下，不少村幹部容易產生消極敷衍應付的心態，而使村級基層組織處於不同程度的渙散或癱瘓狀態。

此外，在集體化比重下降的情況下，每一個農村家庭希望各自面對國家機器和市場，每個家庭為了追求經濟利益，或為了擺脫經濟貧困而各自奮鬥，使農民在集體化時代所形成的社區意識逐漸淡薄，甚至缺乏立足本村的向心力，大陸農村很容易出現空心化或空洞化的現象。

在改革之前，大陸農村的人口、土地、資源、資金等在城鄉、鄉鄉和村村之間非常難以流動，改革後雖然勞動力流動大大加強，但絕大多數是一種整村的流動，土地作為社區的共有財產，一般是不允許轉移的；而雖然私人持有的資金可以流動，但作為

農村各級社區所有的資本及資金，是很難流動的，這種壁壘現象，使得大陸每一個農村不管是在改革前後就像一個小國家，呈現蜂窩狀的結構，村幹部的權力要具有社會基礎，就必須先具有在地或本土化的身分權，在改革後，村幹部更再通過黨政系統的指派來取得這種基礎。

隨著市場經濟的強化，農村湧現出新的經濟精英，這些力量和依循傳統的黨政結構產生的政治精英進行合作或競爭，對於農村的政經運作，產生結構性的衝擊；其實，從 1980 年代以來，依循傳統的黨政結構所產生的社會人脈網絡就不再是農村政經網絡唯一的主流，依循市場以及透過「市場與集體」交織所形成的社會網絡對農村政經運作的影響力不斷攀升。

在農村蜂窩狀的社經結構下，土地、農村、資本是集體所有而不是由國家直接控制，所以農村對國家權力或中央政策就有著較大的應付的空間。而且，農村所謂地方幹部包括原先的人民公社、生產大隊和生產小隊。其中人民公社（後來改為鄉）這一級的幹部屬於國家幹部，經常來自外地；而生產大隊和生產小隊的幹部大都是出身當地，他們的工分所得與地方的收入息息相關；由於他們的利益取向是本土化的，因此依附國家的幹部，更敢對上層的政策採取陽奉陰違的態度；這種現象在改革後持續發展著，村委會的幹部成為中共黨國機制對農村滲透的中介橋樑，相當程度阻隔了國家權力向農村基層的直接滲透。市場經濟的強化，雖然增強農村基層社區勞動力甚至資本的流動性，可是並沒有觸動農村細胞蜂窩狀的結構。除非農村土地所有制有根本的變化，否則市場經濟的發展難以根本撼動農村基層的蜂窩狀的結構；而在這種情況制約下，中共黨國機器的力量仍然必須仰賴本土化十足的村委會作為對農村基層滲透的重要槓桿。

透過以上論述可知：(1)農村基層特別是村這一級的地方幹部，比之其他國家幹部而言，其利益取向相對是更具有鮮明的地方色彩的；而國家機器面對農村基層蜂窩式的結構，既無法直接滲透掌握，就必須允許其具有某種自治的程度；而在另一方面，村級的地方幹部已無法透過上級指派來獲取權力的基礎和正當性，因此，必須由下至上通過選舉來產生。(2)中共若不允許通過選舉來賦予村委會幹部權力的正當性，地方幹部將很難罩得住農村，而使農村的基層組織瘓散或趨於癱瘓。

從 1980 年代以來，中國大陸開始朝向市場經濟；而中共對經濟社會的直接控制力也相對弱化，這就需要承認和接受某些機制以填補中共黨國機器直接控制弱化的鴻溝，於是中共進一步走上組合主義的政經發展方向，從中央到地方出現了各形各色的協會組織，作為中共國家機器和社會互動的中介橋樑；為中共從極權主義國家過渡成為威權體制國家作出準備；中共會允許這些中介組織有準利益集團的角色，但不會允許他們成為相對於中共黨國機器而具自主性的政團力量。

在村委會直選後，農村成為或大或小的利益團體，其利益取向和上級的要求將會有更大的差距；而村委會因為選舉所具有的權力基礎將使村的政治角色擴大，對上一級行政層級及其幹部權力的基礎造成衝擊。村委會的直選使大陸農村基層蜂窩狀的社區結構獲得進一步強化；再加上前述組合主義方向的發展，中國大陸政經結構正在進行深層的變化，這種變化是否可以通過政治學、經濟學和社會學既有的途徑來加以概括，是一項嚴肅而且艱難的工作。

問題與討論

問　題

一、中共黨的組織結構為何？其未來可能的演變方向有何脈絡軌跡可循？

二、中共現階段試點性質的基層選舉，其政經意涵為何？對未來中國大陸的政經發展會產生什麼影響？

三、「人大」在未來中國大陸政經發展的可能角色為何？並請比較中共「人大」與西方式代議制相關制度的差異變化？

四、「政協」在未來中國大陸政治發展的可能角色為何？並請比較中共「政協」與西方相關制度的差異？

討　論

一、中國大陸未來有無可能發展出西方式的政黨政治？

二、中國大陸從建政以來的政治運作模式如何演變？未來可能的發展方向又是如何？

三、嘗試從國家／社會、中央／地方和新制度主義的角度去分析中國大陸未來可能的政治發展方向？

四、嘗試從前蘇聯和東歐的發展，比較中國大陸和俄國及東歐從八十年代以來政經發展的不同？

五、中國大陸政治發展對兩岸關係的可能影響？

六、中共在不同階段所擬出的政治體制改革和政府職能改革，其意涵為何？未來又會如何發展？

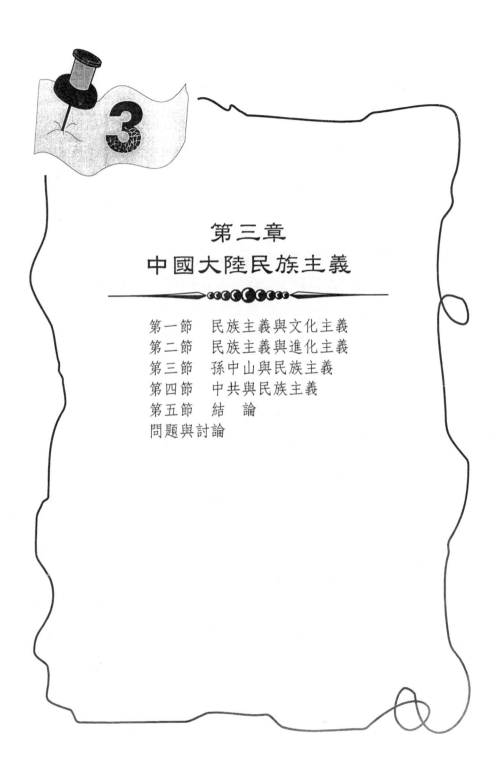

第三章
中國大陸民族主義

第一節　民族主義與文化主義
第二節　民族主義與進化主義
第三節　孫中山與民族主義
第四節　中共與民族主義
第五節　結　論
問題與討論

民族主義與文化主義

在有關研究中國民族主義的領域中，長期以來居主流地位，但 1980 年代以來遭嚴厲批評的主張認為，傳統的中國（民國建立，特別是在五四運動以前的中國，即以帝國形式表現的中國）是靠一種「文化主義」（culturalism）來作為中國人進行集體認同的主要途徑或基礎。也就是說，這個觀點認為，傳統中國是通過文化主義作為集體認同的基礎，而不是訴求於民族主義。即長久以來，中國人以文化主義的角度談傳統中國人的集體認同。以上的說法，其合理性與正當性如何？這涉及「文化主義」對「民族主義」的爭論。[1]

文化主義認為，傳中國從 1895 年鴉片戰爭之後，一直到 1919 年的五四運動，此期間中國人的集體認同發生危機，也是重新尋求出路的混亂過渡時期。文化主義者認為，此期間的中國人，特別是知識份子、菁英都處在天人交戰的痛苦情境中。即處在能否繼續從文化主義的向度去尋求其集體的認同，或可以改變從民族主義的向度去尋求政治認同的兩難困境中。

「五四」以後，中國的知識份子才掙脫出來，並以民族主義作為尋求政治認同或集體認同的基礎。因此，文化主義者認為，中國的歷史就是一個民族主義取代文化主義，然後主導中國政治、經濟發展的歷史。亦即，中國的歷史在「五四」之後是民族主義興起、演變及發生實際影響的一個過程。也就是說，談中國

---

[1] Lucian W. Pye, "How China's Nationalism Was Shanghaied," *The Australian Journal of Chinese Affairs*, No.29, January, 1993.

的民族主義，首先面對的是「文化主義」相對於「民族主義」如何互動的問題。

　　既然傳統中國從文化主義出發，作為中國人集體認同的基礎，那麼傳統中國的文化主義集體認同的結構又是如何形成的？研究者認為，它們主要是通過兩個訴求作為支柱而建構起來的：第一，強調只有中國的文化是真正的文化，中國之外的其它地區相對是落後的，它們的文化不可能與中國的文化相比擬。在此情況下，儘管中國以外的其他地區在軍事上可能會威脅中國，但因其在文化上落後，它們並無法真正統治中國、支配中國（以上即強調中國文化的優越性，及其他非中國地區的文化與中國文化的不可比擬性、不可競爭性）。第二，文化主義者認為，政治統治的正當性主要是奠立在儒家教誨的信條上，即政治人物的政治統治的正當性，主要看它是否遵照儒家的信條和思想。亦即政治人物的正當性，既不是通過其民族主義，也非通過種族主義而獲致的。而這也就是說，即使是外來的種族或民族，只要其能接受儒家的信條，且願意按照儒家的信條進行政治統治的話，則其同樣擁有政治的正當性。亦即，人們在尋求政治效忠時，不是在效忠國家或某政權，而是效忠作為政治運作基礎的儒家思想、信條，任何人不管其種族屬性為何，他能接受儒家的思想、信條，他在中國就具有政治統治的正當性。

　　傳統中國從文化的向度出發，不承認每個國家都應該至少具有形式上平等地位的國際政治體系的存在，以及由此種平等性為基礎的國際體系的正當性與合理性。而從近代以來，西方近代的民族主義是承認每個國家具有形式上的平等地位的國際體系的存在。

　　其次，傳統中國的文化主義很明顯是反種族區隔性的。在傳

統文化主義的訴求中，中國人不會從政治或領土的區隔，嚴格地分別民族或種族的不同。而近代以來的民族主義，卻是從嚴格的政治上的主權區隔及民族的區隔來區隔種族與民族。

分析而言，民族主義可分為兩種類型：國家民族主義（state nationalism）與種族民族主義（ethnic nationalism）。簡言之，國家民族主義其終極的目標就是民族建構。而種族民族主義其終極目標就是國家建構。亦即民族主義的具體內涵就是通過國家機器去建構民族，或通過種族或民族作為基礎去建構國家。總而言之，民族主義就是要讓種族或民族與國家形成二位一體的關係。

國家民族主義是在承認不同種族的差異的前提下，要求不同種族要融入一個更大範圍的「民族」旗幟之下。例如中國的漢、滿、蒙、回、藏及少數民族，雖有其種族上的差異，但一個國家民族主義會要求這些不同的種族跨越其種族的差異，然後認同、融入一個更大範圍的民族旗幟下。如何做呢？即通過要求他們效忠可以體現更大範圍民族集體意志的國家機器來作為保證。即在承認不同種族的差異性下，進一步要求不同的種族跨越差異，通過效忠被宣稱為能體現更大範圍的民族集體意志的國家機器，進而促使這些種族融入更大範圍的民族之下。

在此訴求下，把「國家」作為更大範圍的「民族」集體意志的體現。此即通過對「國家」的效忠與支持，建構一個跨越種族差異的大「民族」與統一的民族。因此，國家民族主義所建構的民族，其象徵的意義是佔首位的，被建構出來的民族只是做為集體認同的符號而已。

而種族民族主義則企圖通過要求政治上的自主，如建構國家，來強化、維護和凸顯本身種族的特性。亦即種族民族主義就是要讓種族從一個以血緣為基礎的文化實體，進一步變為政治實

體，亦即成為一個民族。就此意義而言，其實民族的出現就是種族從作為一個文化的實體變成政治實體的表現。換言之，種族主義主要是要求種族不能只是單純的作為文化社群，它進一步變成一種以國家建立或以政治自主為基礎的政治社群。

國家民族主義是通過以國家作為效忠的焦點或核心，要求各種種族融入一個大民族之下，進而建構一個跨越種族區隔，並且以政治效忠為核心的文化統一，這也就是要求建立一種一致的政治文化。因此，國家民族主義要求民族不只是作為一個政治實體，它還要求作為一個文化社群或實體。不管是國家民族主義或種族民族主義，它要求社群在文化、政治上的合一，通過此結構來鞏固社群的集體認同；亦即通過此結構做為成員進行集體認同的條件。

近代西方民族主義的發展，與「民族國家」的興起與發展直接聯繫在一起，而且西方近代歷史可說就是西方現代化發展的歷史。而西方民族國家的興起、發展與西方國家的現代化的歷史也是資本主義的確立形成與發展的歷史。對近代以來對民族國家的形成和發展歷史的理解，很容易受對「啟蒙」以來歷史的理解，特別是受「啟蒙」以來直線式或目的論式史觀的制約和影響。這種史觀是一種以進化主義為基礎的史觀，它化約的把每一個後面階段的歷史看成是前一階段的進步和發展，甚至素樸地把後面階段看成是前面階段發展的標的。

民族主義與進化主義

在這種史觀的制約之下，人們考察民族國家的形成和發展，

也很容易從直線式的、目的論式的史觀來理解。而黑格爾哲學（特別是其歷史哲學）所蘊含的史觀是典型的「目的論式的」、「進化主義式」的史觀。黑格爾的歷史哲學把民族視為是絕對精神體現中的 agent，而民族國家的建立是絕對精神體現過程中，一種非常特殊的現代性彰顯的階段。這也就是把民族的建構當成是絕對精神體現的必要過程或階段。在這種詮釋下，賦予民族與民族國家建構一種進化主義的意涵。從進化主義再延伸，黑格爾的哲學史觀中，有非常鮮明的「東方主義」色彩，而東方主義是西方中心（優越）主義的另一形式的表現。

因此，在黑格爾的哲學中，一談論到英國和歐洲國家向外擴張的問題時，都通過進化主義或東方主義的架構賦予它們合理性與正常性；那些無法形成民族或民族國家的種族、族群或地區，在人類發展過程中的位階是低於西方的。在黑格爾的詮釋架構之下，把西方對非西方的宰制、殖民，視為是人類文明史中向絕對精神體現過程中的自然且必要的現象。因此，黑格爾把啟蒙以來那種目的論式的史觀發展到非常精緻的地步，然後成為西方對外帝國主義擴張的辯護。

後來，進化主義的史觀又與達爾文主義結合在一起，具體的形成了社會達爾文主義的觀念。此觀念在十九世紀形成，然後擴張和發展。通過社會達爾文主義所理解的歷史就更為化約，該史觀認為，人群、族群、種族集團要形成民族，甚至要組建成民族國家，這才是進步的表現，故在社會達爾文主義的詮釋下，會把人類的歷史，認為是人群集團變成種族，種族變成民族，再組建成民族國家的歷史。相對的，如果一個地區的人群，無法組建成民族或民族國家的話，他們是一個沒有歷史的人群，他們的歷史必須通過其他西方成熟的民族國家來賦予，亦即通過西方國家對

落後地區的殖民或征服來賦予。

在觀察民族國家建構的過程時，一般對民族國家的建構都是與現代化、資本主義的形成扣在一起。在理解此段歷史時，很容易掉入「啓蒙」以來進化主義史觀的制約。如果說「啓蒙」以來歷史的主體是民族或民族國家，一般西方人是不會反對的。在理解民族與民族國家的形構過程中，應注意如何從進化主義和社會達爾文主義的束縛中解放出來的問題。若無法如此，則會受誤導，民族主義的發展與建構很容易變成帝國主義或民粹主義（Populism）。

「啓蒙」以來那種進化主義或社會達爾文主義的史觀，變成是一種弱肉強食的史觀，變成是爲帝國主義擴張辯護的史觀，這種結果的不合理性是顯而易見的。因此，應對「啓蒙」以來的歷史重新作一番反省。

而我們可從清末以來的歷史看出，包括孫中山、中共在內，都告訴我們要組建成「國族」或「民族」，然後進一步重建國家，如此中國才有前途，也才能擺脫帝國主義的束縛，並重新建立與資本主義世界體系的關係。強調中國的現代史就是如何讓種族、民族組建成民族國家的歷史，這也是一種直線式、目的論式、進化主義式的史觀。不過，孫中山先生通過超越性的目標，以轉化進化主義的缺點，他以「世界大同」的概念來跳脫社會達爾文主義可能引發的悲劇。

因爲民族主義的訴求，很容易以進化主義作爲支撐。如果人們對它作進一步小心思考，就會發現民族主義與社會達爾文主義只是一線之隔。社會達爾文主義在某種意義上是一種狹隘的排他的主義，民族主義一不小心就會滑向粗糙的社會達爾文主義。歷史殷鑑不遠，歐洲西方對非西方國家的殖民宰制，造成多少的悲

劇與痛苦。同樣，台灣或對岸在鼓吹民族主義時，都要非常小心注意。

　　通過以上說明，可知其實「啟蒙」以來的民族與民族主義的建構，已經走上辯證的悲劇方向。在「啟蒙」以來的這條民族與民族主義的建構道路上，西方的民族國家在相當長的時間內，都對非西方地區表現出帝國主義的作風，並且把非西方納入它們的勢力範圍，建構成一種新的帝國，西方的民族主義也變成一種帝國主義。從民族到新的帝國的建立和民族主義到帝國主義的轉折，是一種辯證悲劇的發展。不管是站在西方或非西方的歷史來看，都必須記取此歷史的教訓。因此，部分學者有鑑於此，提出一種引人省思的論述，即要從對民族或民族主義的反思中去拯救人類的歷史。過去幾百年來，人類都認為，民族或以民族為主體所建立的國家，是啟蒙以來歷史的主體。在這種理解之下，啟蒙以來的歷史就是民族或民族國家建構或發展的歷史。但此段歷史是充滿悲劇的歷史，我們應重新加以思索如何從追求民族性、民族獨立或民族主義建構中避開過去的悲劇。

　　毛死後的改革開放，中共一直努力地想要形構一套民族主義，來作為進行改革的動力，但在思考此問題時，中共自覺或不自覺地通過這種民族主義的訴求，走上霸權的道路上去，掉入進化主義目的論式史觀的困境之中。

孫中山與民族主義

　　孫中山先生在其「三民主義」中注意到這個問題。他強調中國要從一盤散沙的家族與種族，發展成為「國族」。換句話說，

孫中山也認為，中國要有前途，應該要建構民族，中國人要組建成民族或民族國家。不過，孫中山也反思了西方民族與民族國家的發展歷史所造成的悲劇，他最後提出「大同世界」的訴求，企圖超越對西方民族與民族國家歷史發展過程中所造成的悲劇。

西方啓蒙以來，西方民族或民族國家的建構，與資本主義的確立和發展連繫在一起。在一定程度上，西方資本主義的確立和發展，是通過民族與民族國家作為載體的。馬克思認為，資本主義的確立雖有其客觀的過程，但可因不同民族與民族國家建構途徑的不同，可以顯出其不同的特色與方式。英國與其他西歐國家在走上資本主義的道路，各有各的特色與方式。

亦即馬克思強調，資本主義在西方的確立，雖然是有其客觀的過程，但它可以因著不同國家的歷史文化的條件，而以不同的途徑和方式來表現。所以馬克思認為，資本主義在西方國家發展，從來就沒有一個純粹的方式或一種統一的方式。因此，有人認為，馬克思的這種看法是一種「後資本主義」的看法。它強調資本主義作為一種具有客觀過程的一套價值體系，在不同國家確立和發展時，可以表現出不同的本土化和民族化的特色，亦即資本主義從來不會以純粹的方式出現，它會與本土的條件形成一種辯證的統合關係，資本主義通過如此過程，才能在不同的國家中獲得實現。

而我們觀察非西方國家或地區的近百年歷史，必須扣緊一個主題，即非西方國家或地區如何面對資本主義世界體系的問題；這也就是如何面對資本主義向外擴張的問題。列寧主義著重處理作為一個落後地區的俄國，如何面對資本主義的衝擊。孫中山先生和中共也同樣在處理相同的問題，亦即，非西方地區或國家在追求民族或民族國家的建立過程中，其最基本的問題是如何面對

資本主義世界體系力量的問題。由此延伸下來，必須思考所建構的民族或民族國家，在世界的經濟分工上和資本主義世界體系中要扮演何種角色，是否可以自外於資本主義世界體系之外，或者，進一步思考，資本主義世界體系有無可能被解構、顛覆或摧毀。

在孫中山先生的民族主義中，他要求中國人要建構民族，要組建民族國家。他認爲，若能如此，這就是資本主義世界體系結構基本變革的開始。孫中山認爲，以中國的地大物博、人口眾多，中國可以通過組建成獨立自主的民族國家，去啓動資本主義世界體系結構的變革。以中國帶頭作爲一種示範力量，中山先生相信可以改變資本主義世界體系結構中的社會達爾文主義運作的原則，可以打破充斥資本主義世界體系中的帝國主義的行徑，使資本主義世界體系成員間的互動，從宰制與被宰制轉變成爲一種合作與互助的型態。中山先生還認爲，中國可以通過建構一個獨立自主的民族國家，使中國在資本主義世界體系中的位階能上升，甚至上升到核心的位置上。但中國地位上升時，並非要去宰制人，他認爲，中國能上升到資本主義世界體系的核心，表示此體系運作原則的改變。因此，孫中山先生認爲，資本主義的本質並非不能改變的，但他並不認爲資本主義是可以被摧毀或解構的；他也不認爲中國可以自外於資本主義世界體系，走自己的道路。

因此，孫中山先生認爲，中國在建構成民族或民族國家之後，它的經濟或政治的運轉，要以市場作爲載體。但他並不希望，在強調以市場作爲載體時，陷入一種迷思，認爲可以完全由市場去主導經濟的發展。在中山先生看來，那種完全自由競爭的市場經濟，只是一種神話，在現實世界中是不可能存在的。他認爲，如再假借自由市場經濟的理由，任由市場來決定經濟運轉的話，則會導致馬克思主義所講的階級之間經濟剝奪與被剝奪的問題。

中山先生認為，市場此一看不見的手是可以與國家這隻看得見的腳有機結合的。不過，此有機的結合並不表示說，國家這隻看得見的腳可以去踩住市場那隻看不見的手。而是，國家可以作為維持公平市場競爭的機制而存在。這也就是說，國家必須扮演維繫和管制市場的角色。中山先生在此把社會主義的角色引進來，社會主義在中山先生的民生主義中是作為體現國家維繫管制市場的政策、手段而存在的。所以，中山先生認為，其實社會主義與市場是可以有機的結合在一起的，甚至，社會主義與資本主義、社會主義與市場、國家與市場都是可以有機的結合在一起的。

　　因此，中山先生從未要人們走一條純粹浪漫的資本主義的道路，他要求中國人所走的道路是，以市場為載體並以國家為調節機制的社會主義與資本主義相結合的道路。此道路明顯的是一條「後資本主義」的道路，它在某種意義上是也一條「後社會主義」的道路。我們不必怕孫中山先生的民生主義中有社會主義的影子，中山先生只是在告訴我們，社會主義與資本主義、社會主義與市場，本來就不是一個「二元對立」的範疇，它們之間本來就具有相互證成和相互維護的關係。此外，中山先生認為，不要去追究資本主義世界體系力量與中國傳統的力量誰大，不要將資本主義世界體系力量和中國的傳統力量劃分成兩塊，而去追究那一邊的力量大，那一邊起較大的角色和作用等問題。如此做，不管在方法論上或具體的實踐上都是不對的。中山先生認為，中國未來的前途是要採取 open-ended 的途徑，中國必須在自己的歷史文化條件上，去面對資本主義世界體系的力量。也就是說，中國未來的前途是在資本主義世界體系力量與中國的歷史文化條件的一種有機結合制約之下的產物。

　　中山先生想掙脫西化或本土化的二元爭論，因為他主張西化

或本土化的爭論在方法論上或實踐上，都是錯誤的。在他看來，資本主義世界體系的力量或傳統本土化的歷史文化條件之間本來就不是二元對立的，兩者之間本來就會形成互相滲透、互相辯證的關係。從此角度觀之，他告訴我們不要去爭論此問題，也不要去爭論「社會主義好或市場經濟好」、「國家至上或市場至上」的問題。

由上述的論述來看，非西方地區要建構民族或組建民族國家，最嚴肅的問題就是如何面對資本主義世界體系的問題，也就是面對以西方為中心的跨國性的政治、經濟力量滲透與影響的問題。此對落後地區而言，是一項非常艱巨的工作，為何如此呢？具體而言，因為資本主義或資本主義世界體系可以作為生產力或有系統的經濟力量，也可以表現為一套生活方式、生產方式、文化價值觀念或意識型態的結構而存在。因此，資本主義具有多元或多重的屬性或性格，它可以通過落後地區的上層建築和經濟基礎上下其手，總的滲透影響落後地區，面對此種多重的、多元的力量，落後地區如何定位、認知、想像資本主義，這是它的第一個問題，同時也是一個複雜的課題。

面對上述問題，落後地區通常會把它進行化約，它們一般會以體用論的架構應對或把問題簡單地化為外來的或西化的和本土的或傳統的對立；這也就是說，簡單地把問題化約為二元論的架構加以處理，從而陷入相對簡單的思考論述架構中，然後爭論西化好還是本土化好。而此種爭論經常引爆為嚴重的政治課題，這也經常使得落後地區的民族或民族國家的建構一直處於不穩定的狀況。

從具體的發展看，國際化與本土之間是一種辯證關係。一個民族或民族國家的建構，是由國際化和本土化、西化和本土化的

辯證互動共同決定其發展的。總而言之，國際化與本土化的兩個範疇，只有在分析上可以分開，但在其具體的實踐上是不可有區隔的。因此，我們不必爭論到底國際化好，還是本土化好。

另一值得深思的問題是，許多非西方國家或地區在強調反西方中心主義時，它們最直接訴求的目標就是要求相對於資本主義世界體系力量，或要求相對於西方在政治上的獨立自主，但在獲得政治上的自主後，要何去何從就陷入困境中。在面對此困境時，許多非西方國家或地區又不自覺地掉入西方中心主義的陷阱中。因為它們到頭來又認為其終極的目標就是追求現代化，在談追求現代化時，它們發現很難跳脫西方所曾走過的現代化的經驗與途徑的制約和影響，它們甚至認為西方所走過的道路是具有普遍性的。而很多非西方國家或地區為了能夠在政治自主後，不會掉入西方中心主義的陷阱中，強調要走社會主義的道路。在要求走社會主義道路時，它們認為有可能與資本主義世界體系一刀兩斷，或甚至還認為，社會主義可以作為資本主義之外的另一種人類可以追求的更高目標或價值。這也就是說非西方國家或地區企圖通過社會主義的訴求去體現民族主義，它們把民族主義看成是通過國家對經濟和市場管制的種種政策或干預表現出來。這條道路經過東歐共黨國家、蘇聯與中國大陸的實踐經驗，已被認為是不成功的。

在經過蘇聯的歷史經驗後，特別在冷戰結束後，民族主義的再建構就變成是一個很嚴肅的課題，民族主義的再建構已很難再用類似資本主義與社會主義相對立的意識型態的理由作為訴求的基礎。也就是說，民族主義的再建構走入一個後傳統意識型態的階段，被迫又必須回到以文化或文明作為民族主義的訴求基礎。甚至被迫必須回到更原始的種族、宗教和血統等等的區隔上，作

為民族主義訴求的基礎。

因此，儘管資本主義全球化的趨勢一如往昔的發展著，但現在是資本主義全球化與文化、文明、種族、宗教這些訴求所形成的分殊化，這兩種力量相互滲透和糾纏。這種發展制約著國際政治和國際經濟的發展。杭庭頓（Samuel P. Huntington）的「文明衝突論」就是基於體認此種發展形勢而提出的。在後冷戰時期，民族主義的建構仍然須面對資本主義全球化的問題。但目前資本主義全球化的操作與以前的方法和途徑有本質上的差異。馬克思認為在古典資本主義的階段，資本主義全球化主要是依靠商品的輸出與流通作為載體而實現的；到了列寧，他認為資本主義已發展到一個所謂的壟斷性的資本主義階段，資本主義全球化的操作是通過資本的跨國性輸出與流通作為載體。如再扣緊西方馬克思主義或新馬克思主義的傳統來看，特別是法蘭克福學派的觀點來看，當代資本主義全球化的擴張，是以科技的滲透、流轉作為載體而實現的。而隨著科技的發展（特別是資訊科技），資本主義全球化的擴張又出現不同的形式，資訊化的知識不只成為人類最主要的資本，而且成為資本主義全球化擴張的主要載體。

隨著資訊科技的發展，人類進入一個後現代的階段。在後現代的階段談民族主義的問題，在方法論上或具體的實踐上，不能再用傳統的思維方式與途徑作為根據。從後現代的角度來看，是以領土的完整與獨立作為主體的。「凡俗化」的主權要求，到底能否繼續作為民族主義的具體核心，是值得商榷的問題。

民族主義的訴求，其中的主要內涵之一就是引領特定的人群集體未來何去何從的方向，而這就涉及到面向未來與傳統之間關係的問題；這個問題要從近代以來人類的歷史發展過程和脈絡來看，就會轉化成現代化和傳統間的關係問題；而若把這個問題再

推衍下去，就又會變成處理具有普世性格的現代化價值和各地區各具特色的文化價值系統如何互動的問題。

中共與民族主義

　　中國從清末以來，在民族主義昂揚的過程中，卻一直無法妥適地處理上述問題；而是通過古老的文化主義作為基礎，以相當化約的體用論的模式來進行概括。古老的文化主義（culturalism）強調所謂中國文化傳統的優越性，不允許或不願意承認外來的力量可以挑戰甚至摧毀這種優越性。[2]此外，清末以來的中國人大體上多將現代化目標化約歸結為科技的發展以及由此所延伸出來的生產力的進步；在文化主義的制約下，中國人將對科技發展的追求這個所謂現代化的主要目標納入完善及鞏固中國傳統文化價值的考量之下。這也就是說，在追求現代化，特別是科技發展時，絕對不允許外來，特別是西方的價值系統衝擊、污染甚至挑戰中國傳統文化的權威。

　　而當中共登上中國政治舞台，基本上承繼體用論的架構。以馬列主義甚至在延安時期後包括毛澤東思想，取代所謂中國傳統文化的權威，而另一方面同時以科技作為完善鞏固馬列主義和毛思想的手段。不過從清末的中學為體、西學（特別是科技）為用，到中共的馬列主義毛思想為體、科技為用，在這過程中不斷出現既猛烈抨擊中國傳統文化又要防止所謂西方文化價值觀念滲透的爭論，這就為馬列主義毛思想取代中國傳統文化營造了客觀的條

---

[2] James Townsend, "Chinese Nationalism," *The Australian Journal of Chinese Affairs*, No.27, January, 1992, pp.98-9.

件，但這自然沒有妥當地處理中國傳統文化和現代化之間如何形成辯證統一關係的問題。

在延安時期，毛澤東曾通過馬克思主義中國化的訴求，以主觀主義和教條主義的罪名，打擊中共黨內的國際派；在這個鬥爭中，毛澤東認為馬克思主義的普遍性必須以不同國家的各自具特色的社會現實條件作為載體，才能獲得顯現。這也就是說，馬克思主義作為一種普世文明，它的全球化的擴張，必須以不同國家或地區的社會現實，亦即本土化的條件為載體，才能實現。在相當強度上，毛澤東是處理了馬克思主義與中國社會現實的互動關係，但卻仍然無法真正面對現代化和中國傳統文化如何互動的問題。其原因是，毛澤東及中共攻擊甚至否定中國傳統文化，而且馬克思主義所揭櫫的目標為何，在共黨世界尚且有激烈爭論，能否作為中國何去何從的標的，都成問題。

由於中國人一直都沒有處理好傳統和現代化之間的問題，因此當面對內外在的壓力和挑戰時，到頭來都只能訴求種族主義或者是大漢沙文主義。而且，以體用論架構來處理民族主義所必須面對的傳統和現代的問題，反映在政治觀點上，很容易和維繫一個所謂道德政治秩序連接在一起。[3]而再往下推衍，也就很容易和對一個號稱有魅力（charisma）的政治人物的聖化掛連起來。這也就是說，通過這樣一種民族主義所支撐出來的，很容易是一個將政治統治正當性（legitimacy）建立在一套道德秩序上的政治系統或政權；其結果就是，民族主義為某個號稱代表這套道德秩序的領袖成就其統治地位而服務，於是民族主義也就和一黨一派或甚至某個特定的領袖的意向或甚至利益直接連成一氣。更嚴重的

---

[3] Lucian W. Pye, *op. cit.*, p.132.

是，如此一來，民族主義很容易就淪為黨派或政治人物打擊異己或動員群眾實現自己的政治目標的工具，這也就說，民族主義到這般田地已淪為民粹主義，這可由大躍進特別是文革的動亂得到明證。

總的來說，以上述這樣的體用論架構為基礎，是無法形成一套有效的並且是合理健康的民族主義的。因為其結果只是會很容易淪為民粹主義，而無法對政治力量或領袖的行動和行為作出合理的制約和規範。這也就是說，這樣的民族主義其實是非常單薄的（thin），甚至沒啥內容（contentless）的民族主義。因此，到頭來，只能又祭出一些很原始的種族主義或文化主義或大漢沙文主義的訴求。[4]

中國人經常說我們擁有相同的文化、祖先、血統、語言和民俗等，或者說我們擁有多麼偉大悠久的文明，從而就認為中國人要建構群體認同非常容易；當然，如果只是訴求從這些原始的種族主義或文化主義，中國人似乎很容易建構群體認同；但是，如果再追究下去，我們都會發現中國人要建構一套健康而且有效的民族主義是非常難的。因為中國人曾經很激烈地批評甚至否定了自己的文化傳統，而且也一直把所謂現代化化約為科技。當中國大陸歷經文革民粹主義的衝擊後，中國大陸普遍存在著所謂認同危機，馬列主義毛思想早已無法作為凝聚大陸中國人的集體認同的基礎；因此，毛死後中國大陸面臨如何重建民族主義的難題。[5]

而雖然以鄧小平為名，中共宣稱在後毛時代要建設所謂有中國特色的社會主義，但卻無法掩蓋其中的困難之處。其實，在後毛時代伊始，中共充其量只知道要除文革弊端，對於如何走出一

---

[4] Ibid., pp.126-133.

[5] Ibid., pp.129-130.

條具體的政經發展道路，是很難拿得出一套藍圖來作爲依循，套中共自己的術語叫做摸著石頭過河，走一步算一步，但在另一方面，在後毛時代，中共又迫切須要重建一套民族主義以作爲重新追求現代化的動力基礎，從這個向度來看，所謂建設有中國特色的社會主義，就是企圖要將民族主義和現代化整合起來。可是就如上述，在後毛時代要重建一套民族主義談何容易。

其實，在後毛時代，中共是以國家主義（statism）追求作爲民族主義建構的基礎，套中共的術語是以愛國主義訴求作爲前提和主軸。而中共通過這種作法，企圖把愛「黨國」機器和愛民族結合起來。

中共建政後，按照國家民族主義的訴求，作爲其政治統治正當性的辯護基礎；通過要求中國大陸內部各種族和族群效忠中共政權，跨越各種族和族群的區隔，體結在所謂中華民族的大旗幟之下。中共把這種國家民族主義稱爲愛國主義，以便和近代以來伴隨著民族國家的形成而發展的民族主義或中國傳統中的漢族沙文主義區隔開來。

在正式的政治操作中，雖然中共都宣稱按照上述的國家民族主義的途徑來進行；可是在現實上，中共其實都是依據種族民族主義的途徑來處理現實的政治經濟問題，其中尤其是在處理少數民族或更具體的漢族和少數民族關係的問題。在政治經濟的現實操作中，中共是以漢族爲中心的，並且企圖使少數民族能夠和漢族同化。亦即，在現實政治經濟的操作中，種族民族主義的作用是遠超過國家民族主義的。甚至在對外關係上，特別是在面對國際衝突或危機時，中共雖然在形式上也是按國家民族主義的途徑來處理，但在實際進行動員時，卻仍然是以漢族爲中心的種族民族主義的訴求。亦即，在面對國際外來衝突時，中共雖然以強調

維護國家主權獨立完整作爲主軸，但在現實上，卻是通過種族民族主義訴求的動員作爲後盾。

這也就是說，在現實的對內對外的政治經濟操作中，中共其實很難以國家民族主義爲主軸；而從中共建政後，大陸內部的少數民族的種族民族主義的訴求運動其實一直未曾間斷，並且對於中共官式的國家民族主義或以漢族爲中心的種族民族主義的訴求，一直進行挑戰。

中共在現實層面上，也很難以國家民族主義來處理其與港澳的關係。中共宣稱按照一國兩制的模式收回香港以及澳門，可是我們如果細細推敲一國兩制，與中共的國家民族主義的訴求重點存在著微妙的差距，因爲一國兩制允許港澳特別行政區擁有所謂國防外交之外的自主性，這與國家民族主義所強調的主權的絕對完整是有距離的。講得更細點，中共允許少數民族自治區的設置，基本上也在於通過使少數民族具有一定的自主性，以換取其被納入中共政權的領土主權之內。

在台灣問題上，中共非但無法以國家民族主義來處理，也不能按所謂一國兩制的模式來解決。其原因主要是台灣不是港澳，而且台灣民眾迄今以及可見的未來不可能輕易認同中共政權。台灣在後蔣時代，在上層建築中，也在進行新一波的國家民族主義的重建工程，通過要求效忠一個後戒嚴時代的國家，跨越族群的區隔，團結在一個涵蓋台澎金馬的台灣民族之下。作爲政治效忠對象的國家，在官方的稱謂上仍稱爲中華民國，但與兩蔣時代奠立在所謂「正統性」訴求的內涵有所不同。

如果對中共的一國兩制仔細地推敲，我們會赫然發現，作爲一國兩制這個模式的後設基礎的是一種非常弔詭的落後優勢意識。一方面承認中國大陸在過去幾十年的經濟發展落後於港澳，

特別是香港；但另一方面又強調港澳再有如何好的經濟表現，最終只能擁有相對於中國大陸的從屬角色，最後並且還是會回歸統一在以中國大陸為主體的體制下。而當中共宣稱也要以一國兩制來收回台灣時，又很巧妙地加上改朝換代的意識。一國兩制對於中共而言，當然主要是解決四十年來國共內戰恩怨格局。而台灣後蔣時代的政治發展，則主要在走出國共恩怨陰影的制約，希望和中共立基在對等的基礎上重新來過。

　　兩岸思考的邏輯不同，這是造成今日兩岸關係仍然存在嚴重政治張力的主因。北京從其邏輯出發，除了不斷聲稱不願放棄武力外，也積極地想通過封鎖台灣的國際空間來逼台灣就範。這種形勢使台灣陷入如何在外交政策和大陸政策間取得平衡，或孰先孰後的爭議中。不過為了突破中共對台灣的國際封鎖，政府經常必須通過隔離北京反應或將大陸政策與外交政策分開的前提下，去推動務實外交。政府擔心在國際上若被北京孤立，就很容易遭到北京在政經甚至軍事上的併吞。在政府的立場來看，就算不斷走出去，擴展國際空間或能見度，會引致北京的反彈，但是仍然必須不斷地走出去，在與北京張力中不斷創造籌碼。

　　在另一方面，從國統綱領要求兩岸將來如要統一，只能統一在民主均富自由的制度下，以及政府最近幾年經常所強調的台灣相對於大陸的民主政治成就；政府是以一種優越主義作為處理兩岸問題的後盾基礎。亦即政府目前相對於北京，所最能進行的訴求號召的就是台灣的政經成就。而就從這個角度來看，政府也不可能接受所謂的一國兩制。

　　面對台灣所強調的政經成就，以及來自以美國為主的西方價值觀念的挑戰；北京通常都會高舉反和平演變的大旗。在北京反和平演變的背後，是中國古老的文化主義的復辟，主要通過強調

建設所謂社會主義精神文明，突顯中國大陸的文化價值觀念的獨特性以及不可替代性，從而來抵擋西方文化價值觀念的挑戰和滲透。而且在這種文化主義的訴求下，中共就傾向於凸出西方力量對中國大陸的滲透和宰制，從而就不願至少在形式上承認國際體系中的民族國家是對等的，而是宰制或被宰制的關係。

中共通過其改革開放的邏輯，必須進入世界政經體系中，接受國際規範的制約；但在反和平演變的向度上，則使中共傾向於反對接受國際規範的制約。總的來說，中共建政以來的民族主義訴求，基本上還沒有和近代以來配合民族國家形成而發展出來的民族主義典範完全銜接；近代以來形成的這種典範，不只承認民族國家形式上的對等性，而且承認在其主權領土內的人民權利上的對等性，而不只是從屬於國家機器之下，必須受國家機器絕對支配的被動性客體。

結　論

值得注意的是，中共除了以國家主義作為後毛時代重建民族主義的基礎外，也通過對科技和生產力的追求，凸顯經濟理性和科技理性來作為凝聚人們支持改革的基礎；當然，所謂經濟理性和科技理性必須為所謂完善鞏固社會主義來服務。不過，就如前面所述，所謂完善鞏固社會主義的形式象徵意義是遠超過實質意義的，社會主義已不再能作為一個理想的藍圖；更何況，中共在後毛時代走不同於東歐和前蘇聯「震盪療法」（shock therapy）的途徑，依循漸進主義（gradualsim）途徑，在計劃體制和國有企業外允許市場和非國有經濟的多元經濟的發展；而迄今市場和非國

有經濟的成分和比重已不斷攀升，並且反過來擠壓計劃體制和國有企業，使其面對巨大的衝擊和壓力。

其實，作為建設有中國特色的社會主義的支撐者，除了國家主義外，還有古老的文化主義的心態，以及甚至還是有清末以來沿用百年的相當化約的體用論架構。後毛時代，中共所追求的幾個現代化目標，與西方近代以來所追求的相當一致，而且仍然被化約成科技的發展。在另一方面，中共認為對以科技和通過科技所形成的生產力的現代化目標的追求，是以完善社會主義為標的，這是體用論的再現。而支撐這種體用論的是古老的文化主義心態，此即強調中共所標榜的並且號稱為社會主義的價值系統是不允許外來的，特別是西方的文化價值的衝擊和滲透。再推衍下去，這種體用論目的是在既追求所謂現代化目標的前提下維護鞏固中共所堅持的價值系統，從而成為重建中共在後毛時代政治統治正當性的基礎。

不過，在中共這套邏輯結構中，社會主義其實不再是做為一個理想藍圖而存在的，而是轉變成當中共必須利用資本主義以及西方文化價值滲透衝擊中國大陸的國家政策。這也就是說，社會主義非常徹底的淪為表現國家主義的手段，不再能做為中國大陸追求現代化的指南或藍圖；而中共把現代化目標又相對比約的歸結為對科技和生產力的追求。從以上這些論述可知，中共在後毛時代建設有中國特色的社會主義的過程中，確實並沒有辦法妥當地處理中國傳統文化和現代化之間的關係問題。

綜上所述，中國大陸的政經運作絕不再是走古典的或純社會主義的道路，而是向後社會主義發展。中共堅持的所謂社會主義歷經中共黨史不同階段，特別是建政後諸多運動，其中尤其是大躍進和文革，甚至後毛時代中國大陸的結構現實的衝擊，其內涵

和意義恐怕連中共都很難說得清楚。此外，中共如果想往中國傳統文化回歸，甚至以之作爲重建民族主義的基礎的話，恐怕並非易事，因爲中國文化傳統自清末以來遭到各形各色立場的批評否定或過度袒護，其內涵和意義恐怕很難獲得交互主體性的認識。從這兩種向度來看，中共要以中國文化傳統和現代化的結合作爲重建民族主義的基礎，其難度遠超出想像之外；而到頭來，中共恐怕仍然會不斷回到種族主義、大漢沙文主義文化主義爲槓杆，高舉國家主義大旗，來繼續支撐其政經的運作。

　　而這也就是說，中共無法合理地重建民族主義，從而使得中共迄今仍然無法形成一套具有現代意義的民族主義。民族主義主要成爲替統治者的權威、國家主義或以民粹主義進行動員的手段。這就相對地會強調國家相對於社會、集體相對於個人的優位性，其結果就很容易是集體主義的訴求被無限上綱，從而使人權受到相對的漠視或甚至否定，個人認爲必須從屬於以國家爲主體的價值體系以下；而且，就如前述，以體用論的架構爲基礎，民族主義的訴求很容易轉變爲極權專制主義，從而壓制政治競爭的機制，不允許公共討論領域的真正存在。再加上上述的文化主義的制約，中共很容易強調自己所建構的價值體系的優越性或者相對的突出外來力量對中國大陸的文化價值滲透或衝擊，在這種心態的背後，很容易流於不願意承認國際社會成員之間形式甚至實質的對等性。

　　中共在後毛時代的對外政策上，形式上是依循國家民族主義的途徑來操作，並且宣稱主要是以維護領土主權的完整爲目標，不會稱霸，但也反對別國稱霸。基於這種原則，中共宣稱不會與其他國家或地區建立同盟關係，但願意建立多邊或雙邊的安全合作關係。

中共在後毛時代走上述這條對外互動的道路，首先主要是基於揚棄文革時代太過於向第三世界傾斜，並且標舉反帝國主義西方世界革命旗幟所導致的自陷孤立的困境。再加上在後毛時代，中共為了要揚棄文革時代民粹主義或群眾運動所釀成的種種悲劇和弊端，被迫必須改革，這必須一個和平的外在環境做為基礎，從而更必須改善中共的對外關係，不主動地參與或被捲入戰爭或衝突之中，並且不斷地宣稱反霸和不稱霸。

　　在另一方面，改革開放就是改變中國大陸的閉關鎖國，進入國際經濟循環之中，面對資本主義全球化衝擊的問題；而隨此而來的是，必須面對由西方特別是美國主導的文明價值的衝擊，甚至引發為和中共為了維繫其政治統治所必須堅持的價值之間的張力，其中尤其是有關民主和人權等議題的認知的衝突。但是，中國大陸要進入國際經濟循環中，就必須設法和資本主義世界體系主要核心國家或地區發展關係，甚至逐步接受世界經濟體系的規範。這就使得中共必須調整毛時期的向第三世界傾斜的外交路線，而變為向美國以及中共傳統認定的第二世界傾斜的路線。

　　中共在這種調整過程中，就如上述，面臨如何整合中國傳統和中共所形塑的傳統和現代化之間關係的問題。一方面，中共在強調和平演變或是抗拒西方文明價值的衝擊時，基本上是以古老的文化主義作為基礎，把民主和人權視為西方文化歷史制約下的產物，不願把他看做是一種普世價值。不過，中共目前就像美國或其他西方國家一樣，不能再用堅持社會主義，高舉意識型態的大旗，來批判或抗拒西方的文明價值。而在另一方面，為了進入世界經濟體系，中共必須服膺國際現實主義，通過開放大陸市場來吸引世界資本力量，從而提升其國際的政治和經濟的位階。不過，中共同時又以種族主義或文化主義來企圖動員大陸民眾來抗

拒外來的文化價值甚至政治的壓力，而這個動員過程，總的又以國家民族主義的訴求作爲主體形式。

　　若從以上的論述出發，中共所謂反霸，應該主要是反對美國、日本和西方想將其文明或政治價值觀念加強在中共頭上，從而去宰制支配或影響中國大陸的政治經濟甚至社會人心的發展。而不稱霸，應該主要是防止美國、日本或西方以中共要稱霸爲由，結合成一個以反中共稱霸的國際現實主義的力量，阻礙中國大陸進入國際經濟循環之中。在另一方面，中共從八〇年代以來雖然強調和其他國家和地區的合作安全關係，但只是一種現實主義的考量，而並不表示中共承認國際體系的成員在形式上或實質上是對等的，特別是在文化層面上，中共雖在文化主義的立場上，是不承認本土文化和外來文化是可以在對等的基礎上進行辯證的相互滲透。因此，從後毛時代中共上述對外互動過程來看，中共迄今仍然沒有建構或接受一種現代意義的民族主義。

問題與討論

問　題

一、何謂「文化主義」和「民族主義」？這兩者對清末以來的中
　　國歷史有何影響？

二、「民族主義」在中共建政後的不同階段歷史中扮演何種角色？

三、「民族主義」在中共對內對外關係中分別扮演何種角色？

四、「民族主義」與「愛國主義」這兩個範疇，就中共的邏輯來
　　看有何異同之處？「民族主義」在中共未來政治發展以及兩
　　岸關係中將扮演何種角色？

討　論

一、「民族主義」在中共面對全球化發展時，到底扮演何種角色？
　　此外杭廷頓的「文明衝突論」對於理解中共的對外關係以及
　　兩岸三地關係，有何變化？

二、毛澤東在延安時期以及鄧小平在後毛時代如何利用民族主
　　義？此外，中共從八十年代以來，如何利用民族主義作爲其
　　建構集體認同的籌碼？

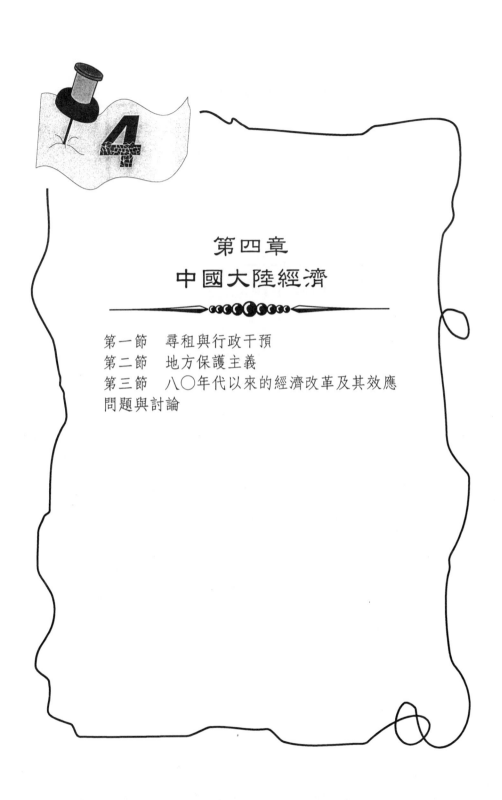

第四章
中國大陸經濟

第一節　尋租與行政干預
第二節　地方保護主義
第三節　八○年代以來的經濟改革及其效應
問題與討論

要總的觀察分析後文革的中國大陸政治經濟的發展，就必須集中關注國有企業改革和地方保護主義的問題；這兩個問題其實是直接牽連在一起的，並且更觸及更根本的雙軌經濟體制和雙軌價格體系的問題；而雙軌制問題又會延伸出政治經濟學上非常關注的政商聯結以及所謂的尋租（rent-seeking）問題。因此，本章的論述就先從尋租和政商聯結的分析開始。

尋租與行政干預

　　要瞭解中國大陸改革開放後的政商關係，其中一個重要向度，必須從尋租的角度切入去理解。

　　尋租是 1980 年代以來，西方政治經濟學中非常重要的範疇，曾經獲得諾貝爾獎的著名經濟學家布坎南（Buchanan）在此問題上著墨甚深。我們在此就以其著作和其他相關的論述為基礎，說明租金、設租和尋租等概念的意義。[1]

　　租金在古典經濟學中，意涵相對是非常狹隘的，特指地租而言；而這個範疇隨著經濟學的發展，其意涵的外延不斷擴大，就不再只是指環繞土地和產業所產生的租金，而是指涉任何生產要素或項目。這種擴大的意涵指的是，當生產要素或項目的需求不斷增加，而供給卻因種種因素而無法提升或不足，進而所形成的價差。從這種意涵再發展下去，所謂租金指的是，由於包括政策介入或行政干預，諸如價格管制、生產許可證的配發、進口配額

---

[1] 《經濟社會體制比較》編輯部編，《腐敗：權力與金錢的交換》，北京：中國經濟出版社，1993 年，頁 112-27。

的管制，以及其他種種牌證的管制等，抑制了市場競爭，導致供給彈性不足，所造成的價差。[2]

亦即，由於政策介入或行政干預造成價差，其實就是設租。有租金就會有尋求資金的活動，其中最為主要的就是以權換錢，或以錢買權，這樣就容易形成政商聯結的利益產生網絡，而通過這些網絡，既有的租金可能會被維繫下去，或甚至設立新的租金，再引發新的尋租活動。在這個過程中，貪腐情況可能就會產生。

其實，尋租就是追求「直接的非生產性利潤」。所謂非生產性利潤，指的就是尋租雖然會創造利潤，但是並不會創造貨物或服務，反而消耗社會資源，亦即尋租就是在消耗社會的經濟剩餘。

所謂經濟剩餘一般有三種類型：其一是實際的經剩餘，指的是在一定時期內社會總生產量和總消費量之差，其中消費量包括私人消費和政府消費，因此，此種經濟剩餘指的是該社會的總儲量和總經濟積累。其二是潛在的經濟剩餘，指的是在一定的自然和技術條件下，社會充分使用資源所形成的生產量和總消費量之差。潛在的經濟剩餘除包括實際的經濟剩餘，還包括以下幾個組成原因：(1)因為非生產性活動，社會所損失的資源和產量；(2)因為生產設備和組織管理的不當所導致的產量的損失；(3)因為失業所導致的產量的損失；(4)因為過度消費所導致的產量的損失。其中第一種組成因素包括上述的尋租在內。其三是計畫性的經濟剩餘，指的是將社會資源有計畫的使用所產生的生產量和預先計畫的消費量之差。這種經濟剩餘通常是社會主義國家所強調的。

要瞭解一個國家的經濟發展，必須看其經濟剩餘的量和實際被投入再生產的規模的大小。一個國家產生的實際經濟剩餘縮

---

[2] 同上註。

小，並不表示其原本可以產生的潛在經濟剩餘也很小，很多原本可以產生的經濟剩餘因爲上述種種因素而沒有出現，其中包括種種非生產性的尋租活動所導致的資源的浪費。從此角度延伸下去，尋租所導致的最直接的社會政治後果就是，除了消耗既有社會經濟剩餘外，就是使原本可產生的經濟剩餘無法產生。

上述曾提及，設租和尋租是貪腐之所以產生的深層原因之一，要治理貪腐，有不少政治經濟學家認爲必須打破這種從設租到尋租的連環鎖鍊；而其中關鍵就在於必須取消行政干預；不過，這並不是說，可以完全將經濟與政治隔開，而是要將行政干預控制在最低的水平上。所謂最低的水平，指的是保護人身安全，維護基本人權和財產權以及維繫簽訂合同的秩序。超過這種水平，行政干預就會抑制市場競爭，從而可能出現因爲干頂所引起的供給彈性不足，並且形成價差。講得具體點，就是要將行政干預維持在最低水平上，放鬆微觀經濟的控制，取消價格管制，維護公平的市場競爭機制。

亦即，過度的行政干預，就是以政治這隻看得見的腳，踩住了市場這隻看不見的手，從而導致供給彈性不足，就會造成價差，出現租金。

中國大陸的改革走的是漸進主義（Gradualism）的途徑，採取先不直接觸動計畫體系和國有企業的前提下，在計畫外另造個市場。亦即中國大陸的改革是在一種雙軌制同時並存的情況下走出來的。這種雙軌制反映在價格上出現了雙軌價格制，而自一九八五年中共取消計畫外的產品的價格管制後，雙軌價格的發展勢頭就非常迅猛地發展起來，不只表現在商品價格上，甚至還表現在利率和匯率上，從而出現牌價和市價明顯的差距，甚至還存在倍數的差價。而在雙軌價格制的操作下，基本上的格局是管住牌價，

放開市價。總的來說，雙軌價格制會刺激經濟過熱，並導致通貨膨脹，這反過來又會拉大市價和牌價的差距，爲源源不斷的租金創造來源。在中國大陸經商做生意，必須進入這個價格雙軌制的機制內，加入尋租的行列，才能獲得巨大利益。尋租的活動包括合法和非法的活動，但其中最重要的是，就是運用行政干預或規避行政干預。如果無法進入這種尋租機制中，就表示自己的利益相對受到影響或損失。

地方保護主義

從 1980 年以來，財政分灶吃飯制度的開始操作，再加上有不少經貿權力從中央下放給地方和企業；地方除了可以保留一定比例的收入外，還擁有相當程度的行政干預和政策介入的權力，這就爲地方保護主義創造了現實的政經基礎；而由於價格雙軌制的制約下，更加刺激了地方保護主義的發展。

地方擁有財政和經貿一定的自主權，在收入可以留成的情況下，各地都追求財政收入最大化，並把資源相對投入回收快、創利高的產業投資中，並且會用各地擁有的行政權管制市場流通，限制外地的產品流入本地，致使生產效率低、成本高的企業在這種情況下繼續存在下去，或者是，地方會設法牢牢控制那些生產率低、定價非常高，並獲高利潤的產品的企業，或者就如上述把地方的資源投資創建這類的企業。由於地方行政權的行使以及價格管制的運行，基本上使不少地方企業或產業不須考量供需之間的問題，使得他們能處在一種賣方市場的優勢地位，獲取巨額的價差，這其實就是租金。因此，地方保護主義的發展，與由於價

格管制和地方擁有行政干預權有著直接的聯繫關係，亦即，與因此而產生的設租和尋租是相連結的，設租和尋租是促使地方保護主義發展的相當重要的動力。

中國大陸從五十年代走上史達林模式，國有企業在計畫體制下成為國家機器的行政隸屬單位。而國有在實踐上到底指涉什麼，其實就可能引發爭議，而最後就只能變成所謂部門所有。各級部門擁有對國有企業的行政管理權，而伴隨著這種管理權而來的是，各級部門也就相對地擁有國有企業的產權管理權。

在改革之前，中共就曾幾次在國有企業的管理權限的歸屬問題作出變動，但總不外是中央與地方之間的拔河，亦即，總是在到底要條條管還是塊塊管間來回擺盪。不過，下放管理權等於也是下放產權管理權；行政管理權集中在中央時，國有企業只有外部約束，而沒有內部激勵；至於管理權下放時，企業就往往反過來只承接權力，而沒有承接責任和風險。

當國有企業受到來自外部的行政約束力時，內部控制被認為是不必要的甚至是多餘的；但當權力下放至企業，外部約束力也相對弱化，內部控制問題的嚴峻性也就浮上檯面。就如上述，擁有行政管理權，幾乎就等於擁有產權管理權，而在此憑藉下，企業管理及經理人員，就會儘可能使企業進一步陷入「出資者出缺」的狀況。國有企業名義上屬國有，但實際的操作管理必須通過層層委託，由代理人來執行。而接受國家委託、代表國家來掌握國有企業者，雖是國家股的代表者，但是，其利益卻往往寄託在國有企業上，因此很容易和企業實際經理管理人員合流；企業經理管理人員雖只是代理者，但由於他們掌握實際的行政和產權管理權；因此，就成為企業的主體，他們為了追求自己的利益，往往就必須收買國家股的代表者，形成利益共同體。國家股的代表者

甚至搖身一變成爲企業的公關人員，替企業打通人脈和關卡。[3]

在這種合流的情況下，委託權虛化或模糊化，在企業內部甚至被納入代理權的制約下，於是，在企業內部代理權蓋過委託權，使國家作爲國有企業的出資者的身分虛化或模糊化，而由此而來的，甚至就是前述「出資者出缺」的情況就會出現，內部控制問題也就陷入前述的極度危機中。[4]

在這種既乏外部約束，而內部控制又出現危機的情況下，企業的經理管理人員當然就會以追求自己或職工利益的最大化爲目標，於是吃企業，講排場，甚至企業已處在嚴重虧損狀態下仍然猛發獎金的現象就會層出不窮。

在計畫經濟體制下，國有企業不只是一個行政單位或者是政治實體，而更是一個社區單位。企業必須承擔社會責任，承擔許多原本必須由社會來承擔的功能，譬如教育、醫療和保險等，由此，掛靠在企業特別是中大型企業之下的有商店、醫院、學校、住房以及種種醫療福利設施。由於企業要承擔社會責任，使其時時要承受更大資本壓力，就算企業經營有獲利，但是這些利潤一放到辦社會的各種項目上，經常都是被消蝕得無影無蹤。而且，儘管從八〇年代以來，中共不斷允許國有企業利潤留成的比例提高，但仍然無法提升企業的競爭力，因爲利潤留成的比例雖不斷提高，可是隨著通貨膨脹，企業承擔社會責任的負擔就不斷攀升。

綜合上述可知，國有企業的改革，不能只是簡單的放權讓利或者是增加提高企業的經營自主權，而必須在產權制度上進行改革；此外，更重要的是，還必須建立健全的社會保障和保險制度，

---

[3] 張承耀，〈「內部人控制」問題與中國企業改革〉，北京，《改革》，1995 年第 3 期，頁 29-33。

[4] 同上註。

將原先由企業承擔的社會功能，真正歸還社會；但其中的關鍵是，原先職工在國有企業中所擁有的種種保障和保險，在市場經濟中能夠取得實質的替代和補償；如果做不到這一點，國有企業的改革是不可能的，甚至更遑論使國有企業破產，而中共各級政府恐怕都承受不了由於改革所導致的國有企業的各種職能轉變的負效應。

在另一方面，由於權力下放特別是財政分灶吃飯後，地方各級政府或黨政幹部的利益取向不再像過去往上看，而是往下看，或是本土化。這也就是說，各級黨政幹部利益本土化的傾向日益強化和明顯，這種趨勢和經濟雙軌制以及價格雙軌制相結合，上述的地方保護主義才獲得發展，經濟和價格雙軌制基本上只是助力或導火線。

地方保護主義主要當然著眼於前述的經濟財政利益的獲得和鞏固上，而這也就是說地方各級政府的利益在各種形式的企業身上，其中包括從企業獲得利潤、稅收和其他利益。不過，地方政府對於不同形式的企業會有不同態度，這是因為按財政分灶吃飯的規定，中央可以獲得其直接管轄下的企業之利潤和稅收，而地方則可以獲得其相對企業或通過下放權力由其管轄的國有企業的利潤和稅收；此外，中央與地方則必須通過討價還價或協商決定其他企業稅收留成的比例。因此，與地方政府的利益直接相關連的企業都會受到特別的照顧，其中特別是銀行信貸和原料供應的方便，地方政府通過權力下放還取得對各地銀行的指揮權，因此地方政府可以優先讓和其利益有關的企業取得銀行信貸和原料供應，甚至還可以默許企業積欠銀行貸款不還，或彼此相互欠債不必還，因而形成一個惡性循環的債務鏈，並且使得銀行遲遲無法轉變成為市場經濟中自負盈虧的商業銀行。

中國大陸從 1980 年代中期實行「撥改貸」，企業經營和投資的資金來源主要依靠銀行貸款，但是由於上述情形的存在，使得銀行一直無法成爲企業的真正債權人；銀行其實只做爲一個單向的撥款單位，並無法對企業通過債權要求而具有約束力。地方政府掌握銀行信貸權，進一步惡化了企業間公平的市場公平競爭，而爲了取得銀行貸款，或甚至擁有延遲清償貸款的特權，企業必然要設法與地方政府建立緊密的連結關係。

　　地方保護主義在操作銀行信貸的基本原則是「自我傾斜，就地循環」，這也就是說原則上是貸給對本地各級政府有利的企業，而儘可能地不貸給外地的企業，資金只准在本地循環流轉，不准外流。

　　除了掌握銀行信貸權外，地方各級政府還可以通過差別稅賦，控制價格，設置各種障礙，或實施種種獎懲辦法，來鞏固自己的利益。其中差別稅賦方面，尤以對外地來的產品苛徵地方保護稅特別引人注目；而控制價格方面，以對外來的優質價廉產品，規定其提高售價以降低其在本地的競爭力最爲普遍；至於設置種種障礙，如規定種種的許可證、電力和油料供應的控制，工廠環境的檢查等等；而設置種種獎懲辦法，如規定銷售本地產品可以享受一定比例的免稅等等。

　　上述這些不一而足的手段，基本上都是地方各級政府行政干預權的不同形式的表現，這種行政權的運作直接地壓抑市場的公平競爭，從而這個過程中，生產效率低、產品生產低的企業反而會得到保護。

　　另一方面，由於地方政府追求前述的財政經濟收入最大化，以擴大稅收或利潤留成，地方政府會將資本和資源相對地投入產期短、回收快和創利高的事業，這相對的就對地方基礎建設和其

他產業興趣缺缺。而在這種循環的制約下，各地都想建立自己相對自給的經濟循環體系，排斥地方分工，於是攀比和重複投資的現象蔚爲風氣，這就使得地區產業專業化的發展出現令人驚訝的低下，各地彼此之間也因此喪失了比較優勢，而這又反過來促使各地更要強化市場切割和封鎖。地方保護主義促使重複盲目投資和建設，這反過來又強化地方保護主義，於是流通的市場機制很難形成，導致供需的矛盾和失調，而這又進一步造成資源配置的浪費和失當。

在地方保護主義的制約下，中國大陸的市場其實是相當飄浮的，並不是確定的；而由於如此，使得各級地方政府更加迫切覺得切割封鎖市場的重要性；講得更細點，在條條塊塊的共同切割下，中國大陸的市場呈現細胞化或趨小化的現象，這當然會進一步影響地區產業分工的發展。

由於放權讓利主要是通過行政命令的方式來進行的，並不具有依循著法律而來的穩定性；這種不確定感，使得地方政府或企業追求短見的行爲動機獲得強化，他們都沒有把握什麼時候他們手中的權力或利益又會被強行往上收，這種原因相當能解釋爲何地方政府或企業會鍾情於產期短、創利高和回收快的投資。

八〇年代以來的經濟改革及其效應

從八〇年代以來的改革開放，是先從東南沿海開始，然後逐步地從南往北，從沿海向內地發展。這是一種向沿海傾斜的改革開放戰略，目的在使沿海地區率先能夠進入國際經濟大循環之中；不過這種傾斜式的戰略，使中國大陸的經濟資源配置也出現

傾斜，不只拉大了沿海和內地的經濟發展差距；而且也因為如此出現了沿海和內地經濟發展的「馬太效應」現象。「馬太效應」也就是優勢積累和錦上添花的效應，通過改革開放戰略向沿海傾斜，這就使得沿海地區擁有種種的經濟優勢，而通過這種優勢就進一步造成優勢積累，加深了沿海和內地的經濟發展差距。而環繞著這種「馬太效應」現象而來的是，沿海地區彼此之間可能一方面既有競爭封鎖，但另一方面則會有意無意的合作來鞏固由於「馬太效應」所造成的優勢積累地位；而內地為了防止沿海地區「馬太效應」的擴散，雖然一方面彼此間存在著相互對抗競爭；不過另一方面則會有意無意的共同想抵制沿海地區；內地能夠用來抵制沿海經濟力量的手段，除了切割封鎖市場，當然就是控制原料避免流入沿海地區。這是中國大陸從八〇年代中期以來經常爆發原料爭奪戰的主因。當然原料的爭奪也與改革開放導致經濟發展，各地都迫切需要原料有關，這種原料爭奪自然也造成原料供需的矛盾和失調，無法形成一個健全的原料流通市場。對原料的管制和封鎖當然是一種設租行為，這其中就會形成一連串尋租的舉動。

地方政府或各級官員以手中所握的行政權力，通過經濟雙軌制作為標竿，切割市場，壓制市場，創造價差，形成租金，為地方政府增加收入。在財政分灶吃飯制度的實施下，允許地方政府可以將收入留成，這其實就是允許地方政府通過手中的行政權去設立租金。

經濟和價格雙軌制作為地方保護主義的標竿，當然發揮了促使地方支持改革的作用；可是雙軌制也使地方容易切割市場，抑制市場，對改革的深化發展形成嚴重的阻礙。雖然，目前中國大陸市場經濟的成份和比例不斷上升，但是並沒有改變雙軌制的格

局。雙軌制就如前述是中共走漸進主義改革途徑的產物，但它已反過來影響中國大陸經濟改革的發展。從八○年代以來，中國大陸許多政治經濟的弊端都直接、間接與雙軌制的運行有關。

雙軌制問題首先最直接的當然就是破壞了市場公平競爭的原則和機制，而且使得各級政府和企業的行政權有著非常現實的著力點。其中譬如國有企業生產許多緊俏物資，而為了逃稅和獲得更多的好處，不願將自銷產品賣高價，而是搞低價申換，以便從中謀求大量好處。這也就是說，雙軌制便於給國有企業的產品自銷權又悄悄的轉回政府手中，各級政府也樂得幫忙使許多缺現金貨幣的企業挽回自己所需的物質；這其中就存在許多政商聯結，以其上述所講的委託權被虛化的情事。此外，更明顯的現象是，在雙軌制造成巨大價差的吸引下，各級政府各顯神通，經常通過其行政權力，使計畫內平價物資通過各種渠道流向計畫外，這就是為何許多貿易公司、流通公司應運而生，以及官倒公司屢禁不絕、愈來愈多的根本原因。

在雙軌制所造成的巨大價差的吸引下，就算有嚴刑峻法，照樣會有一波鋌而走險、追逐高利潤的人。因為，只要能進入雙軌市場中，誰就真正取得了追逐巨大差價暴利的特權，這其中當然充斥著以權換錢或以錢取權的現象，甚至形成依靠官員特權和雙軌差價牟利的政商利益集團。

雙軌制使得地方政府有逐利的著力點，從而造成上述的重複和盲目建設的現象，這是中國大陸自改革以來經濟過熱現象一直存在的原因，經濟過熱從而會導致通貨膨脹，而市價和平價的價差就愈大，這就使各級幹部對平價物資行政控制權所支配的價差也隨著增大；雙軌制促使通貨膨脹，而通貨膨脹又轉過來拉大雙軌差價，其中存在著惡性的連環套關係。

國有企業的諸多問題和地方保護主義是直接牽連扯在一起的，而這兩大政治經濟問題的解決又必須觸及雙軌體制和產權的改革。對國有企業的改革，如果只是單純的強調產權改革問題，而沒有同時解決地方保護主義和雙軌制問題，是無法克竟其功的。至於地方保護主義和雙軌制的問題，更是觸及到中國大陸更根本的中央與地方關係和政治經濟體制改革的問題。

　　在權力下放的制約下，通過地方保護主義的運作，國有企業集體或甚至包括鄉鎮企業以及三資企業，地方各級政府都視爲禁臠；而地方各級政府的這種心態之所以會出現甚至獲得強化，主要是財政分灶吃飯促成的，不過，包括財政權在內的權力下放，就如上述，是在中央與地方的權力劃分不明確，並且通過行政規定的方式來操作的，這就使得權力下放把中央與地方權力劃分不明確的問題儘可能地暴露出來，地方保護主義其實就是問題的總的表現。在改革之前，權力下放雖然也會使地方各級幹部追求短利，但由於計畫體制根本沒有變化，幹部的政治經濟利益總的來說，必須依賴上級的賜予和安排，亦即那時的幹部利益主要是向上看而不是向下看或往本土看，在這種下級在政治經濟向度上都必須依附上級的情況下，中央要回收權力相對是比較容易的；而在計畫體制在改革衝擊下已然變革，而各級幹部的利益不再純綷是往上看而是往下看或往本土看時，中央要回收權力的難度就會增高，因爲這樣的回收等於會和整個改革的勢頭牴觸，尤其是會傷害市場機制的發展，並且再度使國有企業的自主性受到挫傷。

　　在計畫體制已然變革的情況下，中共中央領導階層其實已經失去像過去那種依恃體制而來的調控和地方關係以及經濟問題的有效手段；在缺乏計畫體制的支持下，中共調控經濟的經驗和能力將會持續受到衝擊。當然，在這種情況的制約下，中共也想通

過其他相對比較制度化或法規化的手段來處理中共和地方關係以及環繞著國有企業諸多的政治經濟問題。其中主要包括利稅分流、利改稅、分稅制、破產法的分布以及國有企業的股份化的推動等。利稅合流很容易使國有或集體企業成為各級政府或部門的禁臠，而以利稅分流或利改稅為基礎推行分稅制，當然可以在一定程度上改善上述的情況。但是，在中央到地方的權力未獲得真正制度化或法規化的進一步全面釐清之前，中央和地方之間仍然會存在許多模糊空間，使地方保護主義繼續有著力的根據。面對地方保護主義，中共中央領導層級既無法通過行政手段回收權力，可能就必須真正去解決中央和地方之間的權限劃分的問題；這個問題將隨改革開放的發展，以及鄧後政經形勢的演變而踏上中國大陸的政治舞台。

不改變各級條塊把國有企業視為禁臠的情況，任何產權改革都只是表面的。譬如說，破產法若要實行，許多國有企業由於嚴重虧損，早就應該破產；可是，在雙重體制下，並無法形成一套相對實現宣佈企業破產的標準，因為國有企業的嚴重虧損，迄今大部份的原因都是非經濟的，其中尤其是前述由於企業辦社會所造成的負擔，或由於在權力下放後造成企業內部控制出現嚴重問題，導致政商聯合起來吃企業等最為關鍵。在這種情況下，若要宣佈國有企業破產，也只能按官僚主義或樣板主義的方式來進行，並沒有任何實質的意義；且隨著破產而來的職工補償安養保險的諸多問題，也不是各級政府所能承受得了的。總的來說，在雙軌體制下，企業破產法形式意義遠大過於實質的意義，因為落實到實踐層面上，根本上是窒礙難行的。

在計畫體制下，國有企業擁有於其他企業優勢的資源和條件，而職工所受到的待遇和保障也具有獨特優勢，其中尤其是可

以享受包括醫療、保險、住房或其他保障的好處；因此，國有企業職工願意脫離這種保障和保險系統投入市場經濟風險中的比率相對是非常小的；而目前在市場經濟和諸多非國有經濟發展的擠壓下，國有企產的職工待遇和處境的優勢，當然在快速弱化中，但是，其所受到的保障和保險，還是其他經濟領域的成員所無法及的。因此，就如前述，要改革國有企業的主要現實難題，是必須設法使職工原先所享的這些好處，能夠在市場經濟中獲得實質的補償或替代，當然這必須通過建立社會保險和保障系統因應；可是中國大陸在這方面迄今仍然處在初級階段，在這種情況下，加快國有企業的改革，甚至希望國有企業完全按市場規律行事，將引發巨大的政治風險，這是中共所不願而且不敢承擔或面對的。

　　另一方面，中共在「十五大」宣示要推動國有企業的股份化變革；但是，在雙軌制沒有根本變化之前，股份化很有可能加速企業內部以政商合流（企業經理人和官員合流）為標竿的化公為私的情況，而且股份化會使這種化公為私的現象，獲得形式合法的掩護，這有可能進一步反而惡化國有企業內部控制的問題。況且，由於金融體制改革的滯後，國有企業並沒有真正的債權人，國有企業股份化是非常空洞的，因為股份化的運作，必須以真正的依循市場規律操作的商業銀行的存在為基礎。此外，由於缺乏相應的法律體系配套，公法與私法不分，出資者權益並不能獲得保障。最嚴重的是，雙軌制使得企業的明帳虛設，搞亂了成本核算，財會及支出要用及統計的根據。在這些情況的制約下，國有企業股份化的實行，其形式意義仍然大於實質意義。

問題與討論

問　題

一、試從「尋租」的角度，說明中國大陸腐敗的原因？

二、試從雙軌體制的發展，說明八○年代以來中國大陸的政治經濟的互動關係？

三、中國大陸從八○年代以來「地方主義」興起的原因為何？其對於未來中國大陸經濟發展產生什麼影響？

四、中國大陸從八○年代以來，經濟改革的階段性重點為何？未來可能的發展方向又為何？

討　論

一、中國大陸從八○年代以來，因為改革開放所導致總體經濟運作模式的變化為何？未來將可能形成何種模式？

二、改革開放以來總體經濟模式變化，反映在國家／社會、中央／地方和政治／經濟層面的意涵為何？

三、加入 WTO 對中國大陸經濟運作的影響如何？此外，對於兩岸經貿關係的影響又如何？

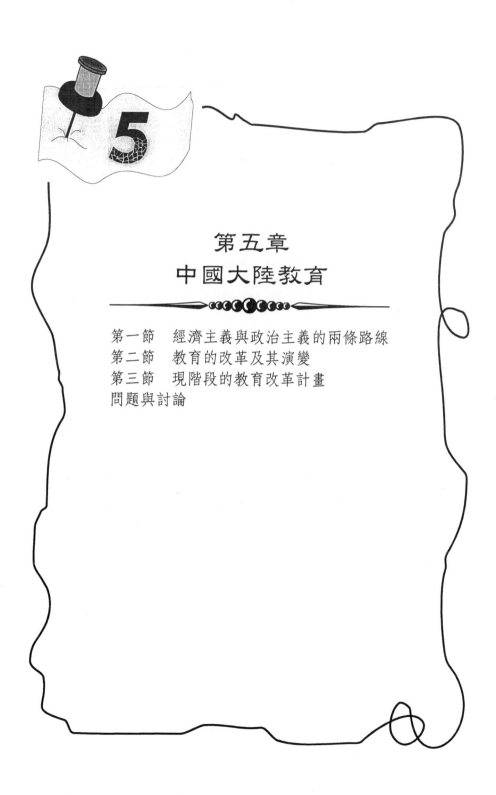

第五章
中國大陸教育

第一節　經濟主義與政治主義的兩條路線
第二節　教育的改革及其演變
第三節　現階段的教育改革計畫
問題與討論

經濟主義與政治主義的兩條路線

中共建政後的教育路線的分歧，主要集中在經濟主義和政治主義的差異上。

經濟主義路線主要是從經濟決定論的立場出發，強調經濟發展對於社會演化的重要性；而立基在這個論述基礎上，則強調每個人都應該作為生產力單位；因此，教育就是把技術和知識灌輸給受教育者，讓他們都能真正成為生產力，並對社會經濟發展做出貢獻；若從中共的術語來看，這種教育路線的重點主要就是培養人才，從而也就是注重專業灌輸路線。

從傳統的馬克思主義的角度來看，上述的教育路線背後的社會發展觀，主要是強調經濟基礎起主要作用；而政治主義路線則基本上強調上層建築變革在實踐操作上的邏輯優位性和重要性。從這個角度出發，就很容易強調每個人都應該作為政治人或意識型態人，而教育就是要把「既有的」世界觀、歷史觀和價值觀灌輸給受教育者，並形成在意識型態上的一致，然後人真正潛在的生產力才得以真正的獲得釋放。按中共的術語來講，經濟主義和政治主義兩條路線的分歧就是所謂的「專」與「紅」的爭論；這種爭論一直貫穿中共建政後大陸教育的發展。因此，掌握了這個線索是我們瞭解大陸教育發展的重要槓桿；在不同的階段或時期，經濟主義或政治主義會交替地成為主流；當然，這並不表示這兩條路線是絕對的互斥，在經濟主義當道的時期，並不會完全排除政治主義的作用；相對的，在政治主義當道的時期，也不會完全排除經濟主義的角色。

經濟主義路線就如上述可叫做專業主義路線。這條路線反映在具體的運作上，很容易走上制度主義的教育路線，重視一系列按部就班的課程和制度對於增加提升受教育者專業知識的重要性。而從比較通俗的講法來看，政治主義強調民氣或精神力量對於社會背景的重要性，這種教育路線經常會因為急迫感的壓力，著重強調非技術和非制度因素的重要性，甚至會把制度當做是改造人的精神和意識結構的絆腳石和障礙，從而走上反制度的方向上去，並且很容易淪為民粹主義（populism）。亦即這種路線到最後很容易變成鼓動受教育者奉獻犧牲，以便達成實現某種政治目標，於是教育就成為政治運動，甚至是群眾運動的一環。

其實，不管是經濟主義或政治主義，基本上都是從工具性的角度去看待教育，要教育為經濟或政治服務，或讓教育從屬於經濟或政治之下，無法具有對象的角色。這種工具論的教育觀，反映在受教育者和教育者或教育當局之間，很容易就是支配與被支配的關係，於是受教育者很容易定位成專業知識或政治理念的被動接受器，否定受教育者的自主性，而在教育政治體系中，更很容易形成上下權威領導的關係。

不過，從經濟主義去看待教育，基本上相對會從社會功能論的角度去看待教育和社會發展或與其他社會次級系統的關係；而從政治主義去看待教育，則基本上相對會從社會衝突論的角度去看待社會變遷，甚至著重把教育看成是為階級的政治統治服務的工具。

從以上的分析可知，中共建政後的教育路線的分歧，主要與有關社會發展觀點的差異直接關連在一起。而由於中共建政後，走上了計劃體制的方向，教育的運作也免不了被納入計劃體制的制約下，於是教育運作就有直接或間接與計劃體制操作所延伸出

來的政治和經濟效應關連起來，與計劃體制操作息息相關的中央／地方關係，政治／經濟，國家／社會關係，都會衝擊教育的運作；而更由於教育與敏感的社會發展路線的變化直接連在一起，教育更容易受政治路線的變化所引發的風氣或動盪的影響。

教育的改革及其演變

從 1949 年至 1951 年，是消除國民政府時代教育體制影響的階段。在這個階段，中共把國民政府時代或叫做所謂舊中國的教育制度，直接定位成是外來主義或抄襲主義制約下的產物，其中特別是受美國影響最為明顯；因此，在破除舊影響的同時，也包含著反西方的考量，並且著重從教育上宣示所謂「新民主主義」為標的政治原則和精神，改變國民政府時代所強調的為教育而教育的路線，拔除所謂舊的政治意識型態對中國大陸教育的影響。

伴隨著社會主義改造的開始，從 1952 年至 1966 年，中共在教育上也開始走蘇聯模式，蘇聯的教育制度和教育學的基本觀點和著作被放入中國大陸；於是中共從前述所謂破舊中企圖擺脫西方特別是美國的影響，擺盪到受蘇聯影響的另一個光譜的極端來，這樣一種擺盪與毛澤東從延安時期以來所標榜的「馬克思主義中國化」的原則方向是相抵觸的；講得更清楚一點，這與中共依恃民族主義取得政權的路也是有所扞格的；不過，最重要的是，雖然是蘇聯模式或許是當時中共進行所謂社會主義改造不得不然的選擇；但是這樣一來，中共不管在意識型態或體制運作下都籠罩在蘇聯的權威支配下，這相對地當然會影響中共在社會主義世界體系中的地位，以及毛澤東的權威；因此，在基本依循蘇聯模

式完成所謂社會主義改造後，到底如何實現社會主義的問題，就成為中蘇共之間的爭論；而毛澤東在社會主義改造後顯然也不再願意繼續依循蘇聯模式去設計中國大陸邁向成熟社會主義的依據；這是毛澤東後來發動大躍進的重要背景因素之一。

從 1957 年至 1966 年，基本上是通過毛澤東為主軸開始摸索既不同於西方但也不同於蘇聯的教育發展道路。這段時期，基本上也是毛澤東努力從蘇聯權威詮釋下爭取自主性的階段；而在毛澤東這樣與蘇聯的互動糾葛中，延伸出中共黨內派系路線的分歧與權力的鬥爭，從而使得中共的政經甚至教育路線出現了反覆；但總的來說，是往和蘇聯模式脫勾的方向發展，並且開始摻入反制度主義和民粹主義的色彩；其中，特別是從一九六一年後，更具體地形成毛澤東和劉少奇路線的分歧，而劉少奇在後毛時代則成為改革的精神泉源之一。

蘇聯模式的教育體制是以傳授知識為核心的制度主義和菁英主義的模式，這與毛澤東從早年就已逐步醞釀形成的反「學校中心」和「知識中心」的教育觀點之間存在著嚴重的張力；而隨著 1958 年人民公社化運動開始推展後，毛澤東就企圖透過人民公社，嘗試走一條打破學校和社會鴻溝的教育路線。

毛澤東在 1957 年至 1958 年的一系列會議中，如最高國務會議（1957.10.13）、南寧會議（1958.1.11）、成都會議（1958.3.22）、漢口會議（1958.4.6），八大二次會議（1958.5.8-13）、最高國務會議（1958.9.5）、協作區主任會議（1958.11.30）等會議，毛澤東積極地表達他的教育觀點，1958 年 8 月毛澤東發表〈教育必須與生產勞動相結合〉一文，具體總結了他的教育路線。

毛的教育觀點主要是打破學校中心，企圖讓教育向全社會和民眾特別是工農勞動階級開放，而其主軸就是讓教育和生產勞動

合一，學校、工廠和農村結合，讓學校中有工廠、農場，工廠中也有學校，既有學習也要從事勞動生產，藉此打破腦體和城鄉差別。

這種教育模式主要是依托著人民公社，並讓人民公社透過教育而獲得群眾在觀念上的「認同」。人民公社對毛澤東而言是中國大陸邁向共產主義社會的重要憑藉和過渡中介，而要加速這種過渡就必須依賴教育，改變人的精神結構，動員人的熱情；於是思想教育就變成毛澤東教育模式中的核心，而思想教育的重點則是集體會議的經濟以及民粹主義式的激勵。毛澤東這樣的路線在1966 年的「五七指示」中獲得更全面的發展，而其結果是文化大革命時期的民粹主義式的教育路線的狂飆。

1958 年至 1960 年，教育扮演著促使經濟結構轉變、建構所謂新社會的重要工具；其目的是訓練成千上萬又紅又專的人力，為中國大陸快速進入共產主義社會服務。為了要達成此目標，中共從 1958 年開始，在正規的學校之外，設立了許多工作與讀書合一的學校，在這種學校中，學生既要學習也要投入生產，以便於能夠從勞動生產中培養無產階級的世界觀，並且把理論能夠付諸實踐。這種學校主要是由地方單位設立，除了這種學校外，業餘學校在此期間也大量發展，這種學校主要為的是提昇勞動階級的文化水平，以及增加他們的技術能力。[1]

這種教育普及化的策略，是立基在這樣的前提上：把既存的資源和群眾動員的效能用到最高點，不只是讓國家承擔教育的責任，也使地方特別是公社、礦場、工廠也都必須分擔教育的責任。而為了能最大能量地動員群眾，各類型的學校都被要求投入所謂

---

[1] Julia Kwong, *Chinese Education in Transition: Prelude to the Cultural Revolution*, McGill-Oueen's University Press, 1979, pp.89-91.

「多快好省」地建設社會主義的運動中；每個學生都必須被規定投入體力勞動中，勞動生產成為正式課程的一部分。

而從 1961 年至 1966 年上半年，中國大陸的教育主要是以調整糾正大躍進時期的教育路線，恢復以教學為主的正常秩序，強調提升學術水平的重要性。當然，在另一方面，教育普及化的觀念仍然持續發展著，業餘學校的擴充迅速；而各級學校和學生數目也都急遽擴張。[2]

不過，如果追究細一點的話，從 1960 年至 1962 年，雖然大躍進時期的左傾的教育路線獲得一定程度的調整，但基本上中共高層的教育路線自然存在分歧，其一當然是強調技術比意識型態重要，而另一種主張則仍表露著某種程度的反專業主義的色彩，強調參與勞動生產和社會主義意識的重要性；不過，基本上，前面路線仍居上風。

其實這兩條路線也可以被表述為紅與專的分歧。這種分歧在 1963 年以後基本上可以通過毛澤東和劉少奇做為代表。毛澤東認為學校應作為體現社會主義意識型態的中介手段，而劉少奇則強調學校應對經濟發展和提升經濟生產力做出貢獻。不過，在 1965 年底後毛的教育路線獲得勝利，從而為文革時期中國大陸教育路線往強調意識型態教化重要性的培養紅色接班人的路線獲得極端的發展；而在這種路線狂飆的過程，反制度主義的作風也蔓延開來，以知識和教師為中心的教育路線受到相當程度的挑戰。

隨著毛澤東的過世和所謂四人幫的被逮捕，文革正式結束；中國大陸的教育路線又進入轉折階段。大體而言，從 1977 年至 1979 年，是前述兩路線同時並存且據以競爭，最後以強調教育的經濟

---

[2] *Ibid.*, p.91.

功能的路線勝出；而從 1980 至 1985 年，強調教育的經濟功能的路線佔主導地位，而鄧小平並於 1983 年強調，要跳開過去教育為政治或經濟服務的二選一的思考模式，讓教育展現多元主義功能，從而使教育能發揮總體的全面功能，面對未來面對世界，甚至和世界接軌，1985 年，中共公布關於教育體制改革的決定，則強調教育應為總體社會建設，即精神文明和物質文明建設而服務；這表示中共企圖跳出上層建築／經濟，主從的二分架構，嘗試著讓教育跳出過去二元主義式的爭論。這樣的嘗試隨著 1989 年天安門事件的爆發受到衝擊；從 1989 年至 1991 年，教育的政治功能兩度被強調，1992 年鄧小平南巡後，這種路線才出現一定程度的轉折。出現這種轉折固然與鄧小平的影響力有關，但更與中國大陸多數人害怕重新掉回類似文革的極左路線的心理情結有直接密切的關係。

由於文革災難的陰影，雖然在後文革時代，中國大陸的教育路線仍然有所反覆，但基本上都是朝回歸制度主義和學校中心主義的方向發展。而由於經濟改革發展的結構邏輯需要，其實教育的經濟功能和技術功能一直被強調；但在另一方面，由於開放而來的全球化的衝擊，中共又必須不斷強調愛國主義和民族主義的重要性。

現階段的教育改革計畫

迄今，中共仍然把學校和教育當做國家機器操作的一個重要環節，一方面不願見到教育相對於其他社會次級系統擁有其一定的自主性；而另一方面更不願見教育受市場機制太大程度的影

響。不過，隨著市場力量不斷增大，教育受市場的更大影響是免不了的趨勢，而在市場的角色日益增大的情況下，教育也將擁有自己的市場邏輯；國家機器和市場爭奪對教育影響力的局面將會持續，而最後教育將扮演何種角色，將反映於國家和市場的關係演變而定。

1999 年 3 月中共國務院批准「面向二十一世紀教育振興行動計畫」，這個計畫是在「中華人民共和國教育法」和「中國教育改革和發展綱要」的基礎上提出的，其主要內容如下：[3]

(1)再度宣告要在 2000 年於中國大陸 85％的地區和人口中實現基本普及九年義務教育和掃除青壯年文盲的目標，並希望在 2010 年，普及到全中國大陸 95％以上人口所在的地區。

(2)將教育視為基礎設施的一環，從而把教育投資看作是重要基礎性和生產性投資。

(3)將教育視為實現人作為勞動生產力的重要手段，並繼續要求教育適應配合社會經濟發展。

(4)宣告中央層級已從 1998 年起按同口徑每年提高一個百分點的教育經費支出，至 2000 年，中央層級將此比例提高三個百分點左右；此外，並要求各級財政每年超收部分和財政預算外收入，應按不低於年初確定的教育經費占財政支出的比例劃出用於教育。

(5)以鄧小平教育理論及中共十五大精神為依據，繼續對各級學校進行思想政治工作。

(6)宣告在 1999 年將召開中共改革開放以來第三次全中國大

---

[3]《人民日報》，一九九九年三月二日第十一版。

陸教育工作會議，討論下世紀的前五年或前十年教育問題。

(7)宣告 2002 年，中國大陸高教本專科在校生總體規模，將擴大到一百五十萬左右，而增加量主要用於發展高等職教。此外，在 2010 年，高教入學率將會接近 15%。

(8)未來五年，建立以公辦爲主體，社會各界共同參與，公民辦學校共同發展的體系；此外，並要加強高校自主權以及與社會和科研機構合作的程度與範圍。

由以上的內容可以看出，改革開放的結構邏輯壓力充分表現在此「行動計畫」中，基本上，中共仍然相當強調教育爲經濟發展，以至於促進社會生產力服務的目標；因此，中共仍然以工具主義的角度去看待教育，而且也繼續從技術主義的向度去界定教育的內容，於是，科教興國乃成爲總結教育目標的訴求和口號。

從強調實現「兩基」（基本普及九年義務教育和掃除青壯年文盲）的目標來看，中共企圖縮短城鄉教育水平差距，以及普遍提升中國大陸勞動生產力，並在這個基礎上去擴大高教的規模和人數。值得注意的是，綜合這幾年來大陸各界有關本身教育結構問題的討論與反省，基本上認爲中國大陸應用型和技能型工科人才培養數量明顯不足，此外，市場經濟服務支撐體系和第三產業急需的中初級人才也非常不足，「行動計畫」基本上相當有針對性地反映了這些具有普遍意義的觀點和立場。

而關於所謂擴大高校自主權，其中主要重點乃在於允許高校因應需要去設置專業，這其實包含允許高校在專業設置上向市場進一步傾斜；可以預見的是，在未來中國大陸各級各類職業學校自主招生並且相互競爭的局面會逐漸形成；而理科、文科在總體教育結構中的規模和學生數的相對的比例有可能縮小。

此外，在本世紀末尚未實現普九的地區，基本上是中國大陸經濟和教育最落後的地區，而「行動計畫」宣稱要在 2010 年於全中國大陸 95%以上人口所在的地區實現，根據 1996 年統計數據顯示，全中國大陸每年尚有三百一十二萬少年兒童不能進入初中完成普九，而這些人大多數是集中在經濟和教育最落後的地區；因此，「行動計畫」所揭櫫的目標將是十分艱鉅的。而且，即使到世紀末宣稱已實施普九的地區，距離實施完全的義務教育還有很大的距離；總體而言，中國大陸的義務教育離完全免費教育還有相當大的距離。反而，根據 1996 年統計數據顯示，中國大陸尚有文盲人口一億四千五百萬，其中十五至四十六歲青壯年文盲 3755萬；而且全中國大陸每年還會產生幾百萬新文盲，掃盲工作在未來也仍然相當艱鉅。[4]

---

[4]　葉廣儒，〈試論我國教育結構的調整思路〉，北京，《北京師範大學學報：社科版》，1998 年 3 月，頁 12-9。

問題與討論

問　題

一、中共建政以來的教育路線的演變過程爲何？

二、從八十年代以來，中共的教育改革方向爲何？並請評估其成
　　效。

三、中共在現階段不斷強調要科教興國，要在二十一世紀初實現
　　九年義務教育並掃除文盲，其政治經濟意涵爲何？

四、中國大陸的教育未來可能發展方向爲何？

討　論

一、校園自主在未來中國大陸的教育發展其可能性爲何？

二、教育預算在未來有無可能獲得中共憲法的明文保障？而中國
　　大陸未來的教育發展又將如何面對市場和全球競爭力的衝
　　擊？

三、中國大陸未來各級教育體制可能的變革方向爲何？其對於兩
　　岸關係會產生什麼影響？

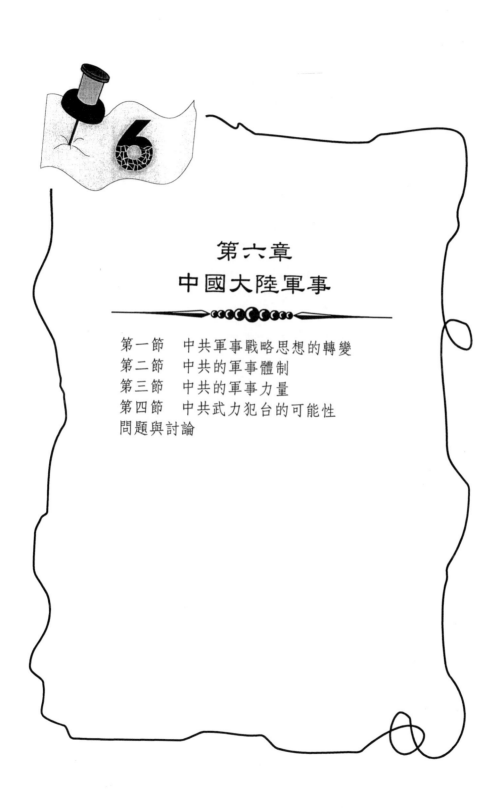

第六章
中國大陸軍事

第一節　中共軍事戰略思想的轉變
第二節　中共的軍事體制
第三節　中共的軍事力量
第四節　中共武力犯台的可能性
問題與討論

中共軍事戰略思想的轉變

　　中共在 1949 年建立共產政權以後，軍事戰略思想基本上可以分成三個階段。初期是以毛澤東的軍事戰略思想爲其建軍和軍事發展的主要原則和依據。其次是鄧小平執政時期，將毛澤東的戰略思想作了些修正。至 1990 年代冷戰後，特別是受到波斯灣戰爭的影響，中共的建軍指導思想在鄧小平的建軍思想原則架構下，再作一次調整。

一、毛澤東的軍事戰略思想

(一)人民戰爭的意涵

　　軍事思想往往主導國家戰略大方向與戰術的運用。對中共而言，承襲馬克思和列寧無產階級戰爭觀、軍隊與物質生產關係學說、帝國主義理論與無產階段革命軍隊的建軍原則的毛澤東軍事思想，實際上主導了中國共產黨當代戰略與戰術的發展。[1]

　　在毛澤東軍事思想的指導下，中共發展了「人民戰爭」的戰略。毛澤東認爲在對抗帝國主義戰爭之中，武器雖然是決定戰爭勝負的重要因素，但不屬決定性，人民才是決定性因素。敵對雙方力量的對比不僅是軍力和經濟力的對比，而且是人力和人心的對比。軍力和經濟力需要人的有效掌握才可發揮力量。革命的戰爭是群眾的戰爭，只有動員群眾、依靠群眾才能進行戰爭。[2]

---

[1] 丁樹範，《中共軍事思想的發展（1978-1991）》，台北：唐山，1996，頁20。

[2] 參閱〈毛主席論人民戰爭〉，毛澤東等著，《論「革命策略」與「人民戰

以毛澤東名義建構的人民軍隊、人民戰爭，與人民戰爭的戰略與戰術，為中共建立政權的武力基礎，在人民軍隊組織內，其所規範的中共軍隊與政治的關係，迄今仍為中共政治的基礎。而毛澤東軍事思想的維繫將有助於維持現有軍隊與政治的規範，亦有助於中共政治秩序的穩定。[3]

(二)人民戰爭的主要內容

中共人民戰爭的主要內容有六：[4]

(1)革命的目標與形式。革命的目標與中心任務是發動人民群眾武裝奪取政權。而革命的主要形式為武裝鬥爭，但也與其他形式鬥爭相互配合，其目的為動員社會上廣大的群眾以實行全面、徹底的人民戰爭。

(2)革命與群眾的關係。處於弱勢的地位一方，只有在完全運用社會一切人力資源的情況下，才有可能獲得生存與發展。

(3)軍隊的組建。中共革命的主要形式為武裝鬥爭，因此需要組建軍隊。

(4)武裝力量的整建。人民戰爭基於武裝鬥爭的需要與群眾動員的要求，武力可分為游擊隊、民兵和正規軍三類，三者間互有分工與合作。

(5)多處根據地的建立。建立多處根據地以支應武裝力量的發展。

(6)作戰準則。發展出作戰準則，依不同客觀條件，適時做出

爭」》，香港：歷史資料出版社，1972，頁15-21。
[3] 丁樹範，《中共軍事思想的發展（1978-1991）》，台北：唐山，1996，頁19-21。
[4] 引自《軍事卷——軍事思想分冊》，《中國大百科全書》，北京：軍事科學出版社，1993，頁37-9。

調整，以取得戰爭最後勝利。

二、鄧小平的軍事戰略思想

(一)重視現代化的戰爭

　　鄧小平是繼毛澤東之後，中共政權中最具權威的領導者，而其軍事戰略思想更是主導 1980 年代以後中共的軍事發展，對未來中共軍事發展的影響，更甚於毛澤東。

　　1978 年鄧小平第三度掌握中共政治大權後，摒棄了毛澤東時期的「早打、大打、打核戰」的舊時期戰略思想，[5]對「人民戰爭」作了新的詮釋，其主張的重要內涵為：

(1)由於擁有核子武器的國家增多，使得彼此處於核子恐怖平衡，這使得彼此間反而不容易引發核戰，因此常規戰爭仍是可能的。

(2)結合的武裝力量體制，使野戰軍、地方軍和民兵三者相互結合，就是人民戰爭。

(3)現在的人民戰爭與過去人民戰爭的手段、條件、表現形式不同。裝備的改進，使人民戰爭更有力量。[6]

　　鄧小平雖然仍舊依循毛澤東人民戰爭的戰略思想，但以內容

---

[5] 中共在1985年6月粉碎「四人幫」之後，即改變原來認為戰爭是危險迫近之看法，而從以下鄧小平之言論，更可印證出其已逐漸摒棄「早打、大打、打核戰」之戰略思想：(1)1987年7月的「現在看來第三次世界大戰短時期之內不會打」。(2)1988年9月「目前是建立國際政治新秩序時期，國際政治領域由對抗轉為對話，由緊張轉為和緩」。(3)其對未來之人民戰爭之詮釋中認為「將來是否打核戰，我看是不一定，不要忽略常規武器之戰爭，因為核子武器你有我也有，你多我也多，也許大家都不敢用，常規戰爭是有可能的」。詳見謝勝義，〈中共軍事戰略理念之探討〉，《俄情雜誌》，四卷三期，1995年6月15日，頁13-4。

[6] 同上註引文，頁14。

而言，已作了一番新的詮釋。可以說，自 1987 年起，中共對其戰爭指導思想已由傳統的人民戰爭調整爲現代化條件下的人民戰爭，而其所以仍未放棄「人民戰爭」的總體觀念，應是爲延續原有的意識型態之故。[7]

鄧小平認爲世界戰爭以常規戰爭形式，較有可能發生，因此武器裝備的優劣則相對的變得較爲重要，鄧小平即在 1985 年進行其「百萬裁軍」計畫。鄧小平認爲國防建設與國家建設有相互的先後共生關係。首先，應將經濟放在首位發展，只要經濟轉好，國力增強，再來大力更新軍事裝備。其次，國防力量不能超越國家經濟力量的發展，但要在現有國力之下，加速改進軍隊裝備。換言之，要在確保經濟建設中心的前提下，以「適當的」力量和速度來加強國防建設。[8]

鄧小平認爲要打贏一場現代化的戰爭，軍隊必須忍受暫時的讓步，先發展經濟，待國家經濟厚植一定實力後，再加速武器裝備的改進，這即是鄧小平「國防建設要服從經濟建設的大局」的戰略思想。[9]鄧小平這種以常規戰爭爲未來人民戰爭的主要形式，所強調的是「強兵必先富國」，表面上中共的軍事現代化位居「四個現代化」之末，軍隊的員額是在減少，但實際上，其他三個現代化卻是爲其日後整建軍備、加速軍事現代化的基石。

(二)重視「局部戰爭」

1988 年 6 月中共提出關於「確立和調整新時期的軍事戰略」，

---

[7] 參閱丁樹範，〈戰爭指導思想的調整與發展〉，《中共軍事思想的發展（1978-1991）》，台北：唐山，1996，頁96。

[8] 真力，〈鄧小平新時期國防戰略思想之研析〉，《中共研究》，28卷6期，1994年6月，頁40-1。

[9] 〈顧全大局，穩定發展〉，《鄧小平國防現代化思想研究》，北京：國防大學出版社，1989，頁23-55。

其主要內容為：(1)著重對付可能發生的局部戰爭和軍事衝突。(2)加強和建設「拳頭部隊」。(3)對未來戰爭和遠程國防、軍事發展要做出比較確實的估計。[10]

鄧小平的「局部作戰」觀念，使得中共軍事戰略從毛澤東的「全民皆兵」，轉變為應付區域性衝突，以發展「拳頭部隊」為重點，為隨時可能進行的「局部戰爭」而準備。[11]

(三)軍事戰略思想的特質

鄧小平新時期的軍事戰略思想，雖仍依人民戰爭的思想，但綜觀而言，其具有以下幾點特質：

(1)建設現代化的強大國防。

(2)重視軍隊質量建設，積極走向精兵之路。

(3)國防建設必須把握時代特徵和世界局勢。

(4)國防建設要走自己的發展道路。

(5)在確保經濟建設中心的前提下，以適當力量和速度加強國防建設。

(6)未來的戰爭型態將是高技術的局部戰爭，因此，必須加強高技術戰爭戰略的指導。[12]

鄧小平此一戰略思想所重視者為經濟與軍事的相互關係、精兵政策、質量建軍與高技術的局部戰爭。

毛澤東和鄧小平的軍事思想分別代表和引導中共新舊時期的建軍理念和軍事發展，此二者戰略思想的共同特點都在於主張「人

---

[10] 影儒，〈1988年的中共軍事〉，《匪情研究》，33卷1期，1989年1月，頁67-8。

[11] 吳建德，《中國威脅論》，台北：五南書局，1986，頁49。

[12] 真力，〈鄧小平新時期國防戰略思想之研析〉，頁41。

民戰爭」與堅持「積極防禦」，但二人由於所處的國際情勢不同，而採取了不同的目標與指導思想。

毛澤東是為了因應蘇聯的威脅與對抗資產階級敵人，預設一場全面戰爭即將爆發的情況下，採取傳統戰爭的指導原則，尤其，當時中共武器居於劣勢，正好符合人民戰爭的精神，展開全面的持久戰對其有利。

鄧小平主政時期，國際局勢已有轉變，從東西方的武力對峙到和解的開展，這使得毛澤東的軍事戰略思想已受到相當大的局限，鄧小平提出改革開放軍事戰略，重視經濟建設、軍隊現代化、局部戰爭等看法，自然與毛澤東有相當差異。

三、現代的戰略方針

1991 年的波斯灣戰爭，使得戰爭型態發生了一些變遷，首先，戰爭的速戰速決；其次、進行距離遠、威力強大且準確度高的攻擊是可能的；第三、兵力的組合運用常是跨軍種的協同作戰。[13]受到此戰爭型態變遷的影響，中共原有以積極防禦的局部戰爭和毛澤東的軍事思想均受到衝擊而產生動搖。因此，朝向鄧小平軍事戰略思想下的現代化高科技局部戰爭，已成為中共未來軍事發展的主軸。[14]

冷戰結束後，中共評估認為短期內爆發世界大戰的可能性不大，遂於 1993 年初重新調整軍事戰略方針，要把軍事鬥爭的基點，置於「打贏高技術條件下的局部戰爭」上，並確定未來的作戰的主要方向為「一是東海，二是南海，三是中印邊境」。

---

[13] 丁樹範，〈波斯灣戰爭對中共解放軍的影響〉，《中國大陸研究》，34卷12期， 1991年12月，頁31-2。
[14] 同上註，頁27-36。

表 6-1　中共軍隊建軍指導思想的轉變過程

年代	重要內容
1950、1960 年代	軍隊建設的指導原則是「早打」、「大打」、「打核戰爭」,「人民戰爭」戰略主導中共的建軍思想。
1970 年代末期	鄧小平將軍隊由臨戰狀態轉入和平建設軌道。在服從國家經濟建設的大局前提下,加強以現代化爲中心的軍隊建設。
1985 年	鄧小平宣布三年內裁軍百萬,陸軍完成新的組建,軍隊開始對局部戰爭、突發性事件進行研究和演練。
1990 年代初期	針對冷戰後的國際情勢,特別是波斯灣戰爭後,確定中共軍事戰略的方針:打贏現代技術,特別是高技術條件下的局部戰爭。在軍事能力方面,培養「不對稱的能力」,採取「不對稱」的作戰方式。 1997-2000 年裁軍 50 萬人。
未來的軍事戰略構想	仍將延續 1990 年代後的戰略構想。可分爲兩大類:(1)攻勢戰略:即在「高技術條件下打贏局部戰爭」。(2)守勢戰略:採取「積極防禦」。在兵力結構上是正規軍、武警、民兵預備役部隊的「三結合」;在戰術運用上是陣地戰、運動戰、游擊戰的「三結合」。「積極防禦」的全部過程,就是中共歷年來強調的戰略守勢、戰略相峙、戰略攻勢的「三階段戰略論」。

作者自行製表

　　1995 年底中共提出《九五期間軍隊建設計畫綱要》,其目的在使共軍在二十世紀末前,能達成「小打有把握、中打有條件、大打有基礎」的戰力標準,並進而實現「兩個根本性轉變」── 即在軍事準備上,由準備打贏一般條件下局部戰爭,向準備打贏高技術條件下的局部戰爭轉變;在軍隊建設上,逐步由數量規模型向質量效能型轉變,由人力密集型向科技密集型轉變。[15]

　　美國國防部認爲中共還須數十年才會擁有在中國大陸境外擊

---

[15] 國家安全局編,《中國大陸情勢概要》,民國87年,頁63。

敗現代化敵手的能力。中共目前是在某些領域內先培養「不對稱的能力」（asymmetric abilities），如先進的巡弋飛彈、短程彈道飛彈。「不對稱戰爭」（asymmetric warfare）指的是實力或技術落後的一方，利用出其不意或前所未見的手段，攻擊實力較強一方的弱點。中共的武器計畫讓人覺得它要發展全新而令人意外的能力，但這類計畫大多是模仿先進國家早有的產品或技術。中共的軍事現代化不在尋求科技突破，更正確地說是集中在不對稱的作戰能力。中共希望更新戰術與技術，因應未來廿年的作戰需要。[16]

中共軍隊建軍指導思想的轉變過程可以用**表 6-1** 表示。

中共的軍事體制

一、中共的軍事組織

中共國家的軍政大權是由共產黨的「中央軍事委員會」和由全國人大選舉產生的「國家軍事委員會」（國家軍委）兩個機構所掌握。由於中共傳統上是以「黨指揮槍」，所以實際權力仍在前者，後者多具行政意義。由於中共黨權、軍權不分，兩者實際上是「兩塊招牌、一套人馬」，實質權在「中央軍事委員會」。[17]

中共中央軍事委員會統籌中共軍、政令大權，其轄下的主要單位為總參謀部、總政治部、總後勤部、國防科學工業委員會、

---

[16] Ministry of Defense U.S.A., *The Security Situation in the Taiwan Strait*, Feb 26 1999.

[17] 現任中共中央軍事委員會和國家軍委會主席，均為江澤民，中共十四大後和十五大前，有劉華清、張震、遲浩田、張萬年等四位副主席，現只有遲浩田和張萬年二位副主席。

國防部等單位，其中總參謀部另管轄北京、瀋陽、南京、濟南、成都、蘭州、成都、廣州軍區等各一級軍區（七大軍區），海軍，空軍，第二砲兵部隊（戰略飛彈部隊），人民武裝警察（屬中央軍委會直轄，總參謀部督導），軍事科學院及國防大學等單位。

中共中央軍事委員會透過總參謀部、總政治部、總後勤部對各軍區、海軍和第二砲兵部隊實施領導指揮，但很特別的是其也可以對第二砲兵部隊實行垂直領導，此外國防部和國防科學技術工業委員會均爲國務院轄下部會，屬軍政系統，但中共中央軍委會對此二單位仍有指揮權，足可見中共是黨權、軍權不分之政體。關於中共軍事組織架構可詳閱圖 **6-1**。

中共中央軍事委員會除了下轄三個總部之外，另有如下的直屬單位[18]：國防大學、軍事科學院、武警總部、二砲司令部等單位。

海軍司令部另下轄三個艦隊司令部：北海、東海、南海艦隊司令部。空軍司令部下重要包括四個軍級及八個指揮部級的單位，其四個軍級和七大軍區空軍司令部所屬的八個指揮所，分別爲：四個軍司令部包括長春（空軍第一軍）、南寧（空軍第七軍）、福州（空軍第八軍）、山西大同（空軍第十軍）等。八個空軍指揮所爲：大連、上海、唐山、西安、昆明、武漢、烏魯木齊和拉薩指揮所。[19]

中共的七大軍區爲人民解放軍地區性最大的組織，其下轄數個省軍區和定量的部隊或第二砲兵部隊，各軍區的主要職責爲：(1)負責轄區內諸軍兵種部隊合同作戰的指揮和所屬部隊的軍事訓練、政治工作、行政管理和後勤保障。(2)領導轄區內的民兵、兵

---

[18] 林弘展，《中共人民解放軍X檔案》，台北：本土文化出版社，1996，頁 11-2。

[19] 林弘展，《中共人民解放軍X檔案》，頁5-6。

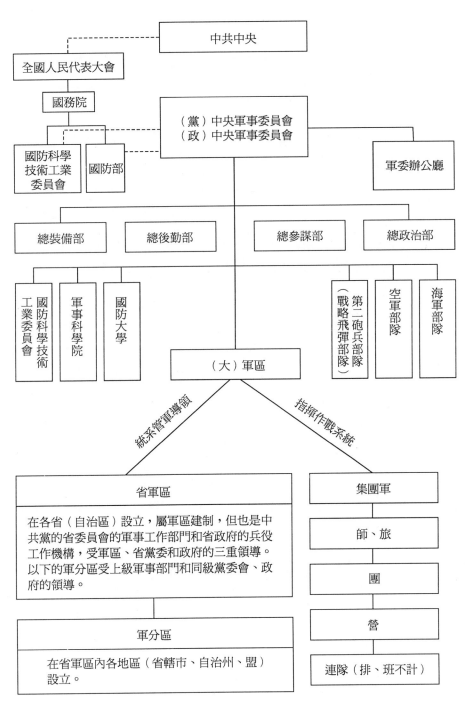

圖6-1　中共的軍事體系

表 6-2　中共七大軍區管轄分配

軍區別	轄 下 省 軍 區	轄 下 部 隊
瀋陽軍區	遼寧省、吉林省、黑龍江省	第 16、23、39、40、64 集團軍，二砲第 51 軍
濟南軍區	山東省、河南省	第 26、67、25、14 集團軍，北海艦隊，空降第 43 師
南京軍區	安徽省、江蘇省、浙江省、江西省、福建省	第 31、12、一集團軍，二砲第 52 軍，東海艦隊
廣州軍區	湖北省、湖南省、廣東省、廣西省、海南省	空降 15 軍，二砲第 55 軍，南海艦隊
成都軍區	四川省、西藏、貴州省、雲南省	第 13、14 集團軍，二砲，第 53 軍
蘭州軍區	新疆省、甘肅省、青海省、寧夏省、陝西省	第 21、47 集團軍，二砲第 53 軍
北京軍區	河北省、山西省、內蒙古、北京戌衛區、天津警備區	第 24、37、38、65、28、63 集團軍，二砲第 54 軍

資料來源：林弘展，〈解放軍組織系統：七大軍區組統架構〉，《中共人民解放軍 X 檔案》，台北：本土文化出版社，1996，頁 8-10。

役、動員工作和戰場建設。茲將其轄下省軍區和部隊列表成**表6-2**，以為對照。

二、當前中共軍隊建設面臨的問題

　　若干年來，中共的軍隊建設雖已獲致相當成果，但橫亙在其面前的問題也不少。

(一)在共軍內部方面

首先、在改革開放的浪潮下，有些官兵競皆「向錢看」，無心軍務；又因受到西方思潮影響，共軍內部也有「軍隊國家化」的呼聲，這是對「黨指揮槍」的直接挑戰。其次，中共「十五大」宣示至廿世紀末要裁軍五十萬，其衍生的諸多後遺問題將極待解決。第三，中共三軍武器裝備及國防科技的研究，均需要龐鉅的經費做後盾，未來數年大陸經濟如果無法維持大幅成長，將受到制約。

（二）在外部環境方面

隨著近年大陸經濟的快速發展，以及共軍大幅擴張，國際間已瀰漫「中國威脅論」觀點，各國都深具戒心，而因此形成的國際輿論壓力，將使得共軍的進一步發展增添了一些負數。

中共的軍事力量（兼論 2005 年之前兩岸的軍力比較）

一、整體性的評估

(一)中共軍事力量

中共持續進行了二十年的國防現代化工程，是在支援國內經濟發展、維護國家主權主張的前提下，主要針對區域性的積極防禦戰爭而設計，與毛澤東時期集中大量兵力進行陸地游擊戰的「人民戰爭」已經有所差異。但即使如此，中共的軍事準則與戰術，仍然隱含著毛澤東的教條，尤其是集中兵力在特定時間、特定地

點打敗裝備較佳敵人的戰術。

1985 年中共領導人鄧小平計劃要削減一百萬的兵力，來節省金錢，以爲經濟建設所需，然就軍事作戰的觀點而論，裁軍是中共積極從事「質量建軍」的必然趨勢。在「百萬裁軍」後，1997年 9 月，江澤民在「十五大」中明確宣布，將在爾後三年內完成裁軍五十萬人，並強調此爲「戰略性的重點任務」，期望邁向高素質、高科技的現代化部隊。

中共的國防現代化，並不是動員所有民用物資及經濟改革計畫來支援解放軍的全面現代化，而是找出敵方軍事武力中的重要弱點，集中發展一些反制的計畫和設備，對資源進行最有效的利用。依據這個方式，中共不需要擁有全面性的武力優勢，就可以給予敵方「可信威嚇」，進而達成政治與軍事目標。中共的國防現代化，因此主要尋求一些短程的目標，包含地面戰爭及攻擊精確度的改進，及另一些長程目標，包含飛彈防衛、反太空武力及資訊戰爭技術的提昇等。與此同時，中共也獲取了一些武器系統，用以對付使用海上載具或東海、南海基地的潛在敵人，尤其反艦巡弋飛彈（ASCMs）、長程陸攻巡弋飛彈（LACMs），及短程彈道飛彈（SRBMs）。爲了提高解放軍的全面作戰能力，中共正極力解決數個問題，包含將新武器系統整合進入作戰部隊，補強管理、控制、通訊、電腦及情報（C4I）的弱點，並強化訓練及後勤補給等。[20]

在比較兩岸的軍事力量時，中共解放軍佔有明顯的數量優勢，但在針對我國發動戰事的某個特定時空中，也只有部分解放軍兵力能被動員，其中可能包括部署在江西、福建的傳統短程彈

---

[20] Ministry of Defense U.S.A., *The Security Situation in the Taiwan Strait*, Feb 26 1999.

道飛彈部隊，隸屬南京軍區的空中和地面部隊，以及東海艦隊旗下的海軍部隊。不過，根據戰況的需要，解放軍其他單位的空軍、海軍、彈道飛彈和地面部隊，也可能加入對台的戰事。[21]

中共一方面進行裁軍，一方面卻大肆擴充軍備，1995年中共成為全世界最大的軍火購買國，[22]並以高薪延攬俄國的國防人才，以助其軍事現代化的進行，近年來更是積極向俄國和以色列引進技術，建造新型戰機，[23]並大力擴展海軍，以尋求建立遠洋作戰艦隊，企圖進一步成為二十一世紀中可以左右世局的軍事強權。

(二)我國軍事力量

過去十多年來，我國國防現代化的重點，在於獲取現代武器系統和相關設備，以嚇阻甚至擊潰中國的攻擊。其中，在自製武器上，我國已經發展出 IDF 戰機及天弓飛彈防禦系統等；在對外採購上，有美製的 F-16 戰機、法製的拉法葉級巡防艦等。目前多數新系統仍在整合進入作戰部隊的過程中。此外，1990年代初期，我國國防部就已經公開宣布，將在2003年以前，把武裝部隊人數裁減至40萬人，其中陸軍裁減後將維持20萬人左右，海、空軍維持各約6萬至7萬人，其他憲兵、海防部隊、後勤部門及軍事院校的總數，約在5萬至6萬之間。

我國裁減部隊人數的目的，主要希望提昇陸軍的動員能力和火力；其次，在於減少部隊因徵兵導致的競爭力不足，保留受過良好訓練而精於科技的人員負責現代武器系統；第三，在於減少

---

[21] *Ibid.*

[22] 詳見〈九五全球軍售仍值288億美元，俄國售武最多，最大買家中國〉，《星島日報》，85年8月22日，四版。

[23] 俄羅斯和以色列正在幫助中共建造新型的FC-1和F-10二種戰機，詳閱 "Russia Israel helping China build new fighter", *Jane's Defense Weekly*, Vol. 24, No. 1（25 November 1995），p.4.

軍隊將官的數額。到 2005 年前，我國軍方將擁有 400 架飛機、1500 輛坦克，海軍將擁有約 30 艘主力戰艦，並淘汰老舊的驅逐艦。此外，各軍種先進武器相對於老舊武器的比例，都將有所提高。[24]

接下來將對中共各軍事部門的軍事力量作一陳述，並將 1985 年和 1998 年的陸軍、海軍、空軍和二砲部隊作一比較，以凸顯其軍事力量的轉變情形，另並將 2005 年以前兩岸的軍力比較，一併作陳述。

二、陸軍力量的比較

(一)中共的陸軍力量

陸軍是所有軍種中，部隊最龐大，但也是裁減人數最多的軍隊，從**表 6-3** 中可知，從 1985 年迄今，其裁減之人數幾乎達九十萬之眾。

然而由**表 6-3** 中亦可發現，中共對於戰車武力的進展甚微，其仍以 1950 年代末在蘇聯技術支援下所產量的 T-59 式戰車為主力，[25]總數高達六千輛之多。為求提昇裝甲部隊的作戰能力，中共已經研發出一種新型的 T-80 式主力戰車（MBT，Main Battle Tank），並積極研製更大口徑的戰車砲，以提昇其裝甲兵火力。

在多管火箭的研製上，中共亦已有長足的進展，現今正在配發陸軍部隊軍級砲兵單位一種 273 公厘的八管火箭砲，此火箭砲可發射各型不同火箭彈，五秒鐘之內可將八管火箭全部射完，且能在射擊中進行電腦的射向和射角之修正，最大射程高達 80 公里，[26]此型武器之發展，將有利於其未來的反登陸作戰。

---

[24] *Ibid.*
[25] 陳建德，〈中共戰車發展〉，《全球防衛雜誌》，29期，1987年1月，頁96-107。
[26] 陳東龍，〈中共火箭砲系統已成新興武力〉，《自立早報》，1996年12月29日，八版。

表 6-3　1985 年和 1998 年陸軍主要裝備之比較

裝備類別/年代	1985-1986	1998-1999
人員	二百九十七萬三千人	二百零九萬人
主力戰車（MBT）	Sov. IS-2,T-34,T-54,T-59,T-69（mod .T-59）,T-62, T-60/-63 amph. 數量：約一萬一千四百五十輛	700×T-34, 85,6000×T-59, 200×T-69, 800×T-79, 500×T-80, 600×T-85IIM 數量：約八千八百輛
裝甲戰鬥車（AIFV）	Type-501（Sov. BMP-1）, Type-531, Type-55/-56（BTR-40/-152）/-63, Type-77/-1/-2 數目不詳？	500×Type-63, YW-531C, Type-85, Type-90, Type-77（BTR-50）, WZ-523,WZ-501, WZ-551 數量：約五千五百輛
重型火砲（ARTY）	Type-56 85mm, Type-73 100mm, Type-60 122mm, Type-59/-1 130mm,ISU-122/-152(？mm), Type-66 152mm,Type-54/-1 122mm 數量：約一萬二千八百門	Type-59 100mm,Type-54 122mm,Type 122mm, Type-83 122mm,D-90 122mm,Type- 59 130mm, Type-54 152mm,Type-83 152mm,WAC-21 155m 數目：一萬四千五百門
多管火箭發射器(MRL	Type-63 12x107mm,Type-81 40x122mm, Type-81 24x122mm, Type-63 19x130mm, BM-13-16 16x132mm,BM-416 16x140mm, Type-74/-79 10x305mm 數量：約四千五百具	Type-81 122mm；Type-89, Type-70S130mm, Type-82 130mm Type-85 130mm,Type-83 273mm, 數目：約三千八百餘門
反坦克導引武器（ATGW）	None	HJ-73（Sagger Type） HJ-8（Tow/Milan Type）

（續）表 6-3　1985 年和 1998 年陸軍主要裝備之比較

裝備類別/ 年代	1985-1986	1998-1999
防空機砲 （AD GUNS）	Type-54, -77 12.7mm,Type-75/-1 towed, Type-56/-58/-80 14.5mm,Type-55/-63 2x37mm, Type-59 57mm,Type-5685mm,Type-59 100mm 數量：一萬五千具	Type-80 23mm,Type-55/-65/-74 37mm, Type-59/-80 57mm,Type-56 85mm, Type-59 100mm 數目不詳
防空飛 彈（SAM）	SA-7	HN-5,HN-5A/-C（SA-7 Type）,HQ-61A, HQ-7
直升機 （Hel.）	None	28xMi-17,20xS-70C-2,25xMi- 8,30xZ-9, 8xSA-342（with HOT

資料來源：The International Institute for Strategic Studies , "Asia and Australia",
The Military Balance 1985-6 (London: IISS, 1985), pp.113-4. & The
International Institute for Strategic Studies , "East Asia and Australia
", *The Military Balance 1998-9* (London: IISS, 1998), pp.178-9.

　　除了上述重武器裝備外，中共已注意到攻擊直升機具有極佳
的作戰功能和強大之火力，因此在 1985 年時，並未有作戰直升機
隊，然而，在 1998 年時，則已建立了一支約有 110 架的直升機部
隊，其中 Mi-8、Z-9 和 SA342 均是專做攻擊用途的直升機。近年
來中共更一直積極爭取與外國合作生產更為新型之直升機，其中
以俄製 Mi-28 較有可能成為中共製作生產之對象。[27]一旦中共建立
起攻擊直升機戰鬥群，則對於其兩棲或三棲登陸作戰，尤其是對

---

[27] 〈中共攻擊直升機發展新計畫〉，《全球防衛雜誌》，116期，1994年4月，
　　頁12。

台戰爭，則是一相當有效的作戰武器，值得注意。

　　中共的解放軍地面部隊約有 75 個陸軍師，其中約有 20％為「快速反應」部隊，聯合武裝單位不用訓練與後備增援就可以藉各地道路與鐵路進行部署。中共持續精簡軍隊規模，現在正在實施 50 萬兵力裁減，不但可讓部隊精簡，也使主要步兵、空軍機械與飛航單位能有經費購買先進武器。正規軍隊外還有大型的後備軍人支援，人數超過 150 萬，還有 100 萬武裝警察。從 1991 年波灣戰爭後，解放軍就積極發展特種作戰部隊，其工作可能包括了各種與我國有關的特別任務等等。[28]

　　傳統上，中共地面部隊有高度凝聚力、愛國心強、體能狀況佳，而且基本戰技訓練有素。另外，這些部隊在行動與通訊安全上實力很強，在藏匿、偽裝方面也很精通，最主要的缺點為缺乏運輸與後勤支援。地面部隊領導、聯合行動訓練、士氣是較弱的幾個層面。解放軍仍為黨掌控的軍隊，政治與家族關係仍主宰軍官任命與陞遷。大部分士兵出身農家且為半文盲，從軍也漸漸被民間認為是不受歡迎的工作選擇。中共當局已經發現這些缺失，正在努力推廣軍隊現代化。[29]

(二)我國地面部隊

　　我國有 22 萬大軍可用來保衛我國和沿海各島嶼不受侵略。約 80％的軍事戰力全靠台灣島內的三個軍團。金門、馬祖、澎湖則有 5 萬軍力。1997 年我國開始大幅整軍，以提昇戰鬥力、快速反應能力、空中攔截和特種部隊的行動力。整軍計畫估計得裁減 20 萬人，但在營三軍不在裁減範圍，唯承平時期減少作戰單位。我

28　Ministry of Defense U.S.A., *The Security Situation in the Taiwan Strait*, Feb 26 1999.

29　*Ibid.*

國軍事設備現代化旨在改善機動力和攻擊力，計劃購得坦克、直升機和短程防空飛彈。我國正尋求超過 450 部 M60 A3 中型坦克，這些坦克將加入原即龐大的坦克部隊——擁有 450 輛 M48H 坦克、300 輛 M48A5 中型坦克、超過 1000 輛舊式 M41 和 M24 輕型坦克。我國並已獲得 42 架 AH1W 眼鏡蛇攻擊直升機和 26 架 OH58D 型 Koiwa 偵察直升機。[30]

三、海軍力量的比較

(一)中共的海軍力量

1980 年代後，中共已從「近岸防禦」逐漸轉變為「近海防禦」戰略，此一戰略是要將來犯的敵人在大陸沿岸海域即予以殲滅或擊潰，使其不能及於中國大陸內地，這與過去毛澤東誘敵深入的戰略有相當大的差異。

1990 年代中共訂出邁向「遠洋戰略」中海軍發展的三個階段目標：第一階段（至西元 2000 年）以培育人才奠定組織基礎，並強化普通艦艇和潛艦，並使其大型化、飛彈化和電子化；第二階段（2000-2020 年）建造數艘輕型航艦，致力於建立達到世界海軍的規模，確保近海作戰的能力；第三階段（2020-2040 年）要成為世界主要的海軍國，具備遠洋作戰的能力。[31]

將海軍列為共軍戰略第一優先，並期望在 2050 年前建立起世界級海軍力量，以及由海空軍主導未來戰場已為共軍高級將領的共識，因此，未來海軍將成為共軍重點發展的所在。其正在強化水面作戰艦艇之戰力，從**表 6-4** 中可知，中共已有二艘新型的旅滬

---

[30] *Ibid.*
[31] 廖文中，〈中共躍向遠洋海軍戰略〉，《中共研究》，28卷12期，1994年 12月，頁51-6。

表 6-4　中共海軍 1985 年和 1998 年主要戰力之比較

類別/年代	1985-1986	1998-1999
人員	三十五萬人	二十六萬人
核動力攻潛艦（SSN）	3xHan-class 計：三艘	5xHan-class 計：五艘
攻擊潛艦（SS）	84xType-033（Sov. G-class），20xW-class,2xMing-class 合計：一百零二艘	3xKilo-class,16xMing-class,1xSong-class　,37xR-class,1xG-class 合計：五十八艘
核子動力戰略飛彈潛艦（SSBN）	None	一艘
驅逐艦（DDG）	16xLuda-class,4xAnshan-class 合計：二十艘	2xLuhu-class,1xmod.Luda-class， 1xLudaIII ,14xLuda/051 合計：十八艘
巡防艦（FFG）	17xJianhu-class,2xJiandu-class,4xChendu-class,5xJiangan 合計：二十八艘	4xJianwei-class,31xJianhu-class 合計：三十五艘
巡邏艇與快艇	約一千零五十艘	約七百四十七艘

資料來源：The International Institute for Strategic Studies, "Asia and Australia", *The Military Balance 1985-6*, p.114. & The International Institute for Strategic Studies, "East Asia and Australia", *The Military Balance 1998-9*, p.179.

級（Luhu-class）飛彈驅逐艦、四艘江衛級（Jianwei-class）飛彈巡防艦。另外，中共已於 1999 年 1 月 13 日完成一艘排水量約六千頓的「旅海級」飛彈驅逐艦，並計劃於 2000 年底前，再建造一艘

同級戰艦，以發展其「遠洋戰力」。

此外，中共為求進一步制海權，除了自製戰艦外，更積極向外購買大型戰艦。1996 年底，俄羅斯即出售了兩艘現代級（Sovermenny-class）驅逐艦給中共，1997 年 4 月俄羅斯國防部長訪問北京時，又與中共達成出售六艘軍艦，包括兩艘現代級驅逐艦的交易。中共儘管已有各型先進驅逐艦，但為求確保其海軍遠洋戰力發展的第一優先，和解決未來南中國海主權的糾紛，共軍尋求建立一支航空母艦戰鬥群的武力，恐怕亦是在所難免。

再則中共向俄羅斯購買的基羅級（Kilo-class）潛艦，對中共潛艦部隊的戰力提昇，應會有不小的助益。而根據 1995 年《詹氏防衛周刊》的報導，中共計劃要購買二十二艘此型潛艦，且目前至少已有十艘與俄羅斯達成協議。[32]若此十艘完成服役後，屆時中共潛艦之作戰能力，更會大幅提昇，並可直追日本。[33]

在兩棲作戰部隊方面，中共海軍的兩棲作戰艦隊可提供大約一個步兵師的投射能力，此外還有數百艘小型登陸陸艇、駁船及人員運輸船，全部可以配合漁船、拖網船及民用商船以擴大運輸能力。不過，在長程運輸、後勤及空中支援方面的弱點仍是中共投射兩棲部隊的最大阻力。[34]

---

[32] Barbara Starr, "China's SSK aspirations detailed by USN chief", *Jane's Defense Weekly*, Vol. 23, No. 11(18 March 1995), p.3.

[33] 依據美國 General Accounting Office 之資料統計，日本目前有十七艘潛艦(均為先進的潛艦)，而中共有五十三艘潛艦，其中僅有七艘為先進的，故若續 K 級潛艦達十艘時，屆時與日本在水面下之戰力則相差無幾了。詳見 James L. George, "China: Paper or Potential Tiger : The Military Balance in Asia", *Naval Forces*, Vol. XVII, No. 11(1996), p.91.

[34] Ministry of Defense U.S.A., *The Security Situation in the Taiwan Strait*, Feb 26 1999.

(二)我國的海軍力量[35]

　　我國海軍兵員約 6 萬 8 千人，主要水面作戰艦艇約 400 艘，另有 4 艘潛艇、近 100 艘巡邏艇、30 艘水雷作戰船隻及 25 艘兩棲作戰船隻。儘管海軍在整修及延長船艦服役年限方面有優異表現，但終究大多是一些二次大戰期間的過時艦艇。海軍主要任務在防止我國遭中共圍堵並保護我國對外聯絡航道的暢通。海軍的現代化計畫目的在以法製拉法葉級（Lafayetee-class）巡防艦及國造美國派里級（Perry-class）巡防艦等新船隻，取代老舊的艦艇。我國正努力設法取得先進的反潛作戰科技，希望能對抗在我國海岸附近活動的中共潛艇。

　　潛艇：我國擁有四艘潛艇，兩艘是於 1980 年代末期取得之相當先進的荷蘭造海龍級（Hai-lung class），另兩艘則是美國於 1973 年提供作為反潛作戰訓練用的二次大戰期間過時的 GUPPYII 潛艇。海龍潛艇據傳配有線導魚雷；美製潛艇則主要作為訓練之用，其次才是佈雷。如何取得更多潛艇一直是我國當局優先努力的目標。

　　海上戰鬥部隊：我國海軍「光華」現代化計畫的內容，包括美國授權自造的八艘派里級（成功級）巡防艦，購買六艘法製拉法葉級（康定級）巡防艦，以及向美國租借八艘諾克斯級（Knox-class）巡防艦。成功級和康定級巡防艦上配備有自行研發的雄蜂二式（Hsitng Feng II）反艦飛彈。防空武器包話成功級巡防艦上的標準防空飛彈和康定級巡防艦上的海叢樹（Harpoon）飛彈。這些新巡防艦的主要任務是從事海上巡邏，特別是保護近海巡邏戰機航程之外的航道。光華計畫還包括未來採購三種小型水

---

[35] *Ibid.*

面作戰船隻：12 艘 580 噸的晉江級（Jin Chang-class）導向飛彈巡邏艇；10 到 14 艘 1500 到 2000 的快艇；50 艘 150 到 250 噸的快速飛彈攻擊艇，以取代老舊的海鷗級（Hai Ou-class）快艇。

海軍空戰部隊：我國的海軍空戰部隊規模不大，其中 10 架休斯 MD500 短程反潛直升機通常部署於 Gearing 級驅逐艦上。另外有部署在派里級與拉法葉級艦艇上的 9 艘 Sikorsky S-70C（M）反潛直升機。現屬於空軍約 30 艘 S-2T Tracker 反潛海上巡防機未來可能會移交給海軍。

四、空軍力量的比較

(一)中共的空軍力量

從**表 6-5** 可見，中共的主力戰機殲六（J-6S，S 代表該系列的飛機），從 1985 年的 3000 架到 1998 年時已減少至 1800 架，現今服役的殲六是中共在 1958 年仿製蘇聯 MiG-19 戰鬥機所自行研發製造，1963 年時才開始大量生產，是一種設計相當落後的戰鬥機。1989 年 5 月，前蘇聯總統戈巴契夫（Mikhail Gorbachev）訪問中國大陸時，中共即向其提出購買 Su-27 型、MiG-31 型等先進戰鬥機，蘇聯先同意出售 Su-27 型戰機，故 1992 年 1 月即有八架 Su-27b/ub 型戰鬥機運抵大陸，同年五月，俄羅斯同意出售二十四架 MiG-31 型長程攔截機給中共，[36]這對中共空軍現代化的幫助相當大。

Su-27 型戰鬥機在不帶副油箱之下，作戰半徑仍可達一千五百公里，其最大航程四千公里，可同時掛載六枚 AA-10 中長程空對

---

[36] Prasun Sengupta, "China Expands Air Forces", *Military Technology*, Vol. XVI, Issue8 (1992年), p.49.

表 6-5 中共一九八五年和一九九八年空軍主要作戰飛機之比較

作戰飛機/ 年代	1985-1986	1998-1999
人員	四十九萬人	四十七萬人
轟炸機	120xH-6, 500xH-5. 合計：六百二十架	120xH-6, 200xH-5（Med&Lt bbrs） 合計：三百二十架
戰鬥攻擊 機（FGA）	500xJ-4& Q-5. 計：五百架	400xQ-5. 計：四百架
全天候作 戰機	數目不詳	80x H-6, 110 xJ-8&J-7, 110x Su-27 合計：三百架
戰鬥機 （Ftrs.）	400xJ-5,3000xJ-6/B/D/E 200xJ-7,30xJ-8. 合計：三千六百三十架	1800xJ-6B/D/E 500xJ-7,150xJ-8,46xSU-27/B. 合計：二千二百五十六架
直升機 （Hel.）	約四百架包括 Z-5/6,Z-9, SA-321,Bell-214ST,S-70.	100xZ-5,70xZ-9 4xBell 214,30xMi8,6xAS-332.
主要空載 武器 （AAM& ASM）	PL-2 Attoll -type	PL-2/2A,PL-5B,PL-7,PL-8, C-601,C-801/C-802,50xAA-8, 250xAA-10,250xAA-11

資料來源：The International Institute for Strategic Studies, "Asia and Australia", *The Military Balance 1985-6*, p.115. & The International Institute Strategic Studies, " East Asia and Australia ", *The Military Balance,1998-9* , p.180.

空飛彈 70 和四枚 AA-11 短程空對空飛彈，空戰火力相當強大。配
備 PLPK-27 雷達，其搜索距離爲 240 公里，能追蹤一百八十公里
內如 F-16 般的飛機，可同時追蹤十個目標，並同時攻擊兩個對自
己威脅最大的空中目標。令人擔心的是，Su-27 型戰鬥機未來可望

配備 AAM-L 長程空對空飛彈，此飛彈是針對反制敵方空中預警機而設計，日後將成為台灣和日本之 E-2 C/T 空中預警機的最大殺手，另外，其又可配備 Kh-31P 反輻射空對地飛彈，該飛彈最大射程在 150 至 200 公里，是地面雷達的剋星。因此，台海一旦發生戰事，若無法確保制空權，則台灣的防空雷達將盡在其攻擊之下，而難以發揮其預期之功用。至於 MiG-31 型戰鬥機，則是至今尚無下文。

另外，中共除了向外購買戰鬥機外，對自行研發戰機亦是不遺餘力。而 FC-1 和 J-10 均是中共正在研發製造的新型戰鬥機，前者採用俄製甲蟲式射控雷達和 RD-93 引擎，最高速度約 1.8 馬赫，最大航程約 1500 公里，可搭載 3.2 噸之武器，包括短、中程空對空飛彈和距外空對地武器，是性能優越的輕型戰鬥機，[37]後者則是成都飛機公司在以色列飛機公司（IAI）協助下製造，以幼獅（Lavi）戰機藍圖為設計的最新型戰鬥機，最高速度在 2.0 馬赫，最大作戰半徑約一千一百公里，最大作戰升限約一萬八千公尺，載彈量 6.5 噸，配備 ZHUK-M 雷達，能偵測出一百四十公里外如同 F-16 般大小的飛機，可同時追蹤十個目標，並攻擊其中威脅最大之四個目標。其可搭載中共自製之 PL 系列空對空飛彈，性能在 F-16A/B 型戰鬥機之上，將來是台灣空軍之強勁對手。[38]

從上述的資料中可知，中共空軍戰力正處於蛻變當中。成都飛機製造廠於 1995 年以每月生產兩架 Su-27 型戰鬥機，[39]並將於

---

[37] 何文，〈世紀展新局——中共新型戰機發展〉，《全球防衛雜誌》，141期，1996年5月，頁50-1。

[38] 蕭雨聲，〈中共新型國產戰機剖析〉，《全球防衛雜誌》，146期，1996年10月，頁86-93；何文，〈世紀展新局——中共新型戰機發展〉，頁49-50。

[39] "Made in China deal is forged for SU-27s", *Jane's Defense Weekly*, Vol. 23, No.18(6 May 1995), p.3.

廿世紀末開始生產製造 FC-1 和 J-10 戰機。預估在 2005 年時，中共的先進戰鬥機的數量將會遠超過台灣，若再加上原有的作戰飛機，其無論是質與量，均凌越東亞各國，難怪除了台灣以外，日本和東南亞各國對於中共購置 Su-27 型戰機都是相當緊張與不安。

對於台灣和東亞國家威脅較大的另一項中共空軍作戰武器的發展是轟七（B-7），雖在**表 6-5** 中尚未能見轟七戰鬥轟炸機，但已有消息指出，該機已完成戰備部署，[40]而若根據中共早在 1980 年末和 1990 年代初即已展示該機的情況而論，即使其目前並未真正部署於軍中，然離正式服役時間應亦不遠。轟七戰鬥轟炸機的作戰半徑約九百至一千五百公里，武器載量高達五公噸，最高速度在 1.7 馬赫，具有極佳之低空穿透能力，故其無論在速度、載重量和作戰半徑上，均優於強五型攻擊機甚多，一旦正式服役，無疑是戰場上的重要武器。

整體而論，中共空軍的戰力，短時間的三到五年之內，在先進作戰飛機數量上可能無法與台灣和日本相提並論，然而，其若依計畫持續發展，2005 年之後，台灣和日本無論在數量或質量上（先進作戰飛機），恐怕再也難保優勢了。

(二)我國的空軍力量[41]

我國空軍約有兵員 7 萬人，戰機超過 400 架，包括大約 180 架較老舊的 F-5E/F 戰機和 100 多架較現代的「經國號」戰機（Indigenous Defense Fighter, IDF）。

我國戰機：「經國號」在研發上和操作上有諸多困難，但技術

---

[40] "New fighter jet being developed", *South China Morning Post*, 24 January 1995, p.7.〈殲轟七完成部署〉，《中央日報》，1995年4月26日，七版。

[41] Ministry of Defense U.S.A., *The Security Situation in the Taiwan Strait*, Feb 26 1999.

先進，仍被認為優於中共到目前所部署和生產的任何戰機。130 架「經國號」預料將於 200 年全部製造完成。大部分「經國號」將配備自製的天劍二型（Tien Chien-II）空對空飛彈。我國也從美國購得 150F-16 型戰機。這些戰機自 1997 年移交以來，今年年底應可完成移交。60 架法國製幻象（Mirage）2000-5 型戰機也從 1997 年 4 月開始移交，1998 年 10 月完成移交。幻象機配備四枚 MICA 主動雷達（active radar, AR）導引飛彈和兩枚 MAGIC 二型紅外線飛彈，是我國目前最具威力的空防戰機。我國空軍目前的戰略是：部署「經國號」戰機進行低空攔截和地面攻擊，幻象機則主要進行高空離岸攔截任務。我國還計劃改良大約一百架 F-5 型戰機。我國三軍部隊現代化面臨的系統整合和裝備更新問題顯然對空軍的衝擊最大。

防空預警：我國已建置一套早期預警防空網路，與地對空飛彈及第四代戰術戰機配合，對來自大陸彼岸的空襲可收一定的嚇阻效用。我國已汰換老舊防空「天網」，改以新的「強網」取代，目的在加強周圍領空的防衛。

陸基防空：改良式鷹式防空飛彈系統（I-Hawk SAM system）仍為我國空防主力。這套涵蓋低到中空的中程飛彈系統，旨在防範高速敵機對地面固定及機動目標的攻擊。一個標準的改良鷹式飛彈陣地包含一具脈衝蒐獲雷達、一部連續蒐獲雷達、一部高效能目標標示追蹤雷達、一部範圍掃描雷達，以及六具每個可發射三枚飛彈的發射器。台北方面還部署一套自行研發的天弓（Tien-Kung or Sky Bow）地對空飛彈，取代最近才退役的勝利女神力士（Nike-Hercules）防空飛彈系統。天弓一式飛彈為一種中長程飛彈，據說係改良自美國早期的愛國者（Patriot）飛彈。天弓一式飛彈為一種單節、固體燃料推進的飛彈，有兩種部署組態：其

中一種為使用外觀與 M901 愛國者飛彈相近之四聯裝發射器的機動部署，另一則為地下發射的固定部署。改良的天弓二式以固定、單軌或地下發射的方式部署。在目標偵側、追蹤及飛彈中述引導的需求方面，天弓係配置多功能相位陣列雷達，配合電腦射擊控制系統和具裝在雷達上的連續波碟型天線，可從事多重目標接戰任務。如前所述，我國還購入改良型的愛國者防空飛彈 MADS，目的在扮演反彈道飛彈角色。

短程（野戰）防空：主要由「檞樹」（Chaparral）和「天兵」（Skyguard）系統擔綱。履帶車載的檞樹系統配備四枚改良型ＡＩＭ－九Ｃ響尾蛇（Sidewinder）飛彈。天兵整合防空系統則配備ＡＩＭ－七M麻雀空對空飛彈（Sparrow AAM）和雙管三五防砲。我國預料也將向美國採購車載雙聯裝「刺針復仇者」（Stinger/Avenger SAM）飛彈，這型野戰防空系統載於「悍馬」車，配備八枚刺針飛彈。而我國的中山科學研究院也已研發成功新型「瞪羚」（Antelope）戰術防空系統，並做公開展示。據中科院稱，瞪羚的研發始於一九九五年七月，係天劍一型空對空飛彈的附屬產品，此系統配備目標蒐獲雷達、通訊組件、射控系統、載具，以及四枚最大射程達十八公里的天劍一型飛彈。瞪羚系統可部署於悍馬車或其他中型卡車，攔截低飛的直升機、戰鬥機、地面攻擊機，甚至轟炸機。

五、飛彈力量的比較

(一)中共的二砲部隊力量

為求國家尊嚴、國家的自主性和安全、對全球政治的影響力、地區性的權力地位、國內政治的團結和國內經濟的發展，中共在

表 6-6　中共一九八五與一九九八戰略武力之比較

武器類別/年代	1985	1998
洲際彈道飛彈（ICBM）	2xDF-5/CSS-4（12,900km）* 4xDF-4/CSS-3（7,000km） 合計：六枚	7xDF-5/CSS-4（12,900km） 10xDF-4/CSS-3（7,000km） 合計：十七枚
中程彈道飛彈（IRBM）	60xDF-3/CSS-2（2700km） 合計：六十枚	38xDF-3/CSS-2（2700km） 8xDF-21/CSS5（1800km） 合計：七十枚
潛射彈道飛彈（SLBM）	2xXia Class**（SSBN） 數目不詳	1xXia Class（SSBN） 12xJ-1/CSS-N-3
短程戰術導彈飛彈（SRBM）	None	M-9&M-11

（* 射程　** 夏級彈道飛彈潛艇）

資料來源：The International Institute for Strategic Studies, "Asia and Australia", *The Military Balance 1985-6*, p.113. & The International Institute for Strategic Studies, "East Asia and Australia", *The Military Balance 1996-7*, p.179.

　　大陸建立共產政權之後，即尋求建立核子武力。[42]從 1964 年 10 月 6 日試爆第一顆原子彈，成爲繼美國（1945）、蘇聯（1949）、英國（1952）和法國（1960）後第五個核子武器擁有國至今，其核武器的發展相當迅速，在氫彈、洲際彈道飛彈和多彈頭等三項的研究發展速度上，堪稱世界之最。[43]

　　1970 年代末，中共核子武器的數量已爲世界第三，現今在洲

---

[42] Chong-Pin Lin（林中斌）,"Nuclear Strategy and Tradition", *China's Nuclear Weapon Strategy* (Lexington：Lexington, 1988), pp.105-110.

[43] Chong-Pin Lin（林中斌）,"From Panda to Dragon：China's Nuclear Strategy", *The National Interest*, No.15(Spring 1989), pp.49-51.

際彈道的數目，則名列世界第五。中共第一代之洲際彈道飛彈（ICBM），如 CSS-4（東風五號，DF-5），其最大射程為一萬四千五百公里，涵蓋前蘇聯、西歐、非洲及美洲部分地區。由於東風五號為固定式陣地發射，極易在第一波之核子攻擊中遭到摧毀，因此中共目前正在積極建立第二代洲際彈道飛彈，使之能成為第二打擊核子武力，確保核武器遭受敵方核武攻擊的存活率，這些戰略飛彈包括東風三十一型、東風四十一型和潛射巨浪二型等洲際彈道飛彈。[44]

此外，中共在 1980 年中期亦開發研製了「短程戰術彈道飛彈」（SRBM），這些飛彈均具有打局部核戰爭的能力，對台灣的威脅也最大，1995 年 7、8 月間的東海飛彈試射和 1996 年 3 月的三波軍事演習，均是使用這種飛彈。在未來幾年內，中共的短程彈道飛彈軍力預料將大幅提昇。中共解放軍目前在大陸東南部部署了大約一團的 CSS-六型（東風 15，M9）短程彈道飛彈部隊。M9 是一種陸基機動飛彈，可以攜帶 500 公斤的傳統彈頭，射程最遠為六百公里。CSS-X-七型（東風 11，M11）陸基機動飛彈射程也有 300 公里，但解放軍目前還沒有這種飛彈。一種改良型、射程更遠的飛彈可能正在發展中。CSS 六型和 CSS-X-七型飛彈預料將結合衛星導航技術，提昇命中率。一旦和我國發生衝突，中共的短程彈道飛彈可以瞄準我國的空防設施、機場、海軍基地、後勤設施等等。

1964 年中共試爆第一顆原子彈，1966 年 7 月成立第二砲兵部隊（簡稱二砲或二砲部隊），是獨立於陸、海、空三軍之外，直接

---

[44] 參閱John Wilson Lewis and Hua Di, "China's Ballistic Missile Programs", *International Security*, Vol. 17, No.2 (Fall 1992), pp.10-19. & 吳建德，〈後冷戰時期中共的核武戰略〉，《共黨問題研究》，22卷4期，1996年4月，頁30。

歸屬於中共中央軍委會指揮，目前估計其編制是六至七個師，有十三個戰略飛彈發射旅，該部隊是共軍素質最高的一支作戰武力，六成以上軍官具有大專以上學歷，而中共近來研發和部署新型的洲際、中程和戰術彈道飛彈，其不論精確度、機動性和威力，均較 1980 年代以前所生產部署的來得佳，這使得中共的鄰國、亞洲地區，乃至全世界，都感受到其可能的潛在威脅，其強度並不因冷戰的結束而消退，反而逐漸增強。

在美國和俄羅斯達成裁減三分之二的核彈後，中共核武力量的比率將會因而相對大增，美、俄、中三國的核彈比例亦將成為 3：3：1。[45]如此的形勢之下，未來中共對世界安全穩定的影響會日益增大，將是無可避免之事。再則台灣未來面對的彈道飛彈的心理威脅，亦可能會因M族飛彈準確度的提昇而加深。

(二)我國的飛彈防禦能力

美國國防部在 1999 年 2 月公布的＜台海安全情勢報告＞中也認為，我國最大的弱點是對抗中共日益強大的彈道飛彈的能力有限。中共的飛彈對我國的軍事目標和軍事設施構成嚴重威脅。我國目前已購買在「沙漠風暴」（Dessert Storm）行動中使用過的愛國者（Patriot）地對空飛彈（SAM）改良系統（MADs）。此一系統已於 1997 年開始運抵我國，預料將部署在人口稠密的台北四周。我國完全倚賴飛彈防衛系統和BM/C31，將無法壓制中共即將在 2005 年所取得的攻擊性飛彈絕對優勢。[46]

---

45 林中斌，〈美俄裁武，中共『核』力相對大增〉，《聯合報》，1993年1月2日，10版。

46 Ministry of Defense U.S.A., *The Security Situation in the Taiwan Strait*, Feb 26 1999.

六、資訊作戰能力[47]

(一)中共的資訊作戰能力

　　資訊作戰：中共的資訊作戰計畫仍在初期研究階段，目前重點在於藉資訊作戰來遂行軍事威脅，發展有效的反制措施和針對外國經濟、後勤及指管通情系統，研究攻擊性的情報作戰部署，這個構想源自中共對資訊系統脆弱的自覺，從而把防衛性情報作戰計畫及本土情報科技的發展列為最高優先。部分科技可強化對我國軍事及民間情報基礎系統的防禦或攻擊能力，例如電腦病毒防治、網路安全及先進資料通信科技等等。

　　電腦作戰：在電腦網路攻擊領域方面，中共把如何在外國網路中植入病毒的研究列為整體情報工作的一部分，顯然對此頗感興趣。據悉，北京當局已有足夠的軟硬體工具，且已擁有紮實的技術能力，中共的戰略資訊作戰在近程及中程計畫中採用先進資訊技術，雖可能失之於膚淺與粗糙，但長期下來仍可累積滲透敵人資訊網路系統的經驗與能力。

　　電子作戰：中共的電子作戰目標仍以增進科技發展與設計能力為優先，主要係透過與西方公司合作、反向工程解析及對外採購等管道為之。

　　反人造衛星計畫：中共目前可以偵測及追蹤大部分人造衛星，而且相當精準。不過，北京目前若企圖摧毀或破壞敵人衛星，只有發射彈道飛彈或配備核武的空射載具。媒體報導顯示，中共對雷射反衛星計畫相當感興趣。

---

[47] Ministry of Defense U.S.A., *The Security Situation in the Taiwan Strait*, Feb 26 1999.

偵察及目標鎖定感應器：中共企圖取得及發展目前所缺乏之多重目標鎖定能力的新系統。只要能發射以太空為基地的感應器，偵察及目標鎖定的能力便可以獲得改善。

電信基礎結構：中共的電信基礎結構由民用及軍用通信網路合組而成，目前正在積極現代化之中，其中又以軍方及地方領導階層所仰賴的指管通情基礎結構為優先。

偽裝欺敵行動：解放軍的現代化計畫包括改善在戰略、作戰與戰術階層的軍事偽裝欺敵能力。中共最近的軍方文獻強調「高科技作戰」需要發展欺敵技巧以對抗美國精準的武器、先進的偵察感應器及指揮控制作戰原則。

心理作戰：這是解放軍最擅長的傳統作戰手法，且已成為中共軍事戰略思想不可或缺的一部分。中共要對我國從事心理作戰，能力絕對是綽綽有餘。《解放軍日報》最近幾年就有不少文章指出，解放軍正積極加強其心戰能力。

(二)我國的資訊作戰能力

資訊戰：我國是全球最大的電腦零組件產地之一，擁有資訊戰攻防相關活動的基本能力，尤其是發動電腦網路攻擊及引進惡毒的程式碼。雖然正式將資訊戰融入作戰的情報還無法取得，但跡象顯示未來指導運用這種能力的正式作戰理論可能正在發展中。隨著新的電腦系統及技術之發展，加上在生產這些系統上所佔地位，我國運用其資訊戰活動的能力料將大幅提昇。另外，我國對電腦病毒也相當在行。

偵測瞄準感應器：1980 年代期間，我國的偵察能力及 1970 年代發展的優勢照相技術足以對付解放軍有限的能力及其低度威脅。但我國的空中偵察能力在進入 1990 年代開始驟降，我國的空

軍去年淘汰最後一批 RF104G 型戰術偵察機，改用加裝偵察裝置的 RF5E 型戰機。我國不斷尋求取得新的偵測系統，既能偵測離岸更遠的目標，飛機又不會被中共日益精密的防空系統發現。我國一方面對中共進行技術和人員的情報戰，一方面採購法國史波特（Spot）衛星及美國大地（Landsat）衛星拍攝的照片。

電信設施：我國的電信設施是軍用、民用分離，民用系統包含全國性的固定電話網（同軸及光纖）、微波、無線電（衛星、行動電話、傳呼）、電視和廣播電台，軍用系統據悉也包含一個全國性的固定電話網（同軸及光纖）、微波、衛星、對流層散射及高頻／超高頻無線電。我國正快速發展電信設施，企圖成為亞太電信中心。民用系統有改善，對軍用系統一定有好處。衛星通信以往在國內通信所佔分量相當小，主要用於離島通信，如今國際通信衛星組織的衛星可以提供國內外的通信，利用極小口徑終端設備（VSAT）的衛星通信在 1989 年開始提供商業服務。由於引進一些新的衛星系統，衛星在國內外通信的地位可能更加重要。我國同時正致力自行建立衛星系統，中華衛星一號於 1999 年 1 月發射進入太空。

七、武警部隊力量

中共曾於 1958 年將「公安軍」改編為「人民武裝警察」，1983 年將原有擔任「內衛執勤」的部隊與原各地「武裝警察」、「邊防武裝警察」、「消防警察」合併組建「人民武裝警察部隊」，並在北京成立「人民武裝警察部隊總部」。目前中共武警部隊已撥歸中共中央軍委領導。惟邊防、消防、警衛等三個系統仍歸屬各地公安管轄，並受武警總部指揮督導。

在兵力部署方面，共建有七個警種和十四個機動師，人數約

一百萬。其任務方面，平時維護社會治安、邊境巡邏、機關及重要地區警衛，鎮壓「反革命」活動，追捕罪犯等；戰時協助正規軍作戰。[48]

八、其他因素[49]

軍事領導：中共解放軍的領導方式不同於西方軍隊，解放軍強調技巧，甚於領導發展，解放軍的領導文化重現狀輕變革，也有其風險。由於歷史經驗，加上共產黨數十年來的宣傳，解放軍領導人對外界及外界對中共崛起的態度大部分心存疑忌。雖然解放軍自1990年代初期大力推動軍事外交，解放軍高層人員出國者還是很少，這種身心隔絕孤立的結果是解放軍軍官形成強烈民族主義，對中共領導階層處理可能影響中共權力或安全的國際問題之態度，可能產生負面影響。

解放軍領導階層對取得或提昇某些軍事能力的近程目標立場一致。長程方面，解放軍領導人希望大幅提昇全軍的戰力，部隊雖然經過精簡，但擁有更先進的技術，足以保疆衛國。解放軍同時強調專業化，政委制度固然仍然存在，政戰官和作戰官分享指揮權，解放軍現在強調作戰訓練甚於政治教育。這種趨勢會導致軍官非政治化，中下級軍官尤其如此，軍事領導也會趨向形成更企業化的認同感。

解放軍最高當局正在研究現代科技進步，研究如何將這些東西融入其軍事理論及組織，他們大體上都比較熟悉主要運用地面部隊達成目的的作戰。在他們之下，愈來愈多身居指揮要職的軍

---

[48] 國家安全局編，《中國大陸情勢概要》，民國87年，頁71-2。

[49] Ministry of Defense U.S.A., *The Security Situation in the Taiwan Strait*, Feb 26 1999.

官瞭解熟悉現代科技及諸如聯合作戰之類的作戰觀念。解放軍最近再度強調提昇科技教育，以彌補軍官在這方面的不足。

訓練：近年來，中共愈來愈敢於實驗新的訓練。解放軍的訓練變得更務實，更具挑戰性，參與訓練的對抗部隊增加，更強調聯合部隊。雖然在戰術層次與軍種訓練各方面有進步，但聯合演習受到嚴格控制，顯示解放軍在執行行動層次的作戰計畫上可能有困難。去年夏天的水患迫使解放軍取消很多訓練，但某些演習並未取消，尤其是展現中共改善聯合作戰能力決心的演習。

聯合／統合作戰：解放軍是有進行戰術層次的跨軍種演習，但參與演習的軍種所派部隊並未統合成為一支嚴整的作戰隊伍。參與演習的單位只是在鄰近地點同時演練，似乎不是由負責作戰的聯合指揮官及參謀指揮。地面和空中部隊經常舉行聯合演習，互動能力已見改善，但地面和海上部隊很少練習統合，尤其是作戰軍令方面。海軍已開始加強艦艇及海軍飛機之間的統合作戰，解放軍也在研究仿照美軍成立聯合指揮部的可行性，如此則指揮官可以控制在特定地區部署的所有部隊。聯合指揮部的指揮官可能因為特定威脅或安全防衛的需要，被賦予特殊任務。

士氣：據評估，解放軍士氣普遍低落，尤其是充員兵。逃兵，官兵關係不好，拒絕使用落伍裝備，軍官生活奢華，肅貪稽查限制軍人賺外快，食物短缺，各種不良事蹟常見諸大陸新聞媒體。軍人收入不如社會其他階層是最大的因素，解放軍經商（至少在中共最近下令解放軍交出事業前是如此）也使很多優秀官兵怠忽職守。部分共軍領導人認為，調薪，增加補貼，加強部隊專業化，改善生活品質，可以解決士氣低落的問題。

後勤與續戰能力：解放軍的後勤組織及理論絕大部分仍反映出他們還停留在數十年前進行大規模地面作戰的時代。支持這種

作戰的後勤組織權責非常分散，指揮官顯然可以自行依各地需要建立後勤管理體制，這種現象使得跨區域作戰幾乎不可能，共軍也無法推動全軍標準化。近年來，解放軍致力改善軍事行動的後勤支援，在以我國為假想敵的演習中提高行動步調，同時出動高科技武器及裝備。雖然這些改進似乎使解放軍獲得一些支援某種軍事行動的能力，他們在提昇支援大規模、長期、高速作戰的能力方面，僅取得些微成果。

中共武力犯台的可能性

中共自從在中國大陸建立共產政權以降，向來即有武力犯台的企圖，而後冷戰時期，國際政治與關係的轉變，卻更加強了中共對台使用武力的軍事戰略意圖，以下即以後冷戰時期其軍事戰略意圖的變遷來論述其武力犯台的可能性，以及評析中共犯台的能力。

一、中共軍事戰略意圖的變遷

中共的軍事戰略意圖在冷戰結束後有重大的轉變，其意圖可以由「軍事作戰演習的類型」和「軍事作戰演習的區域」兩項指標來共同判知。從 1990 至 1996 年間軍事演習的類型與區域來看，[50]可發現中共整體的軍事戰略意圖已逐漸轉向，其對台的軍事意圖也正趨增強，同時也有準備解決「南海爭議」和防範海上來犯的軍事意圖；相對的，則對北方俄羅斯的軍事意圖在逐漸轉弱。

---

50 詳閱林宗達，《中共軍事演習之研究（1990-1996）》，高雄：國立中山大學政治學碩士論文，1997，頁83-119。

中共軍事戰略意圖之所以有如此重大的轉變的原因在於：

第一，中俄關係在後冷戰時期迅速改善，使得原本以俄羅斯為主的最大軍事威脅已發生變化。

第二，中共認為就冷戰後亞太的軍事力量而論，除俄羅斯外，只有日本和美國對其較具威脅性，但此兩國均與中共有一海之隔，中共近年來反登陸演習的增加，有很強的意味是將美國和日本視為日後來自海上入侵的威脅者和假想敵。[51]

第三，中國大陸快速的經濟成長，使得能源需求增加，自1992年起，已從石油的輸出國，成為石油的進口國，據估算中國大陸若是要維持10%以上的經濟成長率時，在2030年，中國大陸必須購買全球石油產量的百分八十，如此情況使得中共對於擁有三百億噸原油產量的南沙群島（相當於中共廿世紀末年需量的一百五十倍），自然格外重視。[52]然而此地區，主權歸屬爭議頗多，因此中共需趁早做準備。

第四，基於隨時可以攻台的準備，中共從1996年以來的「備戰指導原則」已轉向東南沿海，其地面部隊作戰亦具有對台突襲的能力，再則就目前中國大陸北方和西北方壓力的減緩，使其可將解放軍在瀋陽、北京和蘭州軍區的部份主力移向東南地區佈署，專心解決存在已久的「台灣問題」。由中共近年來軍事演習類型與區域可知，台灣已成為其軍事戰略意圖的最重要目標所在。

---

[51] 曉兵、青波，《中國能否打贏下一場戰爭》，台北：周知文化，1995，頁9-14。

[52] 覃鑄，〈中共對南海主權爭議立場剖析〉，《中共研究》，29卷5期，1995年5月，頁81-2

二、中共武力犯台的評估

(一)中共武力犯台的意圖

　　中共對台灣的軍事意圖，在後冷戰時期並未削減，反有越來越強的趨勢。我政府與中共分別提出對中共可能對台動武的理由分析如**表 6-7**。

表 6-7　中共對台動武的可能條件

	我方認為	中共看法
依據	1994 年《國防白皮書》	1996 年中共中央軍委會副主席張震在國防大學的報告
內容	(1)台灣宣佈獨立 (2)台灣內部發生大規模的動亂 (3)國軍相對戰力明顯趨弱 (4)外國勢力干預台灣內部問題 (5)我方長期拒絕談判統一問題 (6)我方發展核子武器	(1)台灣宣佈脫離中國大陸成為獨立的國家 (2)外國勢力實際已經控制台灣的政治、經濟和軍事 (3)台灣淪為外國殖民地 (4)台灣和外國有政治和軍事聯盟 (5)台灣加入西方反華戰略 (6)台灣製造核武或允許外國在台建立核軍事基地 (7)台獨或外國勢力在台策動政治動亂 (8)台灣拖延戰略、堅持對峙的局面、拒絕和平談判解決統一
相同點	台灣獨立、台灣製造核武或部署核武、外國勢力介入等均是其對台動武的主要條件，至於拖延統一問題，是其主觀之認定，並無具體時間之論，較難捉摸。	

作者自行製表。

參考資料：《國防報告書八十二～八十三年》，台北：黎明文化事業公司，1994，頁 6。〈台灣如有三種局面八種情況　張震：中共就動武〉，《中國時報》，1996 年 12 月 20 日，九版。

(二)中共的犯台能力

中共既有武力犯台的意願和企圖，但其是否有武力犯台之軍事能力呢？日本與美國軍事專家均認為中共現有的海、空軍裝備與兩棲登陸實力，是無法構成對台成功登陸的條件，但均附帶表示，倘若共軍對台進行飛彈攻擊，尤其是巡弋飛彈的攻擊，則台灣幾乎會處於無法防備的狀態中。[53]

我軍方亦坦承中共飛彈的攻擊是國軍防衛的最大盲點[54]，由此可知，中共對台的兩棲作戰力雖不被看好，但若能在飛彈有效攻擊的配合下，其對台的登陸作戰可能會有較佳的表現。此外，若配合前述的空中密集攻擊，則更有利其作戰行動。

中共現有的正規兩棲登陸運輸力，確實難以和美國相比，但我們不能僅以純軍事思維來思考中共的兩棲作戰運輸力。依據專家計算，中共進行對台兩棲作戰時，將可能會運用非軍事工具，第一波的正規運輸兵力可高達五個師，而非正規以商船、機動漁船則可輸送三十萬人左右。[55]

除了飛彈和戰機的選擇性攻擊與兩棲登陸作戰之外，中共還可能會配合其他如艦隊進行海上封鎖等其他作戰方式，對我進行全面的攻擊。

中共目前發展戰術彈道飛彈和發展中的巡弋飛彈，將有利於

---

[53] 分別為：日本軍事專家茅原郁生和美國前駐北京大使軍事武官麥克凡登（Eric A. Mcvadon），參閱〈日防衛廳軍事專家：中共現有軍力登陸攻台有極大困難〉，《中國時報》，1996年2月11日，二十五版。麥凡登（Eric Mcvadon），〈共軍渡攻台實力解析〉，《中國時報》，1996年12月10日，九版。

[54] 〈二砲 我國防體系最難反制的一環〉，《自立早報》，1995年7月23日，二版。〈中共若動武 我如何防衛因應〉，《中國時報》，1995年8月27日，三版。

[55] 陳福成，《防衛大台灣》，台北：金台灣出版公司，1995，頁239。

未來進行「遠距離作戰」，而一旦此戰術發展得更加成功和純熟，再配合近來大肆擴充的海空軍武器裝備，其未來對台軍事侵犯的能力，自然遠超過當時「古寧頭大戰」時的能力。中共之所以目前尚未敢武力犯台，固然受到政治因素的考量，但是另一個原因也在於其並沒有如美軍在波斯灣戰爭的高科技作戰型式的能力。[56]未來一旦其軍事能力強至有攻下台灣的十足把握時，中共會否進行強攻，值得注意。

---

[56] Chong-Pin Lin（林中斌），"The Military Balance in the Taiwan Straits", *The China Quarterly*, No.146 (June 1996), pp.577-8

問題與討論

問　題

一、試述中共軍事戰略思想的演變。

二、鄧小平與毛澤東軍事戰略思想的異同為何？

三、試述中共軍事體系中軍事委員會與三大總部和各軍種、七大
　　軍區之關係。

四、中共軍事力量發展的趨勢為何？對亞太地區和世界的影響為
　　何？

五、中共近年來戰略意圖的變遷為何？其對台的警訊又何在？

六、中共可能對台動武的條件為何？

七、試述中共對台動武的意圖與能力。

八、中共當前軍事建設所面臨的問題為何？

討　論

一、中共軍隊經營企業的情形很普遍，你覺得會對中共的軍隊產
　　生什麼樣的影響？現在中共不准軍方經營企業，你覺得會不
　　會對軍方產生影響？

二、你對兩岸軍力差別的看法為何？你認為我們應該怎麼做？自
　　己發展武器，還是加緊向外國購買，或者加入美國的戰區飛
　　彈防禦系統（TMD）？

三、你覺得中共會不會攻打台灣？他會在某些條件下打，還是只
　　要他有絕對把握時，他就會打？

四、如果中共打台灣，你會怎麼做？準備打仗，還是移民？你認
　　為其他人會怎麼做？

五、你認爲應該如何避免中共攻打台灣？加強我方的軍備，還是
　　尋求與中共的和解爲主？請說明你的理由。

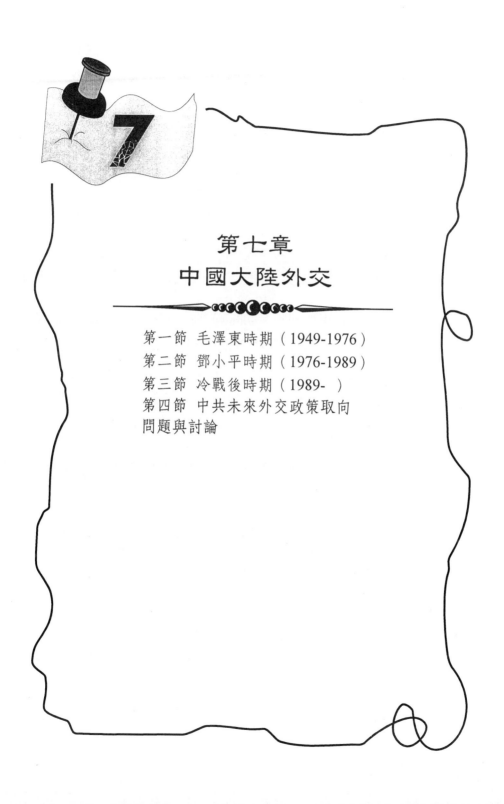

第七章
中國大陸外交

第一節 毛澤東時期（1949-1976）

第二節 鄧小平時期（1976-1989）

第三節 冷戰後時期（1989- ）

第四節 中共未來外交政策取向

問題與討論

中共自 1949 年成立以來，外交取向時有變化，其間分別受到領導人個人認知、意識形態、國家目標以及國際環境的影響，可將其分爲毛澤東時代、鄧小平時代、冷戰後三個階段，茲分述如後：[1]

毛澤東時期（1949-1976）

一、聯蘇反美階段：「一邊倒」政策（1949-1956）

毛澤東在 1949 年訪問蘇聯時，與蘇聯史達林簽署《中蘇友好同盟條約》，以獲得蘇聯經濟、技術的援助，象徵中共在建國成立政權之初，選擇了「結盟」的外交政策。毛澤東所以提出一邊倒向蘇聯的政策，可視爲是對美國「軍事上的威脅、政治上的孤立、經濟上的封鎖」形勢所作出的反應。其理由如下：

(1)毛澤東對當時的國際形勢認知爲「資本主義陣營」和「社

---

[1] 本章主要參考書籍：石之瑜，《中共外交的理論與實踐》，台北：三民書局，民國83年；石之瑜，《近代中國對外關係新論》，台北：五南，民國84年；吳安家主編，《中共政權四十年的回顧與展望》，台北：政大國際關係研究中心，民國79年，頁191-239（張雅君撰）；尹慶耀，《中共的統戰外交》，台北：幼獅文化，民國77年5版；潘錫堂，《中共外交與兩岸關係》，台北：五南，民國83年；張亞中，《兩岸主權論》，台北：生智，1998年；張亞中、孫國祥，《美國的中國政策：圍堵、交往、戰略夥伴》，台北：揚智，1999年。Thomas W. Robinson, David Shambaugh ed., *Chinese Foreign Policy: Theory and Practice* (Oxford: Oxford University Press, 1994); Allen S. Whiting, Foreign Policy of China, in Roy C. Macridis (ed.), *Foreign Policy in World Politics* (New Jersey: Prentice-Hall, 1989, 7th edition), pp.251-297. *Kim(ed.), China and the World: New Directions in Chinese Foreign Relations.*

會主義的陣營」的對抗。[2]

(2)毛澤東對美國長期支持國民黨政權不滿，認爲美國是「帝國主義者」，會對社會主義政權構成威脅。

(3)中共政權成立階段，百廢待舉，需要蘇聯提供經濟援助，以復甦其經濟。

為示對蘇聯的友好，毛澤東於 1950 年派遣「志願軍」赴韓參戰，與美國對抗，以示效忠蘇聯陣營。中共的參與韓戰，等於公然與美國宣戰，並徹底粉碎了美國企圖拉攏中共抗蘇的幻想，轉而將中共定位爲「侵略者」。在此認知基礎上，美國與中國大陸亞太周邊國家進行同盟防禦合作，以共同防禦共產主義的可能擴張，我國與美國在 1954 年簽署的《中美共同防禦協定》，就是在這個背景下產生。

二、中共與蘇聯矛盾表面化（1956-1960）

在中共自主擴展外交空間的同時，中共與蘇聯的聯盟關係也開始出現分裂的痕跡。其原因在於 1956 年 2 月赫魯雪夫發動貶史達林運動，並對西方世界提出「和平共存」政策。此兩項作法都遭到中共的公然強烈反對。1957 年毛澤東出席在莫斯科舉行的世界共黨大會時，要求將「反修正主義」和「暴力革命」列入 1957 年的宣言，以與蘇聯共黨的「反教條主義」和「和平過渡」相抗衡。從此，中與蘇聯的矛盾逐漸表面化。

毛澤東反對赫魯雪夫與西方的「和平共存」政策，一是因爲中共堅持「馬列主義」的意識形態；另一是擔心蘇聯會出賣中共

---

[2] 1949年他指出，「美蘇是這兩端的代表」，中共「不是倒向帝國主義這邊，就是倒向資本主義這邊，騎牆是不行的，第三條道路是不行的。」（〈論人民民主專政〉，《毛澤東選集》，第4卷，北京：人民出版社，頁1477-8。

的利益而與美國妥協。在 1957 年的莫斯科大會後,毛澤東對於蘇聯透過援助控制中共的政策更加不滿,決定在內政上脫離蘇聯模式。1958 年 8 月,毛澤東開始發動「三面紅旗」政策。

1958 年 8 月,赫魯雪夫訪問中共,曾建議由蘇聯出資在中國大陸建造長波電台,以及與中共合組聯合艦隊,蘇聯軍隊可駐紮大陸港口,毛澤東認為這是蘇聯想「控制海岸線,封鎖我們」,而以維護國家主權和領土完整理由拒絕蘇聯。[3]同月中共同時發動「八二三砲戰」,蘇聯對於中共的激進政策並不支持,遂採袖手旁觀政策。1959 年 8 月中共與印度發生邊界衝突時,蘇聯也保持中立。中共對於蘇聯沒有拔刀相助感到不滿,雙方矛盾更為擴大。1960 年 6 月蘇聯更乘中共「大躍進」失敗而面臨危機時,從大陸撤回專家、撕毀專家合同及廢除科學合作項目,使得中共經濟更是雪上加霜,《中蘇友好同盟互助條約》幾乎已是名存實亡。

三、反美反蘇階段(1960-1969)

整個 1960 年代是中共在國際間鬥爭性最強的年代。在對外行為上主要可分為三點:(1)從 1960 年蘇聯對中共的撤援到 1969 年的珍寶島事件,雙方關係由分歧、爭執、破裂而發生武裝衝突。(2)中共與美國的關係因為美國直接介入越戰而昇高。(3)中共在反蘇和反美的情形下,轉而更積極拉攏第三世界的國家,以遂其外交目的。

就中共與蘇聯的關係而言,對於蘇聯在 1960 年的撤援,中共不但不屈服,反而不斷開始批評蘇共,向蘇聯挑戰其在國際共黨陣營中的領導地位。1963 年起中共連續批評蘇聯為「修正主義」,

---

[3]趙志靜,〈論毛澤東的獨立自主外交思想〉,《上海大學學報》,社科版,1993年6月,頁20-4。

蘇聯也斥責中共爲「教條主義」，雙方可以說在意識形態上的路線已經開始分道揚鑣。

中共除了在意識形態的路線上與蘇聯決裂，對於蘇聯的威脅也日益加深。1962 年中共與印度發生邊界戰爭，蘇聯公然支持印度並提供援助；1963 年美、英、蘇三國在莫斯科簽署《核子試驗局部禁止條約》。中共認爲蘇聯的這些行爲等於是蘇聯在勾結西方，共同「鞏固自己的核能壟斷地位，而把一切受核能威脅的愛好和平國家的手腳綑綁起來」。1964 年中共試爆第一顆原子彈成功，中共聲稱這是對「美帝國主義、社會主義帝國的核壟斷，是一個沉重的打擊」，並且對於鬥爭中的人民，是「一個巨大的鼓舞」。往後一直到 1990 年代爲止，中共對於防止核子擴散協定，才改變爲支持的態度。

在蘇聯與中共關係惡化後，也開始加強在中共邊境的軍力，雙方緊張局勢加驟，並有零星衝突，直到 1969 年發生了使雙方徹底決裂的珍寶島軍事衝突。中共的內外困境，促使其開始認真思考其對美國的關係。

四、聯美反蘇階段（1969-1976）

整個毛澤東時期的聯美反蘇階段是從 1969 年中共與蘇聯的軍事衝突到 1976 年毛澤東逝世爲止。

中共決定拉攏美國以抗蘇聯的想法，正逢美國尼克森總統急於擺脫越戰，並期望聯合中共以抗蘇。雙方一拍即合。1970 年中共與美國在華沙恢復了外交的接觸。1971 年季辛吉秘訪北京，1972年 2 月尼克森訪問中共，雙方在上海簽署《上海公報》，確定「反霸」（反蘇聯）原則，可以說是這個聲明中的最重要部分，此代表了中共長期的「反美」政策改變，轉而將與美國聯手制俄。對中

共而言，是打「美國牌」；對美國而言，則是打「中國牌」，雙方的目標很清楚，都是爲了對抗蘇聯。

五、拉攏第三世界階段（1954-　　）

　　1950年美國與中共的決裂，更使得中共靠攏蘇聯。但是從1954年開始，中共也開始自己擴展外交空間，以突破美國的聯盟包圍。中共除積極支持北越與亞洲各國共黨游擊組織外，同年 6 月，中共總理周恩來在訪問印度與緬甸時提出「和平共處五原則」，即「互相尊重領土、互不侵犯、互不干涉內政、平等尊重、和平共處」，目的在拉攏不同社會制度國家，鼓舞其效法印度與緬甸的不結盟或中立主義。

　　1956 年中共參加在印尼萬隆（Badung）召開的第一屆亞非會議，會議上通過了周恩來所提出的「萬隆會議十項原則」（即包含和平、善意、和解、團結，以及反殖民主義的「萬隆精神」）。同年，中共並與埃及建交，這顯示中共企圖把對外影響力從亞洲延伸到中東。

　　1960 至 1969 年間，中共同時陷於與美蘇對抗，本身經濟情況又因「三面紅旗」的失敗而陷入內外交困的困境，毛澤東在 1964 年又重提他在 1948 年就已經提過的「中間地帶調」，這次他將「中間地帶」分爲「第一中間地帶」和「第二中間地帶」。前者指的是亞洲、非洲和拉丁美洲已經獨立或已在爭取獨立的國家；後者指整個西歐、日本、大洋洲和加拿大等資本主義國家。

　　這個理論成爲中共國際統戰的理論基礎，拉攏「第一中間地帶」亞洲、非洲和拉丁美洲等一些已經獨立及爭取獨立的國家，鼓動亞、非、拉各地的「反帝」、「反殖」情緒。中共並開啓廣泛支援亞非各國民族解放運動與革命組織。可以說，幾乎 1960 年代

後，大多數亞非國家的民族解放運動及各國共黨，都有中共的介入。但是中共在整個 1960 年代的努力，都是顯著地失敗，與 1950 年代第一次亞非會議的成功相比，這次甚而連籌備中的第二次亞非會議也不曾開成。[4]

1966 年起，中共展開「文化大革命」，其外交路線更加左傾與暴力化，導致中共與外國關係全面停頓，中共也完全進入全面鎖國階段。第三世界國家普遍與中共關係惡化，中共的全球政策可謂完全失敗。

1970 年代起與美國的和解，為中共帶來極大的利益，一方面化解了中共兩面受圍的困境，另一方面也獲得國際廣泛的接納。中共在 1971 年進入聯合國後，日本、西歐、東協，以及親西方的第三世界國家都相繼承認中共。

在 1949 到 1969 年間，中共多關注美、蘇與第三世界，而並沒有與歐洲及日本有太頻繁的接觸，一直到了 1970 年代，中共與美國的關係改善，中共與歐洲及日本的各項關係也大幅增進。

1972 年毛澤東雖然與美國和解，共同抗蘇，但是仍舊堅持其不與美國等西方陣營不結盟的原則，並堅持自己的獨立自主理念，以期在國際間建構一個有別於美蘇陣營的世界。1974 年 2 月，毛澤東提出「三個世界理論」，將世界分為三個部分：美國與蘇聯構成第一世界；中間的力量，例如日本、歐洲和加拿大，都屬於第二世界；廣大的亞、非、拉、美國家則屬於第三世界。

1974 年 4 月，鄧小平在聯合國演說中正式提出「三個世界理論」，他認為：「廣大的發展中國家，長期受殖民主義、帝國主義的壓迫和剝削。它們取得了政治上的獨立，但都還面臨了肅清殖

---

[4] 尹慶耀，《中共的統戰外交》，頁45-8。

民主義殘餘勢力、發展民族經濟、鞏固民族獨立的歷史任務。……它們是推動世界歷史車輪前進的革命動力，是反對殖民主義、帝國主義、特別是超級大國的主要力量。」

「三個世界理論」成為中共反霸統一戰線的理論基礎。這個統一戰線的戰略部署是以第三世界為主，聯合第二世界，孤立打倒第一世界。整體而言，中共在對外外交統戰，是將反對殖民主義、反對帝國主義、反對超級大國、反對霸權主義等口號交互運用。在「三個世界理論」提出後，就逐漸改為以「反超」、「反霸」為主了。

中共對第三世界國家的作法也開始稍作修正，即降低革命姿態，改以和平與經濟援助方式廣泛爭取第三世界國家的承認、強化與亞非拉國家間的政府官方關係，而對於這些國家內的共黨或左傾組織，則改由暗中支持。

六、毛澤東時期的外交特性

毛澤東掌控了外交主導權，而其外交政策多受意識形態和歷史記憶所影響。周恩來所代表的理性與國家利益為取向的外交政策，在 1954 年的日內瓦談判、1955 年的萬隆會議及 1970 年代初期與美國的談判中曾扮演一定的角色。但整體而言，在毛澤東時期，仍以毛澤東個人的認知及政策主導了中共的外交。

毛澤東對歷史的記憶與經驗，使得其將歷史的認知經驗轉嫁到他對國際環境與對象角色的看法，可以**表 7-1** 表示。

毛澤東將 1949 年後的蘇聯看成是過去的國民黨，先聯合後鬥爭；將美國看成抗戰時的日本，是要對抗的對象；將抗戰時的廣大人民看成是現在的第三世界，是應該拉攏的對象。

毛澤東的外交策略與軍事戰略都深受中國傳統思想的影響，

表 7-1　毛澤東認知轉嫁對象的投射

時　間	自我認定	既聯合又鬥爭	對抗	拉　攏	依　據
1949 年以前	共產黨	國民黨	日本	人　民	毛澤東戰略
1949 年以後	中　國	蘇　聯	美國	第三世界	毛澤東主義

作者自行製表

表 7-2　毛澤東時期「拉攏」與「打擊」對象的演變

時　間	拉攏對象	打擊對象
1920 年代	國民黨	軍閥
1930 年代	國民黨	日本
1945-49 年內戰期間	蘇聯、美國	國民黨政府
1949 年-	蘇聯	美國
1969 年-	美國	蘇聯

作者自行製表

如《孫子兵法》、《三國演義》、《水滸傳》等都影響了毛澤東的對外思想。

　　在外交策略上，延續其「拉攏次要敵人、打擊主要敵人」的外交戰略。在某種程度上可以將其看成是一種「現實主義」中追求「權力平衡」、尋求主導優勢的概念。其階段性的作法，可由**表7-2**表示。

　　意識形態在毛澤東時期是扮演著關鍵性的角色，特別是在1950 年到 1960 年代末期，中共對意識形態的堅持使得它與美蘇相繼為敵。其作法與內容如**表7-3**。

表 7-3　毛澤東時期意識形態主導外交的演變

時間	作法	理由
1950 年代	向蘇聯靠攏，反美	走馬、列、共產主義道路
1960 年代	與蘇聯決裂	對於蘇聯走與西方「和平共存」的「修正路線」表示不滿
1950、1960 年代	反美	意識形態不同

作者自行製表

表 7-4　中共「三個世界理論」的演變

時間	理論	內容
1946 年	「中間地帶論」	中間地帶是指：美蘇中間的歐、亞、非資本主義國家和殖民地、半殖民地國家
1964 年	新「中間地帶論」	拉攏「第一中間地帶」（亞、非、拉已獨立或將獨立國家）作為反美統一戰線
1974 年	「三個世界理論」	拉攏第三世界（亞、非、拉國家），聯合第二世界（歐、日、加等），孤立打倒第一世界

作者自行製表

　　國際環境對於毛澤東的外交政策取向也具有影響。在美蘇兩極化的世界，中共選擇了第三世界作為其對外關係的另一個施力點。後來因為 1966 年的「文化大革命」方暫告中斷，從 1974 年後又再度開始。中共並為其與第三世界的接觸創造理論的基礎。其變化如**表 7-4**。

　　國際環境對中共另一項影響在於中共認為美蘇有意壟斷核武，因而加速核武發展，使其擠身於核子俱樂部的一員。

整體而言，至 1976 年毛澤東逝世止，中共由於本身實力不強，亞洲的次級強權，如日本、越南、印度等都與美國或蘇聯有同盟關係，並與中共沒有較深的友誼，這使得中共並無法在亞洲地區施展其影響力。中共在這段時間，雖然中國大陸在地理位置上是屬於亞洲，但是在強權政治上，中共很難被視為是亞洲的重要部分。中共反而經由其「人民戰爭」、「第三世界」等理論，在亞洲、中東、非洲等各地輸出其意識形態，扮演其另一種形態的全球性角色。

鄧小平時期（1976-1989）

一、確定「反霸」原則

1976 年毛澤東逝世，「四人幫」接著被捕，中共重提「四個現代化」，為使現代化成功，中共急需西方的資金與科技。1978 年鄧小平上台，進一步致力改革開放，西方的角色更為重要，中共與美國及西歐國家的互動也就更為頻繁。

1978 年 11 月，越南與蘇聯簽訂軍事同盟條約，同年底越南進入柬埔寨，趕走親中共的波布政權，使得蘇聯在東南亞地區取得大肆擴張海空軍的據點。這也使得美國總統卡特感受到與中共共同圍堵蘇聯的重要性，在未照會國會的情況下，突然宣布與中共建交，並同時與我國「斷交、援軍、廢約」。

1979 年 1 月 1 日，美國與中共建交，鄧小平隨即訪問美國和日本，呼籲共同「反霸」。2 月，中共發動三週的「懲越」戰爭，一般認為這是得到美國的默許。1979 年底，蘇聯大規模入侵阿富

汗，扶植卡默爾（Barbark Karmel）親蘇政權，巴基斯坦情勢也因此岌岌可危。這使得中共的戰略地位相形提高。中共並在1980年4月正式取消《中蘇友好同盟互助條約》，解除了與蘇聯早已是「名存實亡」的特殊關係。鄧小平當時強調說：「中國是真正的不結盟，中國同任何國家沒有結盟的關係，完全採取獨立自主的政策。中國不打美國牌，也不打蘇聯牌，中國也不允許別人打中國牌。」

雖然在「反蘇」上有相當的共識，中共甚而把「反霸」列為與「四化」、「統一」同樣重要的1980年代三大目標之一，但是由於中共與美國在體制上的根本矛盾，使得雙方的戰略合作並不能完全展開。

1981年起，中共對於美國出售FX戰機給台灣表示不滿。同年5月因荷蘭對台出售潛艇而降低與荷蘭的關係為代辦級，以警告美國。1982年中共與美國簽署《八一七公報》，雖然美國答應逐年減少對台軍售，但是中共也開始修正他與美國的關係，重新確定其外交路線，最後，把美國也列入了「反霸」的對象。

二、確定「獨立自主」外交原則

1982年9月，胡耀邦在中共第「十二大」會議中，對美蘇政策路線的再度修正確定，提出「堅持獨立自主的外交政策」，明白指出「中國絕不依附於任何大國或國家集團，絕不屈服於大國的壓力」。[5]

中共在1982年12月第五屆人大第五次會議中除再次強調獨立自主、和平共處等五項原則，再次重申「反霸」時，提出不與

---

[5] 〈堅持獨立自主的對外政策〉，胡耀邦在中國共產黨第十二次全國代表大會的報告。見《當代中國外交》，北京：中國社會科學出版社，1987年，頁452-8。

任何一個超級大國結成同盟和戰略關係，不聯合一方去反對另一方，並進一步向第三世界靠攏的政策。中共這種立場表述，等於明白地表示，中共不會一面倒向西方陣營。同時，中共也將美國再列為與蘇聯相同的霸權主義國家，這等於將美國拉到與蘇聯相同的地位。中共在文中表示願意與蘇聯關係正常化，同時也與美國發展關係，等於是與美國拉開了安全上的戰略關係。

三、改善與蘇聯關係

1982 年 10 月，蘇聯外長伊利契夫訪問北京，開啓了中共與蘇聯副外長級的磋商。不過一直到 1986 年以前，中共與蘇聯的關係進展得相當緩慢，主要原因是蘇聯不願意在中共所稱的「三大障礙」（蘇聯駐軍外蒙、駐軍阿富汗及支持裁軍佔領柬埔寨）上讓步。另外蘇聯在金蘭灣（Cam Rahn Bay）大肆擴張海空軍，對中共的安全仍構成威脅，使得中共對蘇聯仍持謹慎的態度。但是中共也明瞭到要蘇聯完全退出亞洲是不可能的事，一方面口頭上要求蘇聯解除「三大障礙」，但是另一方面仍舊改善雙邊的實質關係，這使得雙方的貿易量增加、科技轉移、學生交換等實質性的關係有大幅進展。

1985 年蘇聯戈巴契夫上台，推動改革開放，改善對外關係。1986 年 7 月戈巴契夫表示，希望加速與中共改善關係，並承諾自外蒙及阿富汗撤軍。雙方關係在 1987 年後迅速進展，在邊境貿易、邊境談判、互訪交流上都有突破性進展，中共與東歐各國也相繼恢復黨與黨的關係。

1988 年 12 月起中共與蘇聯外長互訪，均屬 1960 年代雙方分裂後的首次。1989 年 5 月戈巴契夫訪問中共，象徵雙方關係正常化，結束近三十年來的對峙。

四、調整與美國關係

美國方面也開始意識到，美國與中共關係的基礎並不再只是所謂的台灣問題與抗蘇問題。中共與蘇聯的再接觸也使美國感覺到中共作為 1970 年代戰略關係的不可靠。1983 年 1 月國務卿舒茲（George P. Shultz）接任海格（Alexander Haig），重新檢視美國的中國政策。2 月舒茲訪問中國大陸，因應中共調整外交政策及探索《八一七公報》後的兩國關係新途徑。爾後美國確定了以「新現實主義」為思想的新中國政策原則。[6]

美國對中共新政策的主要內容是：(1)不再強調中共與美國的「戰略關係」，而強調「長期、持久和建設性的關係」。(2)不再強調中共在全球戰略中的作用，而是重視中共在亞太地區的區域性作用。美國應以區域性的作用來看待中共，使其在亞太地區能發揮更重要的功能。(3)使中共與美國關係往多樣性發展，更加重視經濟、政治與文化的關係，以此為主，以軍事關係為輔，相互作用，從而促進無形的戰略關係。(4)現實地看待彼此間的分歧。(5)美國維持與台灣關係的現狀，繼續根據《台灣關係法》和美國單方面對三個公報的解釋來處理台灣問題。[7]

可以說，從 1982 年起，中共與美國的關係已經是以非安全性質的實質關係為主。中共因為擴大對外開放、致力經改，對資金、外匯與科技的需求大增。1983 年 9 月美國國防部長溫柏格（Casper Weinberger）訪問北京起，中共與美國恢復了軍事交流，包括軍事人員對話、可能性的軍事交換和防禦軍事技術合作方面，不過僅

---

[6] 王瑋主編，《美國對亞太政策的演變：1776-1995》，濟南：山東人民出版社，1995年，頁413。

[7] 同上書，頁412-4。

是彼此雙邊關係中的一部分，而不是戰略合作層次。

五、加強與第三世界關係

在面對「第三世界」的國家時，中共繼續以「第三世界」國家自居，不過中共本身在 1980 年代起，因為國內經濟發展的需要，已從援外者的角色轉化為受援者，所以中共多只能在口頭上支持第三世界國家，並呼籲改善「南北關係」與加強「南南合作」而已。1982 年 11 月趙紫揚訪問非洲，提出「中共對非經濟四原則」，即「平等互利、形式多樣、講求實效、相互發展」。[8]中共明顯地將其與第三世界的關係，從片面受惠，轉換為相互受益方式。

鄧小平時代仍舊將第三世界視為其外交上的重點，其所處的國際環境與毛澤東時期不同的是，第三世界國家已經有相當的組織與運作形態，如七七集團（the Group of 77）、不結盟運動等等。有些第三世界國家領袖害怕中共的意識形態會影響到不結盟國家，或是擔心中共會在其中掌握主導的地位，有些則是受到蘇聯指使，因此並不希望中共參與。[9]

雖然有上述不利因素，但是中共仍舊堅持將第三世界視為其外交政策中的重要一環。中共一改其對人民戰爭的定義，而以加強第三世界以對抗第一及第二世界，方法則為進行軍事協助計畫，包括軍售或轉移核子科技及飛彈，包括阿爾及利亞、伊朗、伊拉克、巴基斯坦、沙烏地阿拉伯、敘利亞等國。

---

[8] 《中國外交概覽》，1987年，頁55。

[9] Richard L. Jackson, *The Non-Aligned, the UN, and the Superpowers* (New York: Praeger,1983); Samuel S. Kim, "China and the Third World", in Kim (ed.), *China and the World: New Directions in Chinese Foreign Relations,* pp.148-80.

六、鄧小平時期的外交特性

鄧小平時期的外交有兩個重要的特性。

第一、外交配合國內經濟發展需要為主。與毛澤東時代激進主義不同，鄧小平時代整個外交思維中多是經濟掛帥，較少受到意識形態的局限。中共在 1979 年改革開放後，本身的市場機制發生改變，需要國外的外資、科技轉移、貿易、人員訓練，這促使中共的外交政策轉向追求一個和平與安全的外在環境，而避免戰爭與威脅。由於只有美、歐、日本等西方國家能夠提供上述經濟發展所需要的要件，以及美國是世界上唯一可遏制蘇聯軍事威脅者。因此中共在 1979 年後，經濟發展與國家安全考慮兩項因素決定了中共的外交政策。[10]

第二、意識形態影響減弱。意識形態的遺產在鄧小平時代被重新詮釋，鄧小平主張「實踐是檢驗真理的唯一標準」，這使得中共的外交能夠得以配合其國內經濟發展的需要。另外，中國文化已重新被肯定。在毛澤東時代，特別是文化大革命時被壓抑扭曲的中國傳統、風俗、習慣等得以被重新重視，這對於改善外國對中共的形象甚有助益。另外，鄧小平拔擢一些非教條主義的科技官僚進入決策體系，如當時的胡耀邦、趙紫陽等。其目的雖然是在確保其國家發展政策能夠得以延續，但也使得西方國家對中共的決策體系認知改觀，這有助於中共外交政策的推展。

雖然中共與蘇聯間的軍事力量關係並沒有任何有利於中共的

---

[10] Herny Harding (ed.), *China's Foreign Relations in the 1980s*; Thomas W. Robinson, "China as an Asia-Pacific Power", in Yu-ming Shaw (ed.), *Changes and Continuities in Chinese Communism* (Boulder, Col: Westview, 1988), pp.289-299.; Robert Sutter, *Chinese Foreign Policy: Developments after Mao* (New York: Praeger, 1986).

任何改變，甚而蘇聯反而顯得比以前更強，但是在 1978 年以後，中共高層卻對蘇聯的威脅感減弱，評估蘇聯並沒有足夠的能力與意圖侵犯中共，因此認爲未來雙方之間衝突的可能性將會較以前爲小。[11]

基於上述的認知，中共的外交政策也就作了調整，在對美國方面，有關安全的需求降低，並在聯合國中仍舊採取不與美國相同的立場，仍舊以「反霸」的角色出現；但是中共也瞭解到美國的貿易、科技、訓練仍是中共「四個現代化」所不可或缺的，因此繼續與美國保持友好關係，以繼續加強各項交流。中共與美國及西方經貿方面的互動頻繁，雖然中共仍然倡言「獨立自主」，但是其實他已經與這個世界越來越互賴了。

在面對蘇聯方面，也開始展開與蘇聯的和解工作。中共在美蘇兩強權下，走的是稍微傾向於美國的「相當等距」（relative equidistance）外交，但是中共仍自稱是「獨立自主」的外交，可以看成是一種對美蘇的概略性平衡政策（roughly balanced policy）。[12]

[11] Chi Su, "China and the Soviet Union: Principled, Salutary, and Tempered Management of Conflict", in Kim (ed.), *China and the World*, pp.135-160. William E. Griffith, "Sino-Soviet Rapprochement", Problems of Communism (Mar.-Apr. 1983), pp.20-9.

[12] James C. Hsiung (ed.), *Beyond China's Independent Foreign Policy* (New York: praeger, 1985). Harding(ed.), China's Foreign Relations in the 1980s; pp.146-76.

冷戰後時期（1989-　　）

一、中共突破外交困境

　　蘇聯解體與東歐驟變後，國際間普遍認為，中共抗蘇的戰略地位將下降，復以 1989 年的天安門事件，中共在國際間的形象大壞，對於這個世界僅存的共產社會主義強權，西方出現聯合制裁中共的趨勢，中共的國際地位有被孤立之虞。但是另一方面，不可否認的，中國大陸廣大經濟市場、作為冷戰後的亞洲唯一共產軍事強權、冷戰後軟性政治議題的重要性增大，都使得西方或亞太各國卻不能忽視中共存在的事實和與其發展關係的重要。

　　在中共方面，中共則在六四天安門事件後，也是積極地改善與鄰國的關係。種種發展使得中共的戰略地位並未在冷戰及天安門事件後受到影響，反而有提高的趨勢。

　　1989 年起除了中共的天安門事件外，另外兩個趨勢也影響了整個世界。一是以蘇聯為首的整個共產陣營瓦解，東歐各國紛紛民主化，蘇聯也瓦解成以俄羅斯為首的獨立國協，中共成為唯一的社會主義大國；二是蘇聯的瓦解使得冷戰時的意識形態對抗消失，國際間經濟互動的重要性更為顯著。這兩個因素使得中共很快地脫離了「天安門事件」的困境。

　　在「天安門事件」後，美國及歐洲等西方國家相繼採取了一些制裁措施，包括暫停對武器的出口與兩國軍事領導人的互訪、反對國際金融組織對中共提供新的援助及貸款，但是並沒有召回

大使，也沒有對中共進行全面性的經濟制裁。[13]歐洲國家也有若干制裁措施，但是範圍都極有限。

中共在「天安門事件」後所處理的方式是探雙重性手法。一方面對內堅持其行為的正當性與需要性，另一方面則降低姿態尋求外國的瞭解。在對外策略上，中共採取了長期性的策略，一方面加速經濟開放政策，鄧小平還為此「南巡」，以強調經濟改革開放的不可逆轉性，加速引進外資並表達願意解決貿易糾紛的誠意，以充分表達中共願意參與國際社會與承擔國際責任；在另一方面，中共的高層領導相繼出國訪問，以加強與重要國家的雙邊關係。

1989 年 9 月，鄧小平提出「冷靜觀察、穩住陣腳、沈著應付」的因應世局方針，其後又提出「善於守拙、絕不當頭、韜光養晦、有所作為」，此即所謂的「廿八字方針」。[14]此以「韜光養晦」為核心的外交方針，使得中共在變動不居的國際情勢下，為自己找到站穩腳步的基點。

中共這種沈穩的作法，運用其在聯合國安全理事會常任理事國的地位，配合其廣大市場的經濟利益，的確使得中共的外交頗有斬獲。

二、與美國的關係

中共與美國雙方經貿關係密切，基於天安門事件，自 1990 年始，美國國會主張將最惠國待遇與人權問題掛鉤，導致每年最惠國的延續成為檢測美中關係的重要指標。美國一方面將「最惠國

---

[13] 美國在「天安門事件」後對中共的政策，可參考張亞中、孫國祥，《美國的中國政策》，頁96-110。

[14] 《鄧小平文選》，第三卷，北京：人民出版社，1993年，頁320-321，353，363。

待遇」作為向中共要求改善人權的壓力；但是另一方面，又認為維持「最惠國待遇」對雙方均有利。因此美國行政部門的看法與國會並不完全一致。美國國會支持將「最惠國待遇」作為一項對中共的外交工具，但是美國行政部門則不同意這種看法。1993年，柯林頓將兩者掛鉤一年，至1994即脫鉤。1998年，美國總統柯林頓主張給予中共永久最惠國待遇，雖然並未獲得國會支持，但是在他訪問中國大陸後，將與中共的貿易關係易名為「一般貿易關係」(normal trading relations)。1998年7月，眾議院通過續予中共「一般貿易關係」。基本上，最惠國待遇改為一般貿易待遇意謂該問題已逐漸式微。

在安全關係上，中共與美國在1997年10月發表《聯合公報》，雙方建立《建設性戰略夥伴關係》，此外，雙方並同意「兩國元首定期訪問對方首都」；「在北京和華府之間建立元首間的通信聯絡」，即設置所謂的熱線；「兩國內閣和次內閣級官員定期互訪，就政治、軍事、安全和軍控問題進行磋商」；簽訂《海洋軍事諮商協議》(Military Maritime Consultation Agreement, MMCA)，建立兩軍「海上軍事安全磋商機制」，有助於雙方海空力量避免發生意外事故、誤解或錯誤判斷；促進朝鮮半島四方會談；加強雙邊經貿關係；進行核能合作；同意促使「全面禁止核試條約」早日生效；同意執行《禁止化學武器公約》；防止核武擴散問題等達成共識。

一般而言，中共與美國的關係僅是夥伴關係，但是距與西方國家間所稱的夥伴關係仍有一段很長遠的距離，基於雙方目前仍對於台灣、西藏、人權等議題仍有歧見，雙方的關係在未來仍有些變數，不過應該不會影響到整體的架構。

三、與俄羅斯的關係

　　中共在 1989 年天安門事件後，極力鞏固其對外關係，蘇聯自然是其考慮的重要目標，尤其是在西方對中共制裁時，蘇聯更是必要的選擇。

　　1990 年 4 月，中共總理李鵬訪問蘇聯時，雙方簽署了經過長時間談判的《兩國政府關於在中蘇邊境地區相互裁減軍事力量和加強信任的指導原則協定》、《關於兩國經濟、科學技術長期合作綱要》等六個文件，使雙方在政治、經濟、科技等方面的合作進一步具體化。[15]

　　1991 年 5 月，江澤民訪蘇，雙方重申將在和平共處五項原則的基礎上進一步發展睦鄰友好關係。雙方表示，在處理相互關係時將尊重對方人民的選擇，各自根據本國國情確定自己的發展道路。兩國外長則簽署了《中蘇國界東段協定》。該協定依據國際慣例確定兩國以江河為界的地段一律以主航道（thalweg）中心線劃界。《中蘇國界東段協定》的簽訂係在雙方長期談判下取得的成果。[16]長期困擾中蘇兩國關係的東部國界問題的解決，有利地推動了兩國關係的發展。

　　1991 年 12 月 21 日，俄羅斯隨著蘇聯解體成為完全獨立的國家。同月 27 日，中共外長錢其琛宣布，中共承認俄羅斯與其他獨立的共和國。[17]同時，中共派遣對外經貿部長李嵐清訪俄，中俄雙方在莫斯科簽署《中俄兩國會談紀要》，兩國正式建立外交關係。中共並宣布支持俄羅斯聯邦政府繼承前蘇聯在聯合國安理會的席

---

[15] 石澤，〈論新時期的中俄關係〉，《國際問題研究》，1996年第2期，頁1。
[16] 同上註。
[17] *New York Times*, Dec. 28, 1996, p.A6; *Washington Post*, Dec. 28, 1996, p.A16.

位。[18]

　　1992 年 1 月 31 日，在紐約召開的安理會領袖會議期間，與會的中共總理李鵬會見了俄聯邦總統葉爾辛。該次會面係蘇聯解體後中俄高層領導人的首次會晤。俄方重申將信守前蘇聯與中共簽署的所有條約和義務，雙方均表示願意積極發展關係的願望。[19]3 月 5 日，中俄兩國第一次簽署《政府間經貿協定》，規定相互提供最惠國待遇。[20]同月 16 日，俄羅斯外長科濟列夫（Andrei Kozyrev）訪問北京，雙方互換《中蘇國界東段協定》批准書，雙方因此開始進行勘界立標工作。[21]

　　3 月 21 日至 4 月 16 日，中共和俄羅斯以及幾個中亞國家在北京舉行邊界裁軍和建立信任的談判。[22]在過去數十年中，邊界問題是兩者關係不和與對抗的主要因素之一。這一綿長的邊界線一旦以法律形式予以固定下來，將可保持平靜。易言之，兩者從此可以構築和確保睦鄰、友好關係。正如雙方當局所言，中俄邊界線已成為兩國聯繫而不是分隔的地帶，也不再是兩國緊張和對抗的根源。1992 年俄羅斯批准了蘇聯時期所簽訂東段國界協定後，1994 年中共與俄羅斯兩國在西段國界的協定也順利簽訂，並在 1995 年互換了批准書，這使得歷史遺留的中俄國界問題得以基本解決。

---

[18] 〈中俄關係大事記〉，1991年12月-1995年12月，《現代國際關係》，1996年第2期，頁50。

[19] 石澤，〈論新時期的中俄關係〉，頁1-8。

[20] *Wall Street Journal*, Mar. 6, 1992, p.A6.

[21] *Washington Post*, Mar. 17, 1992, p.A11; 1991年5月，中蘇在莫斯科簽署「中俄邊界東段協定」。1992年2月13日，俄羅斯最高蘇維埃批准此協定，同年2月25日，「中國人大常委會」也批准了此一協定。此東段邊界約長4,300公里，3,700公里為河流，按照東段邊界協定的規定，中俄邊界線在通航河流沿主航道中心線劃定，在非通航河流沿河流中心線或主要支流的中心線劃定，並以此確定河流上島嶼的歸屬問題。

[22] "Milestones in Sino-Russian Relations," *Beijing Review*, Vol. 39, No.18(Apr. 29-May 5 1996). http://www.ihep.ac.cn/ins/BOOK/bjreview/ april/96-18-8.html

1994 年 6 月俄羅斯總統葉爾辛訪問中國大陸與中共共同簽署
《中俄聯合聲明》，標示著兩國關係進入「平等信任的、面向廿一
世紀的戰略協作夥伴關係」。[23]雙方對「戰略協作夥伴關係」的解
釋是「在尋求廣泛的共同利益和密切的合作」，「並不意味著中俄
兩國會結盟，兩國關係的發展不針對任何第三國，不會對任何國
家造成威脅」。但是很明顯的，如果不是針對美國與日本，中俄兩
國間也不需要如此大費周章。在會談期間，雙方還簽署了有關貿
易、能源、航太開發和建設通信網等方面「不僅涉及到今天，而
且關係到廿一世紀」的十二項文件。1994 年 9 月，中共江澤民主
席訪問俄羅斯，雙方並就面向廿一世紀建構新型「戰略協作夥伴
關係」達成共識。

四、與日本的關係

　　在日本方面，天安門事件使得中共與日本的貿易總額稍微下
降，但是自 1991 年後即開始每年兩位數的成長。1993 年日本天皇
與中共江澤民主席互訪，從此兩國高層互訪頻繁。

　　從 1990 年日本第一個喊出「中國威脅論」後，在日本獲得美
國新的安全保證後，日本的目標其實已經達成。日本常年是中國
大陸的第一位貿易夥伴，中國大陸則是日本的第二大貿易夥伴。
1994 中共副總理朱鎔基訪問日本，日本首相細川與外相也回訪，
雙方的關係穩定發展。[24]

　　儘管中日關係獲得進展，然中共擔心東京將經濟力量轉移至

---

[23] 孫國祥，〈北京與莫斯科戰略協作夥伴關係之形成與探析〉，《中國大陸
　　研究》，第40卷第8期，民國86年8月，頁62-97；戴萬欽，〈對俄羅斯「中
　　國政策」的展望〉，《問題與研究》，第35卷第2期，民國85年2月，頁65-77。
[24] 石原忠浩，〈戰後「中」日經濟與政治的互動關係〉，《問題與研究》，
　　第36卷第5期，民國86年5月，頁47。

政治與軍事力量依然存在，東京在政軍力量的加強，不啻將阻礙或挑戰中共成為大國的企圖，並亦可能威脅北京的安全。雙邊關係於 1996 年陷入低潮，原因在於北京拒絕對東京關注的核試計畫作出讓步、兩國持續在釣魚台問題上的爭議，以及中共軍隊對台灣海峽的演習與飛彈試射，讓日本感到憂慮。此外，中共亦擔心新一代的日本政治領袖對以往日本帝國的合法性之敏感度遠低於老一輩，因而會尋求在國際上扮演更積極的角色。

中共對日本的目標在於避免東京重新武裝或接受反中共的立場，如果該目標無法完全達成，至少應使日本努力保持中立的姿態。然而，中共對日本的籌碼極少。在美日安全合作方面，就北京的觀點而言，美日同盟顯然有遏制中共的用意。中共仍將日本的軍國主義復活看成東京企圖擴展在亞太地區活動和影響力。日本與中共的最大問題不在於傳統的經貿問題，而是一些歷史的記憶問題。日本一直不願認真地承認侵華的歷史責任與懺悔，是中共無法對日本完全釋懷的根本因素。在安全方面，只有釣魚台問題是雙方爭執的焦點。在「台灣問題」上，日本其實是沒有多大主動角色的，他只是緊緊地追隨著美國，日本也充分瞭解兩岸關係的複雜，也不願主動地採取某些突破性的政策作為。

五、與歐洲的關係

中共在推動其全面外交關係時，西歐是中共的一個外交重點。畢竟與西歐的友好關係，一則可以加速西方資金的引入，另外也可以使得中共不至於在國際上過份依賴美國。

在與西歐國家方面，經過一段很短時間的震盪後，雙方很快地在經濟利益的需求下重新恢復了關係，高層互訪頻繁。歐洲也將目光轉向亞洲，重視中國大陸此一新興的潛在巨大市場。1994

年 4 月，法國總理席哈克訪問北京，他向中共做出不向台灣出售武器的承諾，1994 年底，歐盟決定正式取消 1989 年對中共實施的制裁措施，自此開啓了歐盟對中共關係新的篇章。

1994 年 7 月 13 日，歐盟制定《走向亞洲新戰略》（Towards a New Asia Strategy）基本文件。[25] 1995 年 7 月 5 日，歐盟執委會通過了《歐洲聯盟關於對中國的長期政策》（A Long-term Policy for EU-China Relations）的報告，此爲歐盟有史以來首次制定的全面性中國政策，亦可將其視爲後冷戰時期雙方關係經過一番調整，邁向廿一世紀的重要文件。該報告表達出歐盟希望加強與中共在政治、經貿上的關係。[26]

1998 年 6 月 29 日，歐盟外交部長會議通過歐盟執委會在 1998 年 3 月 25 日以《建立與中國的全面夥伴關係》（Building a Comprehensive Partnership with China）爲名的建議，[27]認爲基於中國大陸的持續經濟成長與政治重要性的提昇，歐盟應採取積極的作法促使中共進入國際經濟整合體系，決定與中共深化發展「密切交往與合作」（closer engagement and co-operation）關係。[28]整體而言，歐盟對中共的新政策展現三項特性：一是歐盟對中共國內形勢與國際地位接納較以往積極正面的態度；二是歐盟在人權、西藏等影響雙方關係的問題上，採取較現實和低調的處理原則；三是在中共加入世貿組織上，歐盟表現更靈活的支持姿態。

就全球戰略而言，世界朝向多極體系發展。1997 與 1998 年柯江互訪後，國際上逐漸產生美中互爲平等夥伴的印象，因此，歐

---

[25] COM(94)314: "Towards a new Asia Strategy," 13 July 1994.

[26] COM(1995) 279, 5 July 1995.

[27] Communication from the Commission, *Building a Comprehensive Partnership with China*, Brussels, March 25, 1998. COM(1998) final, Brussels, 25.3.1998.

[28] COM(1998)181 final, Brussels, 25.3.1998.

盟與中共建立長期密切的合作關係,除可提高與美、日的競爭力,亦可增強雙方各自做為世界多極體系中一極的地位與作用。簡言之,歐盟與中共增進密切合作關係,有助於整合歐洲各國,發揮集體力量,提昇其國際地位。

六、與其他周邊國家的關係

在朝鮮半島方面,中共與南韓在 1992 年建立了外交關係。中共與北韓的傳統友誼以及與南韓政經關係的加強自然有助於朝鮮半島的穩定,提及在以對話解決南北韓爭端上將可發揮正面的影響力。[29]

在與東協國家方面,中共與新加坡及汶萊建立了外交關係,與印尼也恢復了外交關係,和東協國家的交往合作也不斷擴大。中共外長自 1990 年起出席東協外長會議,1994 年 7 月並出席首次的東協區域論壇(ASEAN Regional Forum)。東協成為中共的第六大貿易夥伴。[30]

在與其他的東南亞國家關係方面,1991 年中共與越南的關係正常化,恢復友好關係,並改善了與寮國(老撾)及柬埔寨的關係。[31]

---

[29] 南韓總統金泳三於1994年3月訪問北京,中共總理李鵬在11月回訪漢城,在雙方外交關係確定後,中共在朝鮮半島的政治影響力增加,經貿關係也急速增加,穩定地快速成長。有關南韓與中共的關係,請參考劉德海,《南韓對外關係》,政治大學外交系,1997年,頁128。

[30] 自1993年起,菲律賓總統羅慕斯、新加坡總理吳作棟和資政李光耀、馬來西亞總理馬哈迪(Mohamad Mahathir)、泰國總理乃川相繼訪問北京。中共總理李鵬、人大委員長喬石、軍委副主席劉華清等中共的重要領導階層也分別訪問了泰國、新加坡與印尼等國。1994年11月,中共主席江澤民在雅加達出席亞太經合會第二次非正式領袖會議後,走訪印尼、菲律賓、馬來西亞和越南等國。

[31] 越南國家主席黎德英於1993年訪問中國大陸,江澤民也於1994年訪問越南。中共與寮國(老撾)的關係也有改善,兩國在1994年簽署了《中老邊

七、冷戰後外交政策的特性

從上述中共與各國的關係進展來看，中共的國際外交空間並未在天安門事件後受到嚴重的影響。中共反而藉助其改革開放後的經濟潛力與填補冷戰後的強權空間，使得中共的國際地位不降反升，而亦直接地牽引著亞太或全球的權力互動。

在面對全球的情勢，中共認為多極化的格局對其最為有利，在各國折衝協調中較容易建立一個對中共有利的「國際政治經濟新秩序」。中共就是在對「多極化」與「經濟主導」的兩種認知下推動其後冷戰的外交政策。加強與大國關係和積極參與融入國際機制是中共冷戰後外交的兩大特色。[32]

(一)加強與大國的關係

在未來中共仍將繼續其自 1992 年「十四大」以來所倡導的「全方位」外交路線，儘量維持與各國「等距」的作法。但是中共實際上是以「大國」為主要的外交對象。中共此項政策，自然一方面是延續其對西方先進工業國家資金與技術的需求，及確保其出口市場；另一方面則是強權政治的思考。中共認為「多極化」的全球均衡格局，比較容易維持國際穩定與和平，這不僅可以有效制衡美國在全球的地位，也可有助於中共施展其影響力，畢竟中共要作為廿一世紀東亞地緣的區域大國，均勢的追求相當重視。換言之，雖然中共一如往常，強調「全方位外交」的重要性，但是「大國外交」儼然也成為中共外交的主軸。

界制度條約》，象徵著兩國邊界已徹底地解決。中共與柬埔寨的關係也持續發展，1994年柬國國王施亞努與首相正式訪問北京。

[32] 于有慧，〈國際因素對當前中共外交政策的影響〉，《中國大陸研究》，第41卷第6期，民國87年6月，頁7-18。

如果從人權、主權、安全、經貿四個議題來看中共和美國、俄羅斯、日本、歐盟等大國的關係，可以發現只有美國與中共在人權（涉及西藏）及主權（涉及台灣）方面有爭議，其他問題雖然也有不同看法，但是並不會影響到雙邊的根本關係。

　　在主權議題方面，俄、日、歐等三個強權的立場幾乎是完全配合中共的見解，雖然在台灣問題上，日本仍有些個別的看法，但是並不足以影響到與中共的實質關係。

　　在人權議題方面，三強對中國大陸並沒有根本性的歧見，日本與俄羅斯幾乎沒有將它作為向中共挑戰的工具，歐盟對人權議題也是主張以對話、合作代替制裁，並未認真地將它作為歐盟「中國政策」的重要內涵。

　　在安全議題方面，歐盟與中共沒有地緣上的關係，也沒有任何領土的糾紛，日本一方面要配合美國的亞太政策，但是另一方面，基於地緣與經貿的考慮，也會儘量避免挑釁中共，俄羅斯則與中共有著戰略夥伴關係，雙方的領土爭執也大致解決。

　　在經貿議題方面，日本、俄羅斯與歐盟都與中共有著彼此的需要，也是冷戰後彼此關係的核心。歐盟並視將中共拉入國際經貿體制是最重要的工作，甚而想藉著亞歐會議與美國分享在亞洲的政治與經濟利益。

(二)建構多樣化的夥伴關係

　　中共自 1996 年起，分別與全球大國與鄰近國家建立了不同形式的夥伴關係。其夥伴關係大略可分為「戰略性」、「全面合作」與「睦鄰友好」三種類型（如**表 7-5**）。「戰略性」的「夥伴關係」並不是軍事同盟，而是以各個層面的共同或平行利益為基礎，長期性地謀求合作。對俄羅斯的「戰略協作夥伴關係」強調雙方全

表 7-5　中共夥伴關係一覽表

國　家	關係	名　稱	公報或宣言	日　期
美國	戰略夥伴	建設性戰略夥伴關係	中美聯合聲明	1997/10/29
俄羅斯		戰略協作夥伴關係	關於建立世界多極化和建立國際新秩序聯合聲明	1996/4/25
法國	全面合作	全面夥伴關係	中法聯合聲明	1997/5/16
英國		建設性夥伴關係	中英聯合聲明	1998/10/6
日本		和平與發展的友好合作夥伴關係	中日聯合宣言	1998/11/26
加拿大		全面合作夥伴關係	中加聯合聲明	1997/11/28
墨西哥		全面合作夥伴關係	中墨聯合聲明	1997/12/1
哈薩克		全面合作夥伴關係	江澤民與那札巴耶夫總統會談聲明	1997/2/21
歐盟		長期穩定的建設性夥伴關係	中共與歐盟領導人會晤聯合聲明	1998/4/2
南非		建設性夥伴關係	胡錦濤與姆貝基會談聲明	1999/2/2
東協	睦鄰互信友好	睦鄰互信夥伴關係	中共與東協國家元首會晤聯合聲明	1997/12/16
南韓		合作夥伴關係	中韓聯合聲明	1998/11/12
南亞		長期穩定睦鄰友好關係	江澤民在巴基斯坦議會中演講	1996/12/3
印度		面向廿一世紀的建設性夥伴關係	江澤民與夏爾瑪總統會談聲明	1996/11/30
巴基斯坦		全面合作夥伴關係	江澤民與萊加利總統會談聲明	1996/12/2

資料來源：參考施子中，〈中共推動大國外交與建構夥伴關係之研析〉，《戰略與國際研究》，第 1 卷第 3 期，1999 年 7 月，頁 21。

方位的協調與合作，並積極推動國際權力多極化，共同反霸。對美國的「建設性戰略夥伴關係」則強調雙方局部性的合作，包括外交政策上的合作、以定期式的高層定期互訪、協商，建立共同目標、加強合作。「全面合作」的「夥伴關係」則是針對一些較不具全球戰略考量，但在政治、經濟、文化上可加強合作者，包括法國、英國、日本、歐盟、加拿大、墨西哥等國。「睦鄰友好」則多是針對中共周邊鄰國，包括東協、韓國與巴基斯坦等國。惟不論其類型為何，其共通之處則是，中共企盼經由夥伴關係的建立，增強其在國際間的政治影響力，以及營造一個有利其經濟發展的和平環境。

(三)積極參與和融入國際建制

冷戰後的另一項特點就是中共更積極地融入國際社會，除了積極參與聯合國的各個組織活動外，也在各區域的多邊組織中扮演越來越重的角色。但是隨著全球互賴的增加，中共不可避免地也必須遵守國際間的共同規則。對西方而言，中共的經濟發展，促成他與世界的互賴，這將有助於將中共融入西方所建構的規範體系，例如世界貿易組織（WTO）即是，這將使得中共的意識形態越來越接近西方的社會，從而減低其可能的威脅。

中共未來外交政策取向

一、中共對世局的評估

(一)國際情勢趨向緩和

　　中共認為當前國際形勢總體上繼續趨向緩和，和平與發展仍是當今時代的主題。多極化趨勢在全球或地區範圍內，在政治、經濟等領域都有新的發展，世界上各種力量出現新的分化與組合，多極化的趨勢發展有利於世界的和平、穩定和繁榮。在相當長的時間內，避免新的世界大戰是可能的，爭取一個良好的國際和平環境和周邊環境是可以實現的。

(二)冷戰思維依然存在

　　中共認為當前世局冷戰依然存在，霸權主義和強權政治仍然是威脅世界和平和穩定的主要根源。不公正、不合理的國際經濟舊秩序還在損害著發展中國家的利益，貧富差距不斷擴大，利用人權等問題干涉他國內政的現象還是很嚴重，因民族、宗教、領土等因素而引發的局部衝突時起時伏，世界仍不安寧。

二、外交方針

(一)十項外交方針

　　江澤民在 1997 年 9 月的「十五大」中提出「十要」說，闡釋現階段中共外交工作的方針，茲制表陳述如**表 7-6**。

表 7-6　現階段中共的外交方針

原　則	內　容
1 獨立自主	要堅持鄧小平的外交思想，始終不渝地奉行獨立自主的和平外交政策。
2 不結盟、反霸	對於一切國際事務，要從中國人民和世界人民的根本利益出發，根據事情本身的是非曲直，決定自己的立場和政策，不屈服於任何外來壓力，不與任何大國結盟或國家集團結盟，不搞軍事集團，不參加軍備競賽，不進行軍事擴張。中共反對霸權主義，維護世界和平。不把自己的社會制度和意識形態強加於人，也絕不允許別國把他們的社會制度和意識形態強加於中共。
3 推動國際政治經濟新秩序	要致力於推動建立公正合理的國際政治經濟新秩序。
4 相互尊重	要尊重世界的多樣性，各國都有權選擇符合本國國情的社會制度、發展戰略和生活方式。
5 睦鄰友好	要堅持睦鄰友好，這是中共的一貫主張，絕不改變。
6 加強與第三世界合作	要進一步加強與第三世界國家的團結與合作。
7 和平共處	要在和平共處五項原則的基礎上，繼續改善和發展與發達國家的關係。國與國間應超越社會制度和意識形態的差異，相互尊重，友好相處（這是中共第一次在黨的最高會議中，標舉要與「發達國家」〔即所謂的「大國」〕增進關係的說法）。
8 平等互利	要堅持平等互利的原則，與世界各國和地區廣泛展開貿易往來、經濟技術合作和科學文化交流。
9 積極參與國際組織	要積極參與多邊外交活動，充分發揮中共在聯合國以及其他國際組織中的作用。
10 與各國廣泛交往	要在獨立自主、完全平等、互相尊重、互不干涉內部事務原則的基礎上，與一切願與中共交往的各國政黨發展新型的黨際交流和合作關係，促進國家關係發展。

作者自行製表

(二)配合對台工作的外交作法

中共認為我政府所推行的「務實外交」是在搞「兩個中國」、「一中一台」。因此在國際間的外交工作的目標之一，就是打壓我的活動空間。中共對此的工作原則是：(1)遏止「台灣問題國際化」。(2)對我的任何外交進行「無形圍堵」策略，凡我活動所及之處，必須運用總體外交優勢，有效對抗，在我影響未及之處，則應確實採取預防措施。(3)在具體原則上，中共並提出所謂「三光政策」，強調要把台灣的邦交國挖光，把台灣的政治生路堵光，把台灣與大陸爭對等的籌碼擠光。

中共為達成其遏制圍堵我外交活動空間，先是加強發展與大國關係，要求不得與我發展政府間的關係，使得我國在國際間的地位無法提昇，並減少或停止對我軍售武器裝備，例如中共與美國在 1997 年與美國建立的「建設性戰略夥伴關係」中，即認為「台灣問題」是兩國關係中「最重要、最敏感」的問題，並在 1998 年要求美國確定對台的「三不政策」，以阻撓我加入聯合國的可能。

在與我邦交國方面，中共也是有運用其聯合國安全理事會常任理事國的地位，以經濟金援方式，經由領導人的走訪，加強拉攏第三世界國家，以破壞我與邦交國間的關係。

三、中共未來外交的動向

(一)加強經貿外交作為

中共未來的外交仍將持續其自 1979 年改革開放後的作法，以達成國內現代化為首要目標。中共未來仍將加強與歐美西方國家的經貿關係與科技合作，並加強與第三世界，尤其是擁有豐富資源國家的經貿往來。同時將以經貿為外交工具，達成其外交的目

標。

(二)提昇國際聲望與影響力

　　中共將會繼續參與國際多邊組織及活動，力求國際局勢的多極化，加強反霸以及建立國際政治經濟新秩序的宣傳，以凸顯其有別於其他「大國」，及建立第三世界代言人的地位。

(三)建立和平形象

　　中共將會繼續加強與各大國的關係，充實與俄羅斯的「戰略協作夥伴關係」、與美國的「建設性戰略夥伴關係」、與歐盟的「全面夥伴關係」，一方面消除國際間對「中國威脅論」的疑慮，另一方面可確保國家安全，並建立建立其和平的形象。

(四)持續進行對台外交打壓

　　中共將會持續倚藉其在聯合國安理會的政治地位，與運用其經貿力量，強化對我國外交空間的圍堵，以達到邦交國與我斷交為目的。此外，中共亦會在國際間宣傳其對「台灣問題」所持的立場，以及在香港實施「一國兩制」的經驗，以營造以「一國兩制」解決統一問題的國際環境。

問題與討論

問　題

一、試述中共與蘇聯關係的演變。

二、試述中共與美國關係的演變。

三、何謂「三個世界理論」？中共如何運用這個理論？

四、試述毛澤東時期的外交特性。

五、試述鄧小平時期的外交原則。

六、試述鄧小平時期的外交特性。

七、試述冷戰後時期中共的外交原則。

八、試述冷戰後中共與美、俄、歐盟等交往的情形。

九、中共與日本關係的癥結點為何？

十、試述冷戰後時期中共的外交特性。

十一、試述中共對當前世局的評估。

十二、試述中共現階段外交工作的方針。

十三、試述中共未來外交的動向。

討　論

一、你認為我國的外交有沒有受到中共外交的影響？請舉出例子，並說明理由。

二、你認為中共會否不停地在國際間打壓我國的活動空間，直到中共在國際上完全孤立台灣？我們應該用什麼方法去因應？

三、有些國人在國外面臨生存安全時（如某國發生內亂），去中共大使館尋求援助，你對這種事的看法如何？換成你，你會也如此做嗎？如果我們國家在那裡並沒有機構，你會不會向中共大

使館尋求協助？請說出你的理由。

四、你覺得中共在辦外交時是講利益，還是也很重視面子？國內
有學者認為中國人有時為了面子而決定其國家的角色及外交
政策，你同意嗎？你覺得我們國家是不是也有這種情形？請說
出一些例子。

五、外國學者常常認為中共的外交官很不錯，談談你對中共外交
的印象，你想像中的中共外交官會比我國的外交官優秀嗎？還
是因為中共國力的因素所致？

六、說說你對中共外交整體看法。他的外交策略與對國家角色的
定位還算成功嗎？

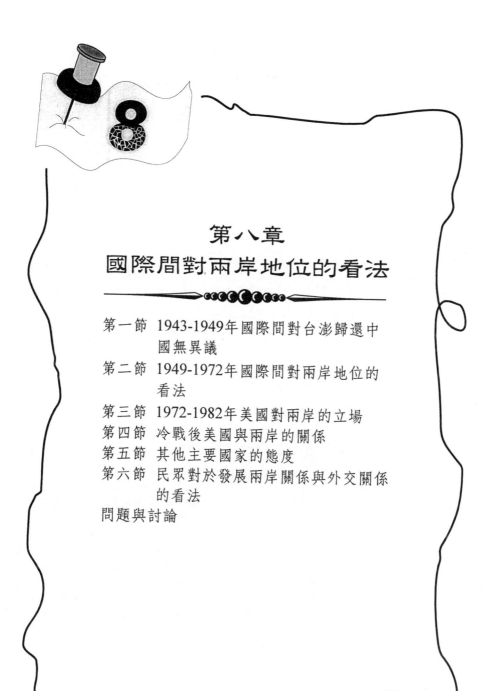

第八章
國際間對兩岸地位的看法

第一節　1943-1949年國際間對台澎歸還中
　　　　國無異議
第二節　1949-1972年國際間對兩岸地位的
　　　　看法
第三節　1972-1982年美國對兩岸的立場
第四節　冷戰後美國與兩岸的關係
第五節　其他主要國家的態度
第六節　民眾對於發展兩岸關係與外交關係
　　　　的看法
問題與討論

1943-1949年國際間對台澎歸還中國無異議[1]

一、《開羅宣言》

1943年（民國32年）12月3日的《開羅宣言》，美國總統羅斯福、英國首相邱吉爾及中華民國的蔣中正共同發表聲明稱：

> 「三國之宗旨，在剝奪日本自1914年第一次世界大戰開始後在太平洋上所奪得或所佔領之一切島嶼，在使日本所竊取於中國之領土，例如東北四省、台灣、澎湖群島等，歸還中國，其他日本以武力或貪慾所攫取之土地，亦務將日本驅逐出境。」[2]

二、《波茨坦公告》

1945年7月26日，《波茨坦公告》（Potsdam Proclamation）中稱：

---

[1] 本章主要參考資料：陳毓鈞，《戰爭與和平：解析美國的對華政策》，台北：環宇出版，1997；外交部新聞文化司彙編，《中共與各國建交聯合公報彙編》，83年6月；丘宏達編，《現代國際法參考文件》，台北：三民書局，民國八十五年；鄞邰，《台灣法律地位問題的研究》，台北：黎明文化，民國七十四年；林正義，《一九五八年台海危機期間美國對華政策》，台北：台灣商務印書館，民國七十四年；張讚合，《兩岸關係變遷史》，台北：周知文化，1996年；張亞中，《兩岸主權論》，台北：生智，1998年；張亞中、孫國祥，《美國的中國政策：交往、圍堵、戰略夥伴》，台北：揚智，1999年；國立政治大學國際關係研究中心，《中共於國際雙邊關係中對台灣地位等問題的主張之研究（1949年10月－1996年3月）》，民國85年。Harry Harding, *China Foreign Relations in the 1980s* (New Haven: Yale University Press, 1984).

[2] 丘宏達編，《現代國際法參考文件》，台北：三民書局，民國八十五年，頁926-7。

「開羅宣言所宣示的條件，必將實施，而日本之主權，必將限於本州、北海道、九州、四國及吾人所決定之其他小島之內。」[3]

三、《日本降伏書》

1945年9月2日，日本在降伏書中，表達出對《波茨坦公告》的接受：

「接受美、中、英三國政府首領於1945年7月26日在波茨坦所發表，其後又經蘇維埃社會主義共和國聯邦所加入之公告所列舉之條款。」[4]

1945年起，中華民國政府接收了台灣，開始行使有主權行為的統治權，全世界沒有一個國家提出異議。[5]

假如中國沒有發生內戰，沒有在1949年分裂，《開羅宣言》、《波茨坦公告》的法律效力不會成為爭議的問題。爾後也就不會有所謂「台灣地位未定」的問題。1949年國民黨政府在大陸的挫敗，使得美國也開始含混地表達了對台灣歸屬地位的看法。

---

[3] 同上書，頁928-9。

[4] 同上書，頁930-1。

[5] 1945年10月25日，中華民國政府在台灣正式接受日軍投降，旋即宣佈台灣為中華民國的一省。1946年1月12日又宣佈恢復台澎金馬居民的中華民國國籍。同年，台灣地區又選出國民大會代表，赴南京參加中華民國憲法之制定。1947年憲法生效後，台灣地區又選出國大代表參與中央政權之行使，也選出立法委員參與立法院，台灣省臨時參議會也選出了監察委員參與監察院行使職權。中華民國很清楚地在台灣行使主權的行為。

1949-1972 年國際間對兩岸地位的看法

一、1949-1950 年美國準備放棄台灣

不可否認的，如果要談國際間對兩岸關係的看法，絕對不能脫離美國。甚而我們可以認為，美國對兩岸的態度幾乎決定了台灣的地位與立場，因此從美國的態度切入有其必要性與適切的代表性。

1949年10月1日，中華人民共和國成立。一個星期後，美國召開遠東專家圓桌會議，重新檢討對華政策。會中決議美國應儘早承認中共，並應促使其加入聯合國。[6]在會中，中國專家費正清（John K. Fairbank）表示，美國不應防止台灣落入中共之手。[7]

10月26、27日，國務卿艾奇遜主持遠東政策討論會，其中對華政策即包括：放棄以外交承認作為謀取中共讓步的方法，放棄武力佔領台灣的企圖，也放棄以台灣民族自決為由，向聯合國申請託管的提議，但是如果有其他國家自行向聯合國作此項建議，美國也可以贊同。[8]

1949年12月16日，毛澤東啟程赴莫斯科拜訪史達林，但美國仍以斷絕與台灣關係的方式來討好中共。23日，已退到台灣的國

---

[6] U.S. Department of State, *United States Relations with China, With Special Reference to the Perior 1944-1949*（稱為 *The China White Paper*）,Vol. I, pp.14-16.

[7] Hungdah Chiu, ed., *China and Taiwan Issue*, (New York: Praeger Publisher, 1979), p.148.

[8] 梁敬錞，《史迪威事件》，頁317-8。

民政府正式籲請美國派遣政、軍、經顧問團來台，協保台灣。但是在這一天，美國的回應是，由國務院向遠東地區使節發表秘密備忘錄，傳達美國對台灣的「袖手不管政策」(Hands-off policy)，指出台灣淪入中共已是可預期之事，這個島嶼對美國而言已無特殊軍事意義，讓中華民國政府自己防衛台灣。[9]

1950年1月6日，英國與中共建交並斷絕與我國外交關係。英國是西方第一個與中共建交的國家。

一直到1950年初，沒有任何人曾經提過台灣地位是未定的說法。在中華民國政府退到台灣以後，美國雖然不願再管台灣的前途問題，但是對於台灣屬於中華民國倒是沒有什麼異議。1950年1月5日，當時的美國總統杜魯門即在記者會中公開表示，「為了遵守這些宣言（開羅與波茨坦），台灣已交給蔣介石委員長，過去四年來，美國和其他盟國一直承認中國在該島行使權力」。同一天，國務卿艾其遜也說：「中國已治理台灣四年，美國或其他盟國從來沒有對於該項權力和占領發生疑問。當台灣為中國的一省時，無人對它提出法律上的疑問。那就認為是符合約定的。」[10]

二、「台灣法律地位未定」由來

1950年6月25日韓戰的爆發，使得美國重新重視台灣的地位。美國需要台灣作為它在西太平洋的反共堡壘，派遣第七艦隊協防台灣。為了避免台灣落入共產主義陣營，美國開始為其介入兩岸事務尋求法理基礎。[11]杜魯門聲明「台灣地位未來的決定，必須等

---

[9] Hungdah Chiu, ed., *China and Taiwan Issue, op. cit.*, p.149.

[10] *Amercian Foreign Policy*, Supra, note 10, pp.2448-2449.

[11] 在美國圍堵政策創始人肯楠（George Kennen）的回憶錄中，對此也有很深刻的描述：「我承認，允許共產中國進入聯合國會對台灣的政權造成問題。我傾向於用我們的艦隊去保護那個島嶼（但非那個政權），以免遭到中國大

到太平洋安全恢復，與日本和平解決，或經由聯合國考慮」。[12] 開啓了美國「台灣地位未定論」的主張。

美國對台灣地位採未定的主張，提供了美國介入台海爭執的法理依據。當時擔任美國國務院外交顧問的杜勒斯（John Foster Dulles）即曾對駐美大使顧維鈞表示，「假使美國業已將台灣視爲中國的領土，不僅中國的代表權問題須立謀解決，而且美國也將失去部署第七艦隊協防台灣的依據」。[13]

顧維鈞大使在回憶錄中也明白指出，當時在政府撤退至台灣後，局勢相當不穩，準備承認及可能承認中共的國家甚多。在韓戰爆發後，美國驟覺台灣地位的重要，又不願台灣落入中共或蘇聯共產集團之手。美國如果不主張台灣法律地位未定，而又宣稱台灣屬於中國，則無法對已經承認中共爲中國的國家主張台灣不應屬於中共。[14]

1951年第二次世界大戰的戰勝國與日本在美國舊金山與日本簽署戰後的和平條約。由於英國承認中共，希望中共參加《舊金山對日和約》，美國原屬意我政府參加，在美國在與英國協商後，我國與中共都在這個和平條約中缺席了。而1951年9月8日的《舊金山對日和約》中僅規定，「日本放棄對台灣、澎湖所有的權利、權利名義與要求」，[15]並未說明放棄後的權力交給誰。

陸的攻擊。我絕不喜歡擁護蔣介石政權為合法（rightful）政權的觀點。甚至在早先，我們應該表達我們接受一個該島公民公正投票的結果，以決定該島是應屬於大陸政權，歸還日本，或是獨立。除非我們能確定該島能保持非武裝化，如此則不會使得該島成為太平洋海陸強權的舞台。」George F. Kennen, *Memoirs 1950-1963* (Boston: Little, Brown and Co., 1972), p. 58.

[12] Hungdah Chiu, ed., *China and Taiwan Issue*, p.221.

[13] 陳志奇，《美國對華政策三十年》，台北：中華日報社，民國七十年，頁54。

[14] 《顧維鈞回憶錄》，中文版，第八分冊，第一章第三節之一，頁96-132。

[15] 丘宏達編，《現代國際法參考文件》，同前書，頁940-2。

日本所以未說明台灣應歸還給中國，應該是在當時的中國分裂下，兩岸各有其支持者，雙方亦均未出席和會。這個因國際現實情境所產生的「台灣地位未定」，自此一方面成為台灣獨立支持者的理論依據，同樣也成為美國主張介入兩岸的法理根據。

雖然台北未能親自與會，但對於領土問題並沒有輕忽。在台北強調此一問題後，當時的美國國務卿杜勒斯就曾明白對顧維鈞大使指出，《舊金山對日和約》是「接納了台北方面的意見」，所以「南庫頁島及其附近島嶼以及千島群島現都和台灣及澎湖列島以同樣方式處理，僅要求日本對所有這些領土放棄權利要求」[16]。迄今未曾出現過任何有關庫頁島等法律地位的問題，為何獨有台灣地位有問題，原因自然是很簡單，就是現實政治使然。

由於我國並未參加《舊金山對日和約》，在1952年4月28日，由我國與日本簽定《中日和約》。該約中再重述《舊金山對日和約》的規定，「日本放棄對台灣、澎湖群島，以及南沙群島與西沙群島之一切權利、權利名義與要求」。日本並在和約中承認與中華民國「在1941年12月9日以前所締結之一切條約、專約及協定，均因戰爭結果而歸無效」。日本拒絕同意中華民國要求日本承認中華民國對全中國領土擁有主權的主張，[17]也沒有在這個和約中明白地表明將台灣歸還給中華民國。

三、台澎在法律上應是屬於中華民國

由於日本並沒有明確地在上述兩個和約中表明將台灣歸還給中華民國，因此一直至今日，仍有部分人士將其作為推動台灣獨

16　《顧維鈞回憶錄》，中文版，第九分冊，頁165。
17　陳志奇，《美國對華政策三十年》，同前書，頁75-86。

立的理論基礎。[18]不過依據國際法,台灣與澎湖在法律上屬於中華民國是不容置疑的。國際法學者丘宏達先生,即提出六點看法如下:

(1)1941年12月9日中國對日宣戰時,就廢除了中、日間的一切條約,當然包括馬關條約,1952年4月28日的中日雙邊條約再度確定這個事實。

---

[18] （一）至1993年台灣民間仍有此看法,論者認為:
「中、美、英所簽署的『開羅宣言』及1945年的『波茨坦宣言』,主張日本將台灣歸還中國。然而,依照國際法原則,開羅會議所發佈的首腦宣言,是否屬國際條約已有疑問,何況,條約的拘束力只及於參與的當事國之間,條約的效力並不及於無關係的第三國,也不能對第三國課予『義務』。日本並未簽署開羅宣言,故該宣言對於當時尚屬日本領有的台灣之任何決議,實不具國際法上之效力。國際法解決戰後問題,都是以交戰雙方所簽訂的和平條約為基礎。因此,1951年同盟國與日本簽訂的『舊金山和約』,才是處理台灣主權歸屬最具國際法效力的條約。
依據舊金山和約第二條B項規定,『日本放棄對台灣及澎湖群島的所有權利、權源及請求權』,但並未表明將台灣歸還中國。第二十一條亦規定,中國的受益權只限於第十條及第十四條,並未包括第二條的台灣主權。這與同樣第二十一條中明確指出,朝鮮受益權包括第二條A項的朝鮮主權,顯然完全不同。
由此可知,日本只聲明放棄台灣主權,並未聲明歸還中國。何況,不論日本在1952年與中華民國所簽訂的『日華和約』,或1978年與中華人民共和國所簽訂的『日中和約』,對於台灣主權也都一再強調,依舊金山和約規定,日本已放棄台灣主權。故日本無權再將台灣歸還給中國,或作出對台灣主權歸屬的任何承諾。
事實上,日本所放棄的台灣,依國際法原則早已屬於居住在台灣之上的台灣人民。自1951年世界各國簽訂舊金山和約即有此國際共識,依國際法的人民自決原則及住民意願優先原則,更無法否定台灣人民擁有台灣主權。」原文請見1993年12月10日由台灣教授協會等二十四個民間組織所連署發表的〈兩岸兩治、和平共存－台灣人民對台灣與中國關係的基本主張〉。
（二）另彭明敏、黃昭堂所著之《台灣在國際法上的地位》乙書,對上述各論點有詳盡的描述。
（三）民進黨在1988年4月17日第二屆第一次臨時大會通過的〈台灣主權獨立決議文〉中,首次以正式決議表達確認「台灣地位未定論」的觀點,認為:「台灣依一九五一年舊金山『對日和約』及1952年台北『中日和約』的規定,都未以和約決定戰後主權的歸屬,故其主權並未屬於任何一個國家,當然亦獨立於北京『中華人民共和國』之外。」

(2)《開羅宣言》與《波茨坦公告》是重要文件,《日本降伏文書》中亦引述,並列入美國國務院出版的《美國條約與其他國際協定彙編》一書中,顯見該二文件具法律拘束力。

(3)台灣及澎湖歸還中國一事,早在1945年法律上即已執行完畢,沒有什麼可爭執的。

(4)中華民國可以國際法上的「保持占有主義」(principle of *uti posidetis*)、「先占」或「時效」等原則取得台澎的主權。

(5)雖無中日和約並未規定將台灣歸還中國,但有日本國內曾有判例作出台灣已屬中華民國的解釋。

(6)中日和約中有些條款,如第十條與換文部分,是以台灣屬於中華民國為前提。[19]

以上曾述及,如果中國沒有在1949年分裂,台灣的地位不會是一個問題。「台灣地位未定論」可以說是一個因為中國分裂而成為的國際政治下的產物。無論是《開羅宣言》、《波茨坦公告》是否有法律效力,日本到底有沒有將台澎交還給中華民國等等問題,都隨著每個國家的國家利益需要,或者個人的政治認知而有了不同的詮釋。這正是我國因為處於國際政治的現實環境而須面對的困境。

四、美國對台灣法律地位與領土的看法

美國的對台政策是兩面的,一方面仍與我國維持外交關係,等於承認了我國在台灣作為一個主權國家的法律地位,但另一方面,卻現實地容許「台灣法律地位未定」見解的存在,使得我國是否享有在台灣的主權,甚或我國是否為一獨立的主權國家都顯

---

[19] 丘宏達,《現代國際法》,台北:三民書局,民國84年,頁531-5。

得很模糊。至於如何解釋與發展，則全賴國際環境的發展與美國的需要。

　　拜冷戰之賜，1953年4月2日，美國駐華公使銜代辦藍欽（Karl Rankin）升任大使，象徵我國與美國關係邁向正常化的新階段，台灣成為美國在西太平洋防堵共產主義擴張的干城。美國一方面與我國政府維持著外交關係，並支持我國在聯合國的席位，但另一方面卻主張我國所有的領土台灣卻是「台灣地位未定」，這也是國際間稀有的事。

　　1954年9月3日，中共猛烈砲擊金門，第一次台海危機爆發，同年十二月二日，駐美大使葉公超與國務卿杜勒斯在華盛頓簽署《中美共同防禦條約》(Mutual Defense Treaty between the United States and the Republic of China)。[20]

　　《中美共同防禦條約》本身是個軍事同盟條約，它規定：「每一締約國承認對在西太平洋區域內任何一締約國領土之武裝攻擊，即將危及其本身之和平與安全。茲宣告將依其憲法程序採取行動。」這段話的意思是美國願意保衛我國的安全。但是在這個條約中，美國卻對我國的領土範圍表達了美國的見解。

　　《中美共同防禦條約》第六條表明對條約中「領土範圍」一辭的解釋，「就中華民國而言，應指台灣與澎湖」。依據這項條款，台灣與澎湖是美國協防的範圍，金門、馬祖等外島則並不包括，如果需要，需另行再議，以將共同防禦範圍「適用於經共同協議所決定的其他領土」。當然，美國更不可能認為我國的領土包括大陸地區。

　　美國參議院外交委員會在批准此條約時補充稱，為避免誤解

---

[20] 英文見*United Nation Treaty Series*, Vol. 248, pp.214-216, cited, Hungdah, Chiu, ed., *China and Taiwan Issue, op. cit.*, Document 10, pp.227-30.

該條約的目的，「本委員會認為本條約之生效，將不致影響（affect）或修改（modify）台灣與澎湖之現有法律地位」、「不應被解釋為影響或修改其所適用之領土的法律地位與主權」[21]。可知，美方對台灣法律地位仍持其曖昧態度，即一方面接受中華民國在台灣行使主權的事實，但另一方面又暗示台灣法律地位未定。據顧維鈞大使的回憶錄所稱，參議院此一立場，亦為杜勒斯所同意。[22]

《中美共同防禦條約》對武力使用的限制並無明文規定。中美雙方再以交換照會方式表明：「凡由兩締約國雙方共同努力與貢獻所產生之軍事單位，未經共同協議，不將其調離第六條所述各領土，至足以實際減低此等領土可能保衛之程度。」[23]美國參議院在通過此項條約時也作出解釋，認定「締約任何一方自中華民國控制下的領土上採取軍事行動須獲得雙方一致同意」。[24]這句話所說的限制，自然是指限制我國政府在未經美國同意，不得將台澎的軍隊調離至外島，任何台澎地區以外的軍事行動也必須經過美國認可。

在國際法上，換文與條約具有同等效力，雖然外交部長葉公超表示，「中美共同防禦條約，在任何意義上，都不妨礙自由中國光復大陸的權利」。但不可諱言的是，反攻的行動是不再那般隨心所欲。[25]

---

[21] Hungdah, Chiu, ed., *China and Taiwan Issue*, *op. cit*., Document 12, pp.231-234, here 234.

[22] 邵玉銘，《中美關係研究論文集》，台北：傳記文學出版社，民國69年，頁116。

[23] 英文見*United Nation Treaty Series*, Vol. 248, pp.226-8. cited, Hungdah, Chiu, ed., *China and Taiwan Issue*, *op. cit*., Document 10, pp.227-30

[24] Hungdah, Chiu, ed., *China and Taiwan Issue*, *op. cit*., Document 12, pp.231-4, here 232.

[25] 林正義，《一九五八年台海危機期間美國對華政策》，台北，台灣商務印書館，民國74年，頁21。

然而，《中美共同防禦條約》的簽訂，顯著地改變了杜魯門時代的對華政策。第七條稱「依共同協議之決定，在台灣、澎湖及其附近，為其防衛所需要而部署美國陸海空軍之權利」，這使得第七艦隊協防台灣有了法律的基礎，[26]而不是憑靠以前「台灣法律地位未定」的法理依據。

　　雖然美國決定與我國締結軍事結盟，但是基於本國利益，仍舊與中共保持聯繫。自1954年6月起，雙方即在日內瓦展開「領事級」的談判。1955年7月27日，雙方發表聯合公報，宣稱「美國與中華人民共和國……同意於去年在日內瓦舉行之雙方領事代表之對話，應改為大使級代表進行，……首次雙方大使代表之會議將於1955年8月1日在日內瓦舉行」。這是美國與中共的第一分官式雙邊聯合公報，比「上海公報」早了十七年，值得注意的是，它也是美國在其外交文件中首次直稱中共當局為「中華人民共和國」。[27]

　　1958年8月23日，中共再襲金門，引發第二次台海危機。9月15日，美國與中共大使級會議在華沙重新展開[28]，10月21日杜勒斯訪台，23日中華民國外交部與美國駐華大使館同時發表《中美聯合公報》（ROC-U.S. Joint Communique）。[29] 公報中最受矚目的是我國向美國表示，未來「非憑藉著武力」光復大陸，而是依靠三民主義。[30]值得注意的是，「非憑藉著武力」之英文版是 "not the use

---

[26] 林正義，《一九五八年台海危機期間美國對華政策》，頁21。

[27] 陳志奇，《美國對華政策三十年》，頁121-2。

[28] 關於華沙十次會談，請參考林正義，《一九五八年台海危機期間美國對華政策》，頁118-26。

[29] 同上書，頁132-42。

[30] 公報中稱：「……鑒及兩國現正履行之條約係屬防禦性質，中華民國政府認為恢復大陸人民之自由乃其神聖使命，並相信此一使命之基礎，建立在中國人民之人心，而達成此一使命之主要途徑，為實行孫中山先生之三民主義，而非憑藉著武力。」

of force"，意思是「不使用武力」，顯然中文版採用了較具彈性的說法。這其實是中華民國向美國承諾，不會以武力反攻大陸。

我國當時向美國表示放棄主動使用武力的國家主權，一方面是了解到僅憑自己的力量可能無法完成反攻大陸的使命；另一方面等於也是向美國應允，不會藉由武力引起兩岸軍事衝突而迫使美國必須依聯盟條約參戰。

綜觀兩岸在1950年的兩次台海衝突，我國在與中共的軍事衝突中是處於被動的地位，而在反攻大陸的理想上是受到美國的牽制。美國一方面主張「台灣法律地位未定論」，以確保介入兩岸衝突的依據，並將其作為拒絕承認台灣是屬於中華人民共和國的理論依據；[31]另一方面，美國經由《中美共同防禦條約》確保台灣安全，並防止台灣因武力反攻大陸而可能引起的台海爭端。

在外交上，1960年代可以說是我國的外交黃金年代，這固然是由於我政府積極擴展與一些新興獨立國家之間的關係，而最大原因還是在於冷戰期間的兩極對抗，使得一些追隨美國外交政策的國家，也隨著美國的腳步承認中華民國；另一個重要原因則是

---

31 美國一直到二十年後，還提及「台灣地位未定」的說法。1971年4月28日，美國國務院發言人布瑞（Charles W. Bray）公開表示，「我們（美國）認為此事（指台灣地位）未獲解決，因為在開羅與波茨坦宣言中，同盟國表明意向稱，台灣與澎湖將成為中國的一部分，此種盟國暫定意向的聲明，從未正式執行」，而美國「認為中華民國對台澎行使合法權力，是由於日本占領台灣的軍隊係奉命向中華民國投降之事實」。*China U.S. Policy Since 1945*, Congressional Quartely. Inc, Wasington D.C., 1980, p.175. 換言之，美國認定，將台灣「交還」中國的程序尚未完成。此一聲明看來突兀，但若將其置於當時美國外交政策的脈絡的背景下來看，則根本不足為奇。當時美國的外交政策是希望能夠打開與中共關係正常化的大門，因此在聯合國中的作法是設計「兩個中國」，由中共取代中華民國的安理會席位，而台北則擁有在大會的席位。因此，美國發言人才會公開將同盟的意向詮釋為「從未正式執行」。在美國所刻意安排的思維下，即使中共繼承了中國的席位，也不能宣稱對台灣擁有合法的權力。相反地，中華民國則可依據合法的占有與時效原則而擁有合法的權力，並可依此在聯合國擁有一席之地。

因爲中共內部爆發文化大革命，並與印度及蘇聯相繼交惡，使得中共自陷於外交孤立。在1969年時，我國的外交邦交國有68個，中共只有24個，這也是我國邦交國數目的最高期，隨後兩岸的外交數目就開始逆轉。另外，在1960年代我國的外交最大挫折來自於法國在1964年1月27日與中共建交，而與我國斷交。

五、我國退出聯合國

1969年中共與蘇聯爆發珍寶島事件，該事件充分地反映出共產陣營的不和。美國與中共在同年12月即在華沙恢復了會談。美國與中共的關係很明顯將有轉向。1971年7月季辛吉祕訪北京。

1971年8月美國向聯合國表示，希望在聯合國中讓兩岸各有代表權，但是中共並不同意。[32]

同年10月下旬，正當聯合國大會辯論中國代表權問題的關鍵時刻，季辛吉再訪北京，這使得多數友邦國家感覺到美國對我國在聯合國席位的支持已有動搖。美國所主張的「雙重代表權」計畫並未獲得普遍支持，25日紐約時間，聯合國大會表決美國所提的「重要問題案」，贊成者55票，反對者59票，棄權者15票。中華民國代表團看大勢已去，主動宣布退出聯合國。

當我國周書楷大使步出會堂後，大會隨即以76對35票通過聯

---

[32] 1971年8月17日，美國駐聯合國首席代表布希，根據美國國務卿羅吉斯8月2日〈關於中國在聯合國的代表權問題的聲明〉，向聯合國秘書長遞交了一封信和一份備忘錄，正式要求把「中國在聯合國的代表權問題」的議題，列入聯合國大會第二十六屆會議的議程。美國政府宣稱「中華人民共和國應當有代表權」，但同時又主張「應當規定不剝奪中華民國的代表權」。美國政府並稱：「在處理中國代表權問題時，聯合國應當認識到中華人民共和國和中華民國都是存在的，並且應當在規定中國代表權的方式中反映出這一不容爭議的現實。」郭立民編，《中共對台政策資料選輯（1949-1991）》上冊，台北：永業出版社，民國八十二年，頁231。

合國《第二七五八號決議案》,[33]承認中共取得在聯合國中代表中國之權。這等於向世界宣告,我國這個聯合國創始會員國如今在聯合國的眼中,已經不是一個具國家人格的主權國家了。我國的國際人格產生了重大的影響。

第2758號決議案內容稱:

「大會基於聯合國憲章的原則,認為恢復中華人民共和國的合法權利(the restoration of the lawful rights of the People's Republic of China)對於維護聯合國組織以及依據憲章所必須之行為均屬必須。承認中華人民共和國政府的代表是中國在聯合國的唯一合法代表,以及中華人民共和國為聯合國安全理事會五個常任會員國之一。茲決定恢復中華人民共和國之所有權利,以及承認其政府代表是中國在聯合國之唯一正當代表(the only legitimate representatives of China),並立即將蔣介石的代表從其在聯合國及其所屬的一切組織中所非法佔據的席次上驅逐。」

在我國退出聯合國後,邦交國家的數目就開始急速減少,到了1978年與美國斷交前夕,邦交國只剩下了21個。[34]

1972年2月21日中共與美國發表《上海公報》。日本於同年9月29日與中共建立外交關係。日本承認中華人民共和國是中國唯一合法政府。

1973年5月中共與美國兩國正式在對方首都互設「聯絡辦事

---

[33] 2758號決議案 "Resolution on Representation of China", United Nations General Assembly, Oct.25, 1971. G.A. Res. 2758, 26 GAOR Supp. 29(A/8429), at 2.

[34] 1971年與我國有邦交的國家有54個,1972年為39個,1973年37個,1974年31個,1975年26個,1976年不變,1977年23個,1978年21個。

處」，處理雙方貿易及正式外交以外的其他事項，但是其人員均享有外交特權與豁免權。美國在台灣的駐軍也逐漸減少。美軍顧問團則在1976年中撤離金門、馬祖。1974年美國國會廢除《台灣決議案》，並從該年起停止對我政府的無償軍援。中共與美國的「聯絡辦事處」的性質越來越像大使館，而我政府在美國的大使卻反而越來越難見到美國的高級官員。

1972-1982年美國對兩岸的立場

　　1979年1月1日，美國與中共建交。美國算是繼英國（1949）、法國（1964）、日本（1972）後對與台灣斷交的最重要的一個西方國家及最後一個安理會的常任理事國。同年4月美國國會基於「為維持西太平洋地區的和平、安全與穩定，並持續維持美國人民與台灣人民的商業、文化及其他關係」制定了《台灣關係法》(Taiwan Relations Act)，作為維持與台灣交往的法律依據。1982年美國又基於為應允中共逐年減少對台軍售而簽署了《聯合公報》（即俗稱之《八一七公報》）。[35]至此，《上海公報》、《建交公報》、《台灣關係法》和《八一七公報》等「三公報一法」構成了美國對兩岸關係的基本架構。[36]由於美國與台灣的命運太密切了，因此美國對兩岸

---

[35] 1981年下半年起，美國總統雷根準備出售先進的FX戰機予台灣。1981年9月30日，葉劍英宣布關於〈台灣回歸祖國實現和平統一〉的所謂〈葉九條〉後，中共認為，美國繼續軍售台灣將只會增加中共用和平方式解決台灣問題的難度，並表示可能因此降低與美國的關係。中共方面的要求是，五年內完全停止對台軍售。雙方自1981年12月4日起開始談判，1982年1月11日，雷根政府決定不出售FX高性能戰機予台灣，但同意延長在台灣合作製造F-5E的計畫。1982年8月17日，美中達成了《聯合公報》，即所謂的《八一七公報》。

[36] 「三公報一法」中英全文可參考張亞中、孫國祥，《美國的中國政策：圍

的立場，自然也就影響到台灣在國際間與兩岸間的地位。茲分述如下：

一、美國對「一個中國」原則的立場

1972年的《上海公報》算是國際間很特殊的一份公報，全文除了在「反霸」上兩者有共識外，其餘大部分都是各說各話。

美國在《上海公報》中對「一個中國」的看法為：美國表示「認識到（acknowledge）在台灣海峽兩邊的所有中國人都認為只有一個中國，台灣是中國的一部分」，美國對於兩岸的這個立場「不提出異議」。美國「不提出異議」的涵義在於這是兩岸中國人的自己事，美國沒有必要也沒有權力表示異議。

中共在《上海公報》中將「一個中國」原則作了引申，表明「堅決反對任何旨在製造『一中一台』，『一個中國、兩個政府』，『兩個中國』，『台灣獨立』和鼓吹『台灣地位未定論』的活動」。美國對於中共從「一個中國」所引申出來的這項自我表述，在公報中並沒有給予回應。

1979年的《建交公報》中，就美國的英文版本而言，美國政府雖然「承認中華人民共和國是中國的唯一合法政府」，但還是卻僅「認識到（acknowledge）中國的立場，即只有一個中國，台灣是中國的一部分」。但是同樣一份《建交公報》，中文版本卻是寫到，美國重申「承認中國的立場，即只有一個中國，台灣是中國的一部分」。雖然英文文件用的是 "acknowledge"，中文卻用的是「承認」，美國在簽署《建交公報》時也沒有對這種不同法律意義的文字敘述表示異議，使得未來在解釋公報約束力時，保留了政

堵、交往、戰略夥伴》，台北：生智，1999年，頁351-89。

治需要的空間，也就是「承認」與「認識到」可以是一樣，也可以是不一樣。

美國從《上海公報》到《建交公報》，已默許中共將"acknowledge"從原本的「認識到」譯文轉用「承認」一語表明，應該算是美國的一個讓步與中共的成功。

1982年的《八一七公報》中，中共重申「台灣問題是中國的內政」原則。美國政府也「重申，其無意侵犯中國的主權和領土完整，無意干涉中國的內政，也無意追求（no intention of pursuing）『兩個中國』或『一中一台』的政策」。這是第一次美國將「無意追求」兩個中國或一中一台寫入了與中共的聯合公報。從《上海公報》的中共單方表述，到《八一七公報》的美國接受了中共的部分看法，可以算是中共的再一次勝利。

但是，值得注意的是，「無意追求」與「不支持」或「反對」三者之間仍有語意上的差別。美國不是兩岸的當事國，自無所謂的「反對」與否，如果美國公開主張「反對」則真是干涉他國的內政了。「無意追求」表達出美國默認中共的說法，但本身採節制作為，而「不支持」則強烈隱含著立場的表述，將表示美國已經成形的政策宣示。在冷戰期間與冷戰後，美國一直堅持著不使用「不支持」文字的立場，但是到了1995年以後，在中共的壓力下，也棄守了這個立場。

雖然在《上海公報》與《建交公報》中，美國都沒有反對台灣是中國一部分的看法，但是在《台灣關係法》中，美國仍將台灣作為一個國家來看待。[37]

---

[37] 《台灣關係法》第4條第B項稱：「當美國法律中提及外國、外國政府或類似實體，或與之有關時，這些字樣應包括台灣在內，而且這些法律應對台灣適用」；「依據美國法律授權規定，美國與外國、外國政府或類似實體所進行或實施各項方案、交往或其他關係，美國總統或美國政府機構獲准，

美國政府經由《台灣關係法》對台灣法律地位的認定，賦予日後美國政府對台政策的立足點具有相當大的空間。可以這樣認為：「台灣地位未定論」為美國在1950年代介入台海問題提供了法理的依據，而《台灣關係法》為美國在1980年代以後介入兩岸關係自我賦予了法律的依據。[38]

二、和平解決台灣前途問題

不論是在《上海公報》還是在《建交公報》中，有一點是美國所堅持的，就是「未來台灣的前途應由兩岸中國人以和平方式解決」。在《八一七公報》上，北京在提及台灣問題是中國的內政，北京解決台灣問題的基本方針是「和平統一」；但是美國在措辭上仍是避免使用任何暗示支持中國統一的文字，只是「關心和平解決台灣問題」。

美國與中共建交後，美國國會通過《台灣關係法》，將美國與台灣間的非官方關係以美國的國內法形式固定，它是美國對台灣安全政策的法理基礎，其旨在保護台灣人民的安全與社會經濟制度。[39]

就《台灣關係法》的意義而言，美國等於將台灣納入為被保護的政府，在如果北京用武力解決台灣問題時，自我授予有干涉的權利。[40]這種必要時防衛台灣的法理依據，既非來自於共同的條

依據本法第6條規定，遵照美國法律同樣與台灣人民進行或實施上述各項方案、交往或其他關係。」
[38] 可參考張亞中，《兩岸主權論》，台北，生智出版社，1998年，頁26-52。
[39] 依據《台灣關係法》第2條，美國將「非和平方式包括抵制和禁運來解決台灣前途的任何努力，看作是對西太平洋地區的和平與安全的威脅」，美國將繼續向台灣提供「防禦性武器」，以及「維持美國的能力，以抵抗任何訴諸武力，或使用其他方式高壓手段，而危及台灣人民安全及社會經濟制度的行動」。
[40] 該法第3條規定，「美國將使台灣能夠獲得數量足以使其維持足夠的自衛能

約，也非來自於彼此協議，而是美國單獨以國內法規定。這應該算是中國內戰的遺產與延續，在美國的眼中，台灣是個不具完整國際法人，但對自己前途又有自我決定的被保護國。

美國在《八一七公報》中表示，因為中共在1979年1月1日《告台灣同胞書》和1981年9月30日所提出的九點和平計畫（《葉九條》）（詳如下節），已經表達出了願意和平解決台灣問題的立場，所以美國願意考慮對台灣逐年減少軍售。[41]美國認為，只要中共不改其和平解決政策，美國也將信守其承諾，但只要中共仍不放棄武力解決，美國的對台軍售仍將持續。

三、美國不介入兩岸事務

美國雖然願意用國內法來維護台灣的安全，但是美國的另一個界限是不願意被捲入台海兩岸的衝突，尤其是不願意因為兩岸偏離了彼此設定的界限，而被迫捲入漩渦。美國不願意介入台海的爭端，主張「中國人的事情由中國人自己去解決」。與兩岸同時發展關係對美國最為有利，捲入兩岸爭端對美國僅有害而無利，這也是自1979年起美國對兩岸的一貫態度。

美國與中共簽署《八一七公報》前的1982年7月14日，美國向

力的防衛物質和技術服務」。它並進一步指示總統：如果台灣人民的安全或社會或經濟制度遭受威脅，因而危及美國的利益時，應迅速通知國會。總統和國會將依憲法程序，決定美國應付上述危險所應採取的適當行動。

[41] 在《八一七公報》中美國對台軍售的立場為：「美國政府了解並欣賞中國在1979年1月1日告台灣同胞書和1981年9月30日所提出的九點和平計畫，想和平解決台灣問題的立場。有關台灣問題的新情勢，已為解決美國與中國間有關軍售台灣政策創造了良好的狀況」。（第5段）「由於雙方了解上述聲明，美國政府不尋求執行一項長期向台灣出售武器的政策，向台灣出售的武器在性能和數量上將不超過中美建交後近幾年供應的水準，並準備逐步減少它對台灣的武器出售，並經過一段時間導致最後的解決」。（第6段）

台灣表達六項保證，[42]這六點保證傳達了一項重要的訊息，即美國在軍售案中除了作爲客觀的平衡者外，也保證在兩岸中作爲客觀的觀察者，不介入作兩岸的調停者，也不向台灣施壓走向談判桌。

綜合《聯合公報》、《建交公報》、《八一七公報》等三個公報與《台灣關係法》的規範，有幾項原則架構出美國與兩岸三角關係間的框線。這些原則分別是：一個中國、和平解決、維持台海安定、美國不介入調停等等。兩岸與美國三角間在這些原則下，形成一種模糊的穩定關係。在與中共建交後，這些原則更可化約解釋爲「維持現狀」。誰要是跨越了這個「維持現狀」的框線，誰就成了一個「麻煩製造者」（trouble maker）。該位「麻煩製造者」就會引發三角關係的不穩，以及引起三者間的紛爭。

三公報與《台灣關係法》爲兩岸與美國三方面建立的共識與默契雖然包含著彼此對「一個中國」原則的共識，但是三公報與《台灣關係法》在對主權的認知上仍有很大的矛盾。中共也沒有力量干涉或阻礙美國對台灣具有國內法性質的《台灣關係法》制定與執行。美國也不介入對兩岸統獨的事務，只是希望兩岸能夠和平解決統獨的問題。美國在兩岸間扮演著「客觀平衡者」與「客觀觀察者」的角色。

三個公報所建立美國與中共的共識是，僅承認只有一個中國，中華人民共和國爲中國唯一的合法政府，只與台灣發展非官方關係。但是中共也間接同意了美國在對台軍售上的態度。

在冷戰期間，台海兩岸並沒有直接的互動，兩岸與美國三方

---

[42] 這六點保證爲：(一)美國並未同意在對台軍售上設定結束日期。(二)美國未同意中共要求就對台軍售事事先與其磋商。(三)美國無意扮演任何台灣與中共間調人的角色。(四)美國將不同意修改《台灣關係法》。(五)美國並未變更其對台灣主權的一貫主張。(六)美國無意對台灣施加壓力與中共進行談判。引自中華民國對美與中共《八一七公報》之聲明全文。

面的共同相互默契與共識是台灣不走台獨、兩岸追求統一。

四、美國支持兩岸良性互動

　　值得注意的是，美國未簽署《八一七公報》時，對兩岸是否互動的立場是保持中立客觀，既不鼓勵，也不阻礙，更不暗示雙方對抗。但是美國在美中台三角的基本框架確定後，有意無意地開始推動台灣對中國大陸的開放。從1985年開始，美國國務院在發言中就已開始透露，兩岸的互動與對話應可有助於美國的利益。1987年3月美國國務卿舒茲在上海表示，「我們歡迎有助於緩和台灣海峽緊張情勢的發展，包括間接貿易與日益頻繁的民間交流在內。我們堅定不移的方針是促進一個有利於這種發展繼續發生的環境」。[43]

　　在舒茲發表談話的幾個月後，1987年10月14日，我政府開放民眾赴大陸探親，不知是否是也有受到美國政策的影響，但可確定的，美國這項鼓勵兩岸交往的政策一直持續到冷戰後都沒有改變，預期以後也不會有變化，而差別在於美國會採用多強烈的字眼以促使我政府與中共的接觸，美國是否會間接或暗示地促使我走向談判桌。[44]

---

[43] Secretary George Shultz at a Banquet in Shanghai on March 5, 1987, *U.S. Department of State Bulletin* (May 1987)。見《美國月刊》，第2卷第1期，民國76年5月，頁110-7。

[44] 有關美國在冷戰末期支持兩岸開啓良性互動的看法，可詳閱張亞中、孫國祥，《美國的中國政策：圍堵、交往、戰略夥伴》，台北：生智，1999年，頁70-2。

冷戰後美國與兩岸的關係

一、改善與我政府行政關係

　　冷戰後，隨著台灣的經濟發展與民主化，柯林頓總統上台後表達了全面檢討對台關係的意願。自1993年起，美國開始1979年以來的首次全面評估與台灣的關係。直至1994年9月底評估結果出爐，對台政策作了一些調整，包括將「北美事務協調處」改爲「台北經濟暨文化代表處」、允許美國高層官員訪台、我高級官員可進入美國政府機構、美在台官員可進我外交部洽公、我高層領袖可過境美國等等。另一方面美國也表示「不支持台灣進入聯合國」。但是美國「認識到台灣在一些國際問題上可以正當地發揮作用（recognize that Taiwan has a legitimate role to play in a number of international issues），讓適當的國際組織聽到台灣的聲音，是符合國際利益與我們的利益」，於適當時機支持台灣加入不需主權國家地位的國際組織，並設法使台灣在無法以國家身分參加的國際組織中表達意見。美國對於聯合國等僅以國家身分爲會員的國際組織，不支持台灣參加。[45]

---

[45] 其主要內容爲：第一，將台灣在美國的非官方機構由「北美事務協調處」改爲「台北經濟暨文化代表處」（Taipei Economic and Cultural Representative Office）。第二，美國將允許其經濟與技術機關的高層官員，以及國務院較資深的經濟及技術官員訪台，並允許訪台的官員與台灣各層級官員晤談。第三，允許「美國在台協會」處長、副處長等所有職員進入外交部洽公。第四，允許美國和台灣的高級官員在白宮、國務院及舊行政辦公室以外的美國政府機構中會面。第五，允許副國務卿一級的官員在國務院以外的非官方場合與台灣代表就經濟和技術問題會面。第六，「美國不支持台灣進入聯合國」，但是美國「認識到台灣在一些國際問題上可以

這些變化中最重要之處是美國允許在一定程度上和級別上與台灣官方接觸，也支持台灣加入非官方國際組織，此對於提昇台灣的國家屬性及國際地位都有相當助益。但是美國公開表示不支持台灣加入以主權國家爲資格的組織，這將使得台灣在追求加入聯合國、世界銀行、國際貨幣基金會等國際組織事務上，美國政府不會支持台灣的加入行爲。這種明白的宣示美國立場，也等於爲美國對「一個中國」、「中華人民共和國政府是中國唯一的合法政府」，及美國與台灣關係的立場再作了一次定位。

二、美國不支持台灣加入聯合國

我國自1993年起積極尋求進入聯合國，美國國會雖然通過決議案支持我國加入，[46]但是美國行政部門的態度並不表示支持。1995年6月27日，美國國務院發言人伯恩斯（Nicholas Burns）就台灣加入聯合國事答覆記者稱：「依據聯合國憲章第4條，只有國家才有資格進入聯合國。美國與大多數聯合國成員國不承認台灣是一個國家。美國承認中華人民共和國爲中國唯一的合法政府，這是自1979年以來美國歷屆政府一再重申的一項政策決定。我們認識到中國的立場，即只有一個中國，台灣是中國的一部分。……

正當地發揮作用(recognize that Taiwan has a legitimate role to play in a number of international issues)，讓適當的國際組織聽到台灣的聲音，是符合國際利益與我們的利益」，於適當時機支持台灣加入不需主權國家地位的國際組織，並設法使台灣在無法以國家身分參加的國際組織中表達意見。美國對於聯合國等僅以國家身分為會員的國際組織，不支持台灣參加。第七，允許台灣高層領袖（總統、副總統、行政院長以及副院長）過境美國，其期間長短為正常所需，惟不得從事任何公開活動，每次過境將個案考慮。" Adjustments To U.S. Policy Toward Taiwan Explained," Transcript: Background Briefing at the State Department, September 9, 1994.

[46] 例如1995年4月7日，美國眾議院通過第63號決議案，以14項理由說明美國應該支持台灣加入聯合國。張亞中、孫國祥，《美國的中國政策》，頁150-2。

我們將繼續奉行一個中國的政策。因此，我認為這是處理這一問題的依據。」[47]

　　1995年8月3日，美國副助理國務卿韋德曼（Kent Wiedemann）在眾議院國際關係委員會上作證詞時，在台灣尋求加入聯合國一事上對美國的立場作了非常詳盡的說明，[48]他代表美國政府完整表達出不支持台灣加入聯合國的各項理由，包括了；(1)台灣在中共的反對下不可能加入聯合國。(2)美國對中共有公報上的法律與誠信承諾，不能支持台灣加入聯合國。(3)美國基於在聯合國需要中共的支持，不會支持台灣。(4)美國若支持台灣加入聯合國，將會破壞台海的和平與穩定。(5)美國若支持台灣加入聯合國，將使亞太地區陷入動盪，此不合乎美國的國家利益。總之，美國在該事的立場上，是首先基於現實主義的大國利益考量，其次在道德主張上，美國是為防止衝突發生以保護台灣人民安全。美國認為，如果美國支持台灣，反而會為兩岸帶來不可預測的災難，這反而不符合道德的需要。另外，美國也表示得非常清楚，台灣若想要進入聯合國，需與中共協商，只要台北與北京能達成協議，美國自然樂觀其成。

　　美國的明確表白，仍抵不住台灣領導階層追求進入聯合國的決心。1995年，台灣繼續推動該項政策，隨著台灣「務實外交」愈來愈積極，李登輝總統走訪了美國，中共方面的反應亦愈來愈強烈。該等因素皆在1996年的飛彈試射中全部一併爆發出來。

---

[47] U.S. Department of State, 95/06/27 Daily Press Briefing, Office of the Spokesman.

[48] United States Information Agency, *USLA News*, August 4, 1995.該發言中文內容請參考張亞中、孫國祥，《美國的中國政策》，頁153-5。

三、美國與中共建立「建設性的戰略夥伴關係」

在1996年3月我國總統大選期間，中共對我試射飛彈，引發美國派遣兩組航空母艦群至台灣海峽。但是在衝突後，美國與中共都加速與對方的關係。1997年10月底兩國同意「建設性的戰略夥伴關係」（Relations of Constructive Strategic Partnership），在10月27日的《聯合聲明》中，確定了雙方的意願：

> 「兩國元首決定，中美兩國通過增進合作，對付國際上的挑戰，促進世紀和平與發展，共同致力於建立中美建設性的戰略夥伴關係。為實現這一目標，雙方同意，從長遠的觀點出發，在中美三個聯合公報的原則基礎上處理兩國關係。」

在上述聲明中，中共與美國同意建立「建設性的戰略夥伴關係」外，中共特別將維繫兩國戰略夥伴關係的前提，指明是美國要遵守三個聯合公報。此舉等於是將「台灣問題」拉高到中共與美國關係的最核心地位。

四、美國對台的「三不政策」

1998年6月30日，美國總統柯林頓在上海公開了由「一個中國」所衍生的「三不政策」──不支持台灣獨立、不支持「一中一台與兩個中國」、不支持台灣參加以國家為主體的國際組織。這是美國總統首次在公開場合中，表示美國的「三不政策」。他說：

> 「我有機會重申我們的對台政策，即我們不支持台灣獨立或兩個中國、一中一台，而且我們也不相信台灣在任何成員以國家名義為入會條件的國際組織取得會籍，我們的政策是一

貫的。」[49]

在「三不」的談話後，柯林頓總統再接著強調和平解決問題的重要，以及鼓勵兩岸進行對話。他說：「我們一貫的政策是，問題必須循和平途徑解決。我國的法律對此有明文規定，而且我國也一再鼓勵台海兩岸進行對話。我認爲，如果有足夠的耐性而且腳踏實地去做，這件事會有具體的成果。」

從1993年中華民國積極尋求加入聯合國、1995年的李登輝總統訪美及1996年3月的台海危機，美中台三角關係再一次地在「一個中國」框架內重新詮釋。較之以往多的規範是，從「無意追求」到「不支持」台灣獨立、一中一台、兩個中國，再添加「不支持台灣參加以國家爲主體的國際組織」的共識，形成了未來三角關係中的新「正當性」限制。「台灣問題」也成了中共與美國間戰略夥伴關係能否維繫的前提或關鍵。

其他主要國家的態度

1949年中共在大陸獲得政權後，即以其代表中國法統政府以及主張台灣是中國的一部分爲重點。

在中華人民共和國政府成立的前兩天，「中國人民政府協商會議」通過「共同綱領」，其中第56條即申明，外國政府倘欲與中共政府建交，必須斷絕與我國的關係。由此可知，中共政府在宣告

---

[49] Remarks by the President and the First Lady in Discussion on Shaping China for the 21st Century, Shanghai Library, Shanghai, People's Republic of China, June 30, 1998. Available from http://www. whitehouse.gov/WH/New/China/speeches.html

正式成立前，即已經確定其在國際雙邊關係上，採行與我「誓不兩立」的政策。政府遷台後曾力倡「漢賊不兩立」的理念，固爲其基本政策，但是何嘗不是對中共方面遂行「誓不兩立」政策的反應。

中共在1970年以前與各相關國爲建交事所發表或簽署的文件中，雖然沒有「台灣法律地位」問題的條款，但絕非是中共對此有所輕忽。因爲當時中共認爲我國之所以能夠續留在聯合國都是由於美國的操縱，又認爲美國對台灣的協防是對中國領土的侵略，故中共經常在其他場合對台灣地位問題表示主張，如雙方領導人在國事訪問時發表的聲明等，其用語有如：「○國與中共譴責美國之武裝侵略中國領土台灣」、「○國支持中華人民共和國有關解放台灣之鬥爭及其對『兩個中國』之立場」。

約在1960年代末期起，中共將其對台灣地位問題的主張列入與各國相關的談判建交的重點之一。基本上可以分爲兩類。第一類是以「承認」（recognize）台灣是中國（或中華人民共和國）領土不可分割的一部分」的國家。[50] 第二類是以其他文字表述對台灣地位問題的看法。第二類又可分爲下列幾種：

(1)「注意到（take note of）台灣是中華人民共和國領土不可分割的一部分」。例如，加拿大、義大利、智利、比利時、秘魯、黎巴嫩、冰島、馬爾他、阿根廷、希臘、巴西、厄瓜多爾、哥倫比亞、象牙海岸等國。

---

[50] 例如：馬爾地夫、幾內亞比索、尼日、波扎那、約旦、葡萄牙、安地卡及巴布達、安哥拉、賴索托、玻利維亞、尼加拉瓜、那米比亞、愛沙尼亞、拉脫維亞、立陶宛、汶萊、哈薩克、塔吉克、吉爾吉斯、土庫曼、以色列、摩爾維亞、亞塞拜然、亞美尼亞、斯洛維尼亞、克羅埃西亞、喬治亞、捷克、斯洛伐克、厄利垂亞、馬其頓、安道爾、摩納哥、波士尼亞－赫塞哥維納等國。

(2)「注意到（pay attention to）台灣是中華人民共和國領土不可分割的一部分」，例如，聖馬利諾。

(3)「認為（hold）台灣是中華人民共和國領土不可分割的一部分」。例如，獅子山共和國。

(4)「充分理解和尊重」（fully understand and respect）中共所稱「台灣是中華人民共和國領土不可分割的一部分」，[51]例如，日本、菲律賓等國。

(5)「認識到（acknowledge）台灣是中華人民共和國領土不可分割的一部分」，例如，紐西蘭、西班牙、泰國、斐濟、塞席爾、約旦等國（惟中文文書均用「承認」）。

(6)「認識到（acknowledge）台灣是中國的一部分」，例如美國（中文文書用「承認」表示）。

(7)「支持（support）台灣是中國領土不可分割的一部分」，例如，白俄羅斯。

(8)「尊重（respect）只有一個中國及台灣是中國的一部分」，例如，南韓。

這些方式的表述，例如，「認識到」、「注意到」、「尊重」、「充分理解和尊重」等表述方式，的確迴避了國際法的一些問題，但是不可否認地這些表述的存在，正是足以證明有關台灣地位的確是一個政治問題而非法律問題。

基本上，在有關兩岸的定位問題上，其他西方大國，如英、法、德等國對於兩岸的關係，基本上是持「一個中國」政策，即承認中華人民共和國政府是中國的唯一合法政府，並不支持我國

---

51 〈中華人民共和國政府和日本國政府聯合聲明〉，《中華人民共和國條約集》，第19集（1972年），北京：人民出版社，1977年，頁6-8。

加入聯合國，但均與我國發展非官方關係，總體而言，是追隨著美國的腳步，並無特殊之舉。而且近年來隨著中共的國力日漸壯大，西方國家對中共的讓步越多。例如，法國曾因1991年秋批准出售軍艦、1993年初又同意出售幻象戰機與我國，而使得法國與中共的關係不佳。在法國欲與中共改善關係後，1994年1月12日雙方發佈聯合公報，法國不只「承認」中共是中國的唯一合法政府外，更「承認（reconait）台灣是中國領土不可分割的一部分」。

中共在國際間對我的打壓，使得我民眾認為，不應該在國際間再提「一個中國」，也有人認為應該對外宣稱「台灣不是屬於中國」，以避免外國誤會我國也承認「台灣是屬於中國的一部分」，而使我陷入自設的困境。當然，也有人認為唯有與大陸取得妥協，我國的外交處境才能開展，但也有人認為，即使我對中共示好，中共也絕不會放棄對我的外交打壓。

民眾對於發展兩岸關係與外交關係的看法

世界各國基於國際現實的考量，的確使得我國在國際間的活動空間受到很大壓力，也使得兩岸關係無法在國際間以平等的立場出現。這些發展使得台灣內部對於本身國際地位無法提昇而感到不滿與憂慮。有人基於目前中共在國際間處於強勢，因此主張「解鈴還須繫鈴人」，應以兩岸關係為主，認為當外交關係只有在兩岸關係改善後才有可能突破，但也有人認為不論外交關係會否造成兩岸關係的緊張，都應該繼續發展外交關係。

一、外交與兩岸關係何者重要

在歷年有關的民意調查，民眾在不同時期因爲不同事件會有不同的反映，但是主張「發展外交關係較爲重要」和「一樣重要」者都大於主張「發展兩岸關係較爲重要」者，這顯示大多數民眾的看法仍是傾向於外交關係的重要性不應落後於兩岸關係。

圖8-1中顯示了民眾對於兩岸與外交關係何者重要的看法。

二、發展外交關係的絕對必要性

歷年來，大多數人認爲如果發展外交關係會造成兩岸關係緊張，也贊成繼續發展外交關係。與不贊成者總是相差有四成左右，可謂差距不小。這顯示大多數民眾都認爲兩岸關係不能以犧牲外交關係爲代價。

圖8-2顯示如果發展外交關係會造成兩岸關係緊張，民眾贊不贊成繼續發展兩岸關係。

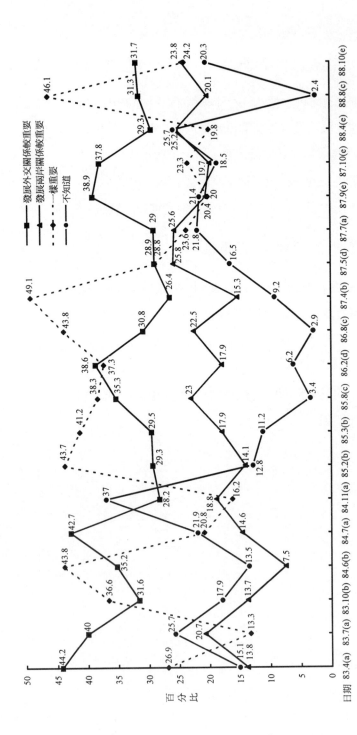

圖 8-1 民眾對於發展兩岸關係與外交關係的看法

調查單位：(a)政治大學選舉研究中心。(b)柏克市場研究公司。(c)中華徵信所。(d)中山大學民意調查研究中心。(e)中正大學民意調查研究中心。調查樣本數分別為 816、1209、1067、1067、1621、1151、1067、1067、1231、1067、1122、1098、1078、1107、1112、1067、1119 人。調查樣本 1600 人以上為當面訪問，其餘為電話訪問。調查對象為台灣地區 20-69 歲之成年人。

資料來源：行政院大陸委員會。

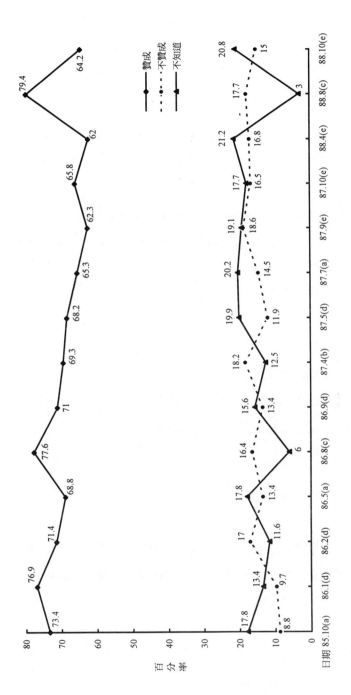

圖 8-2 如果發展外交關係會造成兩岸關係緊張,民眾對於是否繼續發展外交關係的看法

調查單位:(a)政治大學選舉研究中心。(b)柏克市場研究公司。(c)中華徵信所。(d)中山大學民意調查研究中心。(e)中正大學民意調查研究中心。調查樣本數分別為 1226、1206、1231、1211、1067、1240、1067、1122、1098、1107、1112、1078、1067、1119 人。調查樣本 1600 人以上為當面訪問,其餘為電話訪問。調查對象為台灣地區 20-69 歲之成年人。

資料來源:行政院大陸委員會。

問題與討論

問　題

一、台灣已在1945年歸還了中華民國，請述明國際法的理由。

二、試述「台灣法律地位未定」論的由來及美國對台灣法律地位的看法。

三、1950年代美國如何對待我國，對我們反攻大陸有什麼限制？

四、聯合國《第二七五八號決議案》的內容為何？對我國產生什麼樣的影響？

五、美國與中共間所謂的「三公報一法」是指哪些文件？在何時、因為什麼原因而形成？

六、試述美國對「一個中國」的看法及其演變。

七、美國面對兩岸關係的基本原則為何？

八、何謂美國對台的「三不政策」？請述其成因、內容及影響。

九、美國為什麼不支持我們加入聯合國？

討　論

一、你對台灣地位的看法？它到底是一個政治問題還是法律問題？

二、你覺得「認識到」和「承認」台灣是中國（或中華人民共和國）的一部分的兩種表述方式，到底有沒有實質上的差異？你覺得世界上多數國家會有這種表述，我國也主張「台灣是中國（不是指中華人民共和國）的一部分」是否也有責任？

三、你對美國「三不政策」的看法為何？你認為我國是否應該持續不斷追求加入聯合國？

四、假如你是美國政府人員，你會否支持我國加入聯合國？如果你是中共官員，你會否反對台灣加入聯合國？請說明你的理由。

五、你認為「外交」與「兩岸」應以何者為重？

六、如果發展外交關係會造成兩岸關係緊張，你贊不贊成仍然繼續發展外交關係？請說出你的理由。

七、你認為美國、日本、歐洲、東南亞、韓國等國家會希望兩岸關係往哪個方向發展？統一？獨立？還是永遠維持現狀？請說出你的理由。你有沒有和外國的朋友討論過？他們的看法如何？

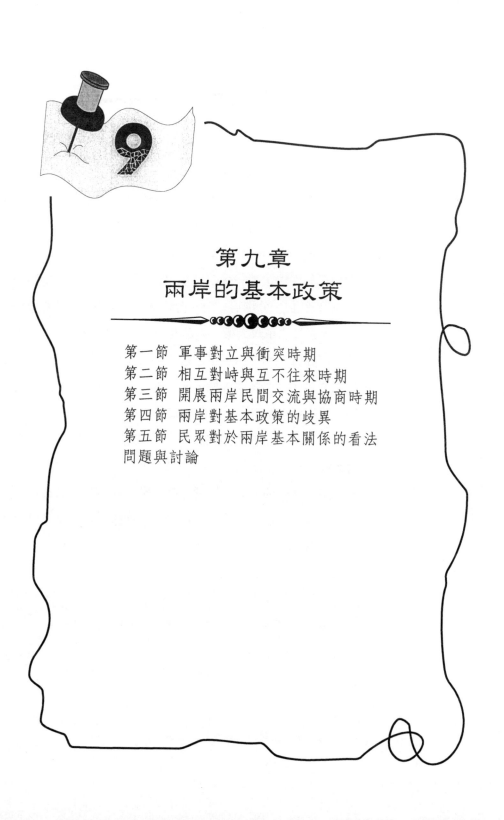

第九章
兩岸的基本政策

第一節 軍事對立與衝突時期
第二節 相互對峙與互不往來時期
第三節 開展兩岸民間交流與協商時期
第四節 兩岸對基本政策的歧異
第五節 民眾對於兩岸基本關係的看法
問題與討論

軍事對立與衝突時期（1949-1978）[1]

　　這個階段兩岸處於緊張對立狀態，我方誓言反攻大陸，中共則處心積慮想用軍事手段「解放台灣」。雙方並有數度大規模之直接軍事衝突。雙方互動情形可以用**表 9-1** 表示。

　　值得一提的是，在 1960 年毛澤東與周恩來即已制定了中共第一個對台綱領性決策「一綱四目」。其內容為：「一綱」是指台灣回歸祖國。「四目」分別為：一、台灣回歸祖國後，除外交須統一於中央外，當地之軍政大權、人事安排等「均委於蔣」。二、所有軍政及經濟建設一切費用不足之數由中央撥付。三、台灣的社會改革可以從緩，必俟條件成熟，並尊重各方意見，協商決定後進行。四、雙方互不派特務，不做破壞對方之舉。

　　該「一綱四目」的重點在於第一、二點，表示在台灣的中華民國將放棄國號，回歸於北京的中華人民共和國中央政府，台灣可以有當地的軍政與人事自治權。第三點是指台灣可以暫時不必行使中國大陸的社會主義改革。我政府對這種等於是要自己投降的政策自然沒有給予回應。

---

[1] 本章主要參考資料：《台海兩岸關係說明書》，台北：行政院大陸委員會，民國83年。行政院大陸委員會，《大陸工作參考資料》（合訂本，第壹、貳冊），台北：民國87年。中國國民黨中央委員會大陸工作會編，《中共對台政策及兩岸關係之研究》，台北：民國85年7月。中共中央台灣工作辦公室、國務院台灣事務辦公室，《中國台灣問題》，幹部讀本，北京：九洲圖書，1998年。吳安家，《台海兩岸關係的回顧與前瞻》，台北：永業，民國85年11月。邵宗海，《大陸政策與兩岸關係》，台北：華泰書局，民國85年3月2版。邵宗海，《兩岸關係：兩岸共識與兩岸歧見》，台北：五南，87年2月。張讚合，《兩岸關係變遷史》，台北：周知文化，1996年。趙健民，《兩岸互動與外交競逐》，台北：永業，83年。

表 9-1　1949-1978 年間兩岸的基本政策互動

1949-1978	軍事對立與衝突時期	
	第一代領導人	第一代領導人
主要人物	毛澤東、周恩來、朱德	蔣中正
主／被動	主動	被動
政策口號	偏重「武力解決」,但不排除「和平爭取」。	從「軍事反攻大陸」到「以三民主義光復大陸」。
作法	武力階段 1.1955 年攻打金門、一江山、大陳,引發第一次台海危機,考驗美國執行《共同防禦條約》的誠意。 2.1956 年發言「爭取和平解放台灣」。 3.1957 年毛澤東提出「第三次國共合作」。 4.1958 年發動「八二三砲戰」,引發第二次台海危機。 5.「一綱四目」的對台政策。	防禦為主 1.1954 年韓戰結束,美國與我簽署《共同防禦條約》。 2.1955 年 1 月美國國會通過《台灣決議案》。 3.1958 年 10 月美國與我發表《聯合公報》,我光復大陸非憑藉武力,而是三民主義。
	外交手段 1.1962 年起「外交下手」,每年透過邦交國在聯合國提案。 2.1971 年進入聯合國。 3.1972 年與美國發表《上海公報》。	
原則	1.「祖國」即是「中華人民共和國」。 2.「中央政府」在北京,台灣是「地方政府」。 3.台灣「回歸」後,除「外交必須統一於中央」外,其他軍、政、人事等不插手。	視中共為叛亂團體,堅持漢賊不兩立,要光復大陸,解救苦難同胞。
訴求對象	國民黨、蔣中正	大陸人民

作者自行製表

相互對峙與互不往來時期（1979-1987）

　　中共與美國建交後，對我展開和平統戰，於 1979 年 1 月中共「全國人民代表大會常務委員會」發表《告台灣同胞書》，提出「和平統一祖國」及「三通」主張，並停止對金、馬砲擊。其後又有「人大委員長」葉劍英提出《葉九條》，以及鄧小平提出「一國兩制」作爲其解決所謂「台灣問題」的模式。1981 年 4 月，我執政黨中國國民黨召開第十二次全國代表大會，並通過以「貫徹三民主義統一中國」爲核心內容的政治宣言，使「三民主義統一中國」成爲政府大陸政策的指導思想，並提出「政治民主化、經濟自由化、文化中國化、社會多元化」的「四化」主張。茲製表說明如**表 9-2**。

　　茲再詳述如下：

一、《告台灣同胞書》vs.「三不政策」與「三民主義統一中國」

（一）中共的看法

　　1978 年 12 月中共已決定與美國建交，中共的對台政策也進入新時期，其對台口號也由「和平解放台灣」改爲「和平統一祖國」，此後並未再出現「解放台灣」的說法。中共並在「十一屆三中全會」上修正「一綱四目」的第三目，將原來的「台灣之社會改革可以從緩」，改爲「台灣目前的社會制度、生活方式、外國投資和商業來往，都可以不變」。

表 9-2　1979-1987 年間兩岸的基本政策互動

1979-1987	相互對峙與互不往來時期	
	第二代領導人	第二代領導人
主要人物	鄧小平、葉劍英	蔣經國、孫運璿
主／被動	主動	被動
政策口號	「和平統一、一國兩制」、「不放棄武力」	「三民主義統一中國」
作法	1.1979 年與美國建交，發表《告台灣同胞書》。 2.1981 年 9 月《葉九條》。 3.1983 年鄧小平「一國兩制」。	1.1979 年 4 月蔣經國提出「三不政策」。 2.1980 年蔣經國主張「三民主義統一中國」。 3.1981 年 4 月國民黨通過「三民主義統一中國」案。
原則	1.「一個中國」就是「中華人民共和國」，台灣是中國的一部分。 2.北京是「中央政府」，台灣是「地方政府」，可為「特別行政區」。 3.代表「主權」的外交由中共「中央政府」辦理，其他對外經濟、文化等交往，以及軍隊人士、制度、審判等均由台灣自理。	1.視中共為叛亂團體。 2.拒絕中共的和平統戰技倆。 3.統一應以全體中國人的意願為基礎，兩岸差距縮小，中國自然統一。 4.呼籲中共「四化」：政治民主化、經濟自由化、文化中國化、社會多元化。
訴求對象	國民黨、蔣經國	全體中國人

作者自行製表

　　1979 年 1 月 1 日，中共與美國建交。當天，中共也宣佈停止砲擊大、小金門及大、二膽等島嶼。也是同一天，中共「全國人大常委」發表《告台灣同胞書》。其內容包括：(1)以民族主義號召統一。(2)尊重台灣現狀。(3)與台灣當局共同一個中國，反對台獨

的立場。(4)寄望於台灣人民，也寄希望台灣當局。(5)兩岸應儘快實現通郵、通航，以利雙方同胞直接接觸，互通訊息，探親訪友，旅遊參觀，進行學術文化體育工藝觀摩（即「三通四流」）。

1979 年 1 月 30 日，鄧小平在華盛頓對參眾兩院發表演講，正式宣布不再用「解放台灣」這個提法。

(二)我政府的反應

在大陸方面發表《告台灣同胞書》後，十天後，1979 年 1 月 11 日，中華民國行政院長孫運璿在行政院院會發表「嚴正聲明」，作為對《告台灣同胞書》的駁斥。他認為中共發表《告台灣同胞書》以及中止砲擊金門、要求通航、通商、談判等行為，都是和平的謊言，目的在「迷惑美國人民，欺騙美國國會與輿論界，企圖軟化他們支持中華民國的意願，破壞台灣海峽和亞太地區的安定與和平；特別是要鬆弛我們的戰志，影響我們的民心士氣，乃至於為它未來的軍事行動創造有利的條件」。[2]

1979 年 4 月 4 日，蔣經國以國民黨主席身分發言稱：「我們黨根據過去反共的經驗，採取不妥協、不接觸、不談判的立場，不唯是基於血的教訓，是我們不變的政策，更是我們反制敵人最有效的利器。」[3]這就是政府當時因應中共《告台灣同胞書》所採取的政策，也就是俗稱的「三不政策」。

另一方面，我政府也採取了主動的行為，承襲著 1958 年在《中美聯合公報》中的說法，蔣經國先生在 1980 年 1 月 9 日明確表示，未來將以「三民主義統一中國」的看法。1981 年 4 月 2 日，國民黨十二全大會通過《貫徹以三民主義統一中國案》，聲稱：「三民

---

[2] 《反擊共匪統戰參考資料彙編》，台北：中國國民黨中央委員會大陸工作會，民國76年，頁119-22。
[3] 《反擊共匪統戰參考資料彙編》，頁123。

主義救中國，共產主義禍中國，已由近半個多世紀中國歷史，特別是三十一年來海峽兩岸不同的制度與經驗所證明。因此，三民主義為全體中國人民所擁護，共產主義為全體中國人所唾棄。以三民主義統一中國，乃成為當前海內外全體中國人一致的心聲，更是中國國民黨全體同志一貫追求的目標與應盡的職責。」

二、《葉九條》vs.兩岸差距縮小，統一障礙自然減少

（一）中共的看法

在《貫徹以三民主義統一中國案》提出約半年後，1981 年 9 月 30 日，中共再提出了非正式的回應，中共人大常委葉劍英發表《進一步闡明關於台灣回歸祖國、實現和平統一的方針與對策》，即俗稱之《葉九條》，重點內容如下：

(1)國共兩黨對等談判，實現第三次合作。

(2)雙方共同為「三通四流」達成有關協議。

(3)國家實現統一後，台灣為特別行政區，享有高度自治權，並保留軍隊。

(4)台灣現行社會、經濟制度，生活方式，同外國經濟文化關係不變。

(5)台灣各界人士可擔任全國政治機構的領導職務。

(6)台灣財政有困難時，中央酌情補助。

(7)台灣各界人士往大陸定居不受歧視、來去自由。

(8)歡迎前往大陸投資。

(9)歡迎提供建議，共商國事。

這九條中，最重要的是第三條與第四條。第三條首次正式提出「特別行政區」、「高度自治權」、「保留軍隊」等基本原則；第四條則揭示「社會經濟制度，生活方式，同外國經濟文化」的「三不變」原則。這表示，中共承諾在統一後，除了中華民國改爲中共憲法體制下的「特別行政區」外，其餘都不會有多大的改變。在 1982 年中共的新憲法中，還特別爲此構想在第三十一條增列：「國家在必要時得設立特別行政區。在特別行政區內實行的制度按照具體情況由法律規定。」

(二)我政府的反應

《葉九條》公佈後，1982 年 6 月 10 日，行政院長孫運璿先生發表回應。首先他明白表示對中共「和談」技倆的不信任。他說：「中共的『和談』建議，引起了全世界各國的注意。我們則始終認爲，這是中共製造的和平假象，只是欺騙世人的統戰技倆。因爲這些建議，還附帶了兩個先決條件：第一個是要讓中華民國政府降爲中共統治下的一個『地方政府』；第二個是如果和談決裂，他們就不排除以武力侵犯台澎金馬。所以，中共所謂的『和談』建議，實際就是企圖併吞在台灣的中華民國。根據慘痛的歷史教訓，我們再不會，也絕不會上中共的當。」

其次，孫運璿先生提出了重要的看法，他認爲只有在大陸的政治、經濟、社會、文化等各方面與台灣差距變小後，兩岸的統一才可能會自動達成。他說：「我們認爲中國的統一應該以全體中國人民的自由意願爲基礎。我們希望中共不要只是在一些枝枝節節的問題上兜圈子、耍花招，也不要做些姿態來迷惑國際人士；而應儘速放棄『四個堅持』，加緊改變生活方式。只要在大陸上的政治、經濟、社會、文化等各方面與自由中國的差距不斷縮小，

中國和平統一的條件就自然會漸趨成熟，到那個時候，統一的障礙自然就會減少了。」[4]

三、「一國兩制」

1983 年 6 月，鄧小平發表對兩岸和平統一的「設想」，後被視為中共「一國兩制」政策的確立。該「設想」分別為：

(1)和平統一的方針不變，但是核心是「統一」。

(2)統一後在國際上代表中國的只能是「中華人民共和國」。

(3)統一後「台灣特別行政區」有自己的獨立性，還可以有自己的軍隊，司法可以獨立。黨、政、軍等系統都由台灣自己來管，但是不能「完全自治」。「完全自治」就是「兩個中國」。

(4)統一的方式是兩黨（共產黨與國民黨）平等談判，不提中央與地方的談判，但談判中外國不能插手。

在中共中央台灣工作辦公室、國務院台灣事務辦公室 1998 年出版的幹部讀本中，將其整理為鄧小平的「六點設想」，其重點如下：[5]

(1)「一國兩制」的基礎是一個中國，在國際上代表中國的只能是中華人民共和國政府，國家的領土和主權不能分割。

(2)「一國兩制」的核心問題是祖國統一。

(3)「一國兩制」的「兩制」是指在中國國內可以兩種制度長

---

[4] 孫運璿，〈中國問題與中國統一〉，《反擊共匪統戰參考資料彙編》，頁138-41。

[5] 中共中央台灣工作辦公室、國務院台灣事務辦公室，《中國台灣問題》，幹部讀本，北京：九洲圖書，1998年，頁70-2。

期並存，共同發展，由憲法規定設置特別行政區，在特別
行政區內，原有的社會經濟制度、生活方式、同外國的經
濟文化關係不變，私人財產、房屋、土地、企業所有權、
合法繼承權和外國投資等方面都得到切實保障。

(4)「一國兩制」的主體是社會主義。

(5)實行「一國兩制」，台灣與香港有所不同。

(6)實行「一國兩制」長期不變，且有法律保證。

這個時期與第一個時期一樣，仍是中共處於主動，而台灣處
於被動。例如在第一時期，台海兩次軍事衝突都是中共主動挑起，
台灣被迫還擊。在這個時期，中共提出「國共對等談判」，台灣方
面則以「三不政策」拒之；中共提出「一國兩制」，台灣方面則提
出「三民主義統一中國」以為回應。

另外，在這個時期雙方沒有任何官方的接觸。台灣內部雖然
有些商人與大陸進行間接貿易，但都被政府認定為非法的行為。

開展兩岸民間交流與協商時期（1987-　　）

在這個階段，中共的領導人可以江澤民為核心代表，其具體
主張仍是延續「和平統一、一國兩制」。在我政府方面，則可再分
為兩個階段，第一階段可稱之為「後蔣經國時期」，或「李登輝前
期」，仍是以「三民主義統一中國」為基本內涵，開放大陸探親，
制訂「國家統一綱領」，以作為推動兩岸關係的進程依據；第二個
階段可稱為「李登輝時期」，除延續前期的政策外，並全力拓展國
際活動空間，對中共的態度從開放到謹慎。中共在李登輝時期分

表 9-3　1987 年後兩岸的基本政策互動

1987-	開展兩岸交流與協商時期	
	第三代領導人	第三代領導人
主要人物	江澤民	李登輝
主／被動	被動	主動
政策口號	「和平統一、一國兩制」、「不放棄武力」。	以「國家統一綱領」爲依據的交流。
作法	1.1993 年「台灣問題與中國的統一」白皮書。 2.1995 年《江八點》。 3.1996 年中共對台試射飛彈，遏制台獨聲浪，引發可能的第三次台海危機。	1. 1987 年蔣經國開放探親。 2.1990 年國統綱領。 3.1994 年《台海兩岸關係說明書》。 4.1995 年《李六點》。
原則	一、1995 年以前： 1.「一個中國」就是「中華人民共和國」，台灣是中國的一部分。 2.北京是「中央政府」，台灣是「地方政府」，可爲「特別行政區」。 3.代表「主權」的外交由中共「中央政府」辦理，其他對外經濟、文化等交往，以及軍隊人士、制度、審判等均由台灣自理。 （以上同第二階段） 二、1995 年以後： 進行對台灣的「反分裂、反台獨鬥爭」 4.反對「兩岸分裂分治」主張。 5.反對「主權共享、治權分屬」的主張。 6.兩岸未來不能用邦聯、聯邦制模式。 7.反對台灣分裂勢力在「民主」口號下進行分裂活動。 8.堅持反對用公民投票決定台灣的地位與前途。	一、1994 年以前： 1.一個中國就是中華民國；台灣與大陸均爲中國的一部分。 2.在兩岸關係上主張爲「兩個政治實體」。 二、1994 年以後： 1.「一個中國」的過去式：「一個中國」是指歷史上、地理上、文化上、血緣上的中國。 2.「一個中國」的現在式：「一個分治的中國」，兩岸目前處於分治狀態。 3.「一個中國」的未來式：「一個民主、自由、均富、統一的中國」。 4.在外交上，強調「中華民國是一個主權獨立的國家」。 5.依據國統綱領進程完成未來中國的統一。 6.暫時擱置有關中國的主權爭議。
訴求對象	李登輝；既寄望於台灣當局，更寄望於台灣人民；加強與台灣各黨派、團體有代表性的人交往。	向全世界人民及台灣人民訴求爲主，以鞏固台灣的主體性。

別在政策文件上推出「台灣問題與中國的統一」白皮書，以及「江八點」的談話。而我政府的回應則是「李六點」的發布。

另外，中共並自「江八點」的談話後，開始積極「反分裂與反台獨」的宣傳與從事一連串的軍事演習。台灣方面，李登輝總統在 1999 年提出「特殊的國與國關係」作爲兩岸關係定位的看法，可以看成是「李登輝後期」的最重要一次政策性的宣示。

與前兩個時期中共是採主動，而我政府採被動回應不同，在第三個階段，我政府是居於主動地位。

一、《國統綱領》

(一)《國統綱領》精神

首先是 1987 年 11 月 2 日，我政府基於傳統倫理與人道的考慮，開放人民赴大陸探親，結束兩岸近四十年的隔絕狀態，值得兩岸互動關係從完全隔離進展到民間交流。

1990 至 1991 年總統府國統會制定《國家統一綱領》，1991 年 3 月行政院院會通過《國家統一綱領》，成爲政府推展兩岸關係的指導原則，確定了我政府未來大陸政策的階段性目標，及國家未來統一的遠景藍圖。《國統綱領》在前言部分即表明：

> 「中國的統一，在謀求國家的富強與民族的長遠發展，也是海內外中國人共同的願望。海峽兩岸應在理性、和平、對等、互惠的前提下，經過適當時期的坦誠交往、合作、協商，建立民主、自由、均富的共識，共同建立一個統一的中國。」

《國統綱領》還將邁向統一的階段分爲：近程－交流互惠；中程－互信合作；遠程－協商統一等三個階段。

基本上，《國統綱領》的整個內涵，可以「一、二、三、四」來表達：一是指「一個中國」；二是指「兩個政治實體」；「三」是指邁向統一的「近程、中程、遠程」三個階段；「四」是指兩岸應秉持交往的「理性、和平、對等、互惠」等四項原則。

　　1991 年 4 月 30 日，李總統登輝先生宣告動員戡亂時期於 5 月 1 日零時終止，並依據國民大會之決議，宣告同時廢止《動員戡亂時期臨時條款》，在憲政層次上，不再將中共視為叛亂組織，此為我國公布《國家統一綱領》後對中共善意的表示。

　　這個宣告在兩岸關係上有兩個重大的含義：第一，它表示我政府正式而且率先片面放棄以武力方式追求國家統一；第二，我政府不再在國際上與中共競爭「中國代表權」。我政府認為「中國只有一個」，但「台灣與大陸都是中國的一部分」，「中共不等於中國」，在中國尚未達成最後的統一以前，兩者既處於分治局面，理應各自有平行參與國際社會的權利。[6]

（二）「一個中國」的涵義

　　1992 年 8 月 1 日，國統會會議通過對「一個中國」的涵義稱：

> 「海峽兩岸均堅持『一個中國』之原則，但雙方所賦予之涵義有所不同。中共當局認為『一個中國』即為『中華人民共和國』，將來統一以後，台灣將成為其轄下的一個『特別行政區』。我方則認為『一個中國』應指一九一二年成立迄今之中華民國，其主權及於整個中國，但目前之治權，則僅及於台澎金馬。台灣固為中國之一部分，但大陸亦為中國之一部分。民國三十八年（公元一九四九年）起，中國處於暫時分裂之

6　《台海兩岸關係說明書》，台北：行政院大陸委員會，民國83年，頁23。

狀態，由兩個政治實體，分治海峽兩岸，乃為客觀之事實，任何謀求統一之主張，不能忽視此一事實之存在。」

我政府這個時候是將主權與治權分開來談，一方面認為「一個中國」仍具有政治性的涵義，即「一個中國」就是從 1912 年成立迄今的中華民國，並認為中華民國的主權仍及於整個中國，但另一方面則承認現在的治權僅在台澎金馬地區。這等於是呼應廢止《動員戡亂時期臨時條款》，在憲政層次上，不再將中共視為叛亂組織的看法，視中共為一合法統治大陸的政權。

（三）「一個中國」涵義的轉變

我政府對「一個中國」所代表的涵義看法轉變是在 1993 年政府決定積極推動加入聯合國之後。基於國際間多承認「中華人民共和國政府是中國的唯一合法政府」，而使得我政府「一個中國」就是「中華民國」的見解幾乎不被任何國家所認同。因此我政府轉將「一個中國」作了「去政治化」的解釋，而認為「一個中國是指歷史上、地理上、文化上、血緣上的中國」，並將「一個中國」界定在未來統一的中國。

換言之，我政府等於已經非正式地放棄了「一個中國就是中華民國」、「中華民國主權涵蓋整個中國」的立場，而開始少談「政治實體」，多提「中華民國是個主權獨立的國家」。另外，我政府已不再多提「一個中國」，而強調「兩岸分裂分治」的觀念，並認為「一個中國」的說法反而會使我掉入中共的陷阱，使我推動外交受限。我政府的這種看法，以及積極尋求加入聯合國的行動，自然引起中共的質疑。

二、《台灣問題與中國的統一》vs.《台海兩岸關係　說明書》

(一)《台灣問題與中國的統一》白皮書

　　1993 年 8 月 31 日，中共針對我政府尋求加入聯合國，發佈《台灣問題與中國的統一》白皮書。該白皮書再次完整地將中共對兩岸的未來及應有的關係作了詳盡的闡明，再次重申「中國政府解決台灣問題的基本方針是『和平統一、一國兩制』」，包括下列「一個中國」、「兩制並存」、「高度自治」、「和平談判」、「不承諾放棄武力」、「涉及主權須中共同意」六個基本點。其重要內容如下：[7]

(1)一個中國：

　　「世界上只有一個中國，台灣是中國不可分割的一部分，中央政府在北京。這是舉世公認的事實，也是和平解決台灣問題的前題。中國政府堅決反對任何旨在分裂中國主權和領土完整的言行，反對『兩個中國』、『一中一台』或『一國兩府』，反對一切可能導致『台灣獨立』的企圖和行徑。海峽兩岸的中國人民都主張只有一個中國，都擁護國家的統一。台灣作為中國不可分割的一部分的地位是確定的、不能改變的，不存在什麼『自決』的問題。」

(2)兩制並存：

　　「在一個中國前題下，大陸的社會主義制度和台灣的資本主義制度，實行長期共存，共同發展，誰也不吃掉誰。……」

---

[7] 《大陸工作參考資料》，行政院大陸委員會，民國八十三年版，頁229-48。

(3)高度自治：

「統一後，台灣成為特別行政區。它不同於中國其他一般
省區，享有高度的自治權。它擁有在台灣的行政管理權、
立法權、獨立的司法權和終審權；黨、政、軍、經財等事
宜都自行管理；可以同外國簽訂商務、文化等協定，享有
一定的外事權；有自己的軍隊，大陸不派軍隊也不派行政
人員駐台。……」

(4)和平談判：

「通過接觸談判，以和平方式實現國家統一…。」

(5)不承諾放棄武力。

(6)國際事務中涉及政治主權問題要經過中共的同意。

(二)《台海兩岸關係說明書》

1994 年我政府公佈的《台海兩岸關係說明書》，很清楚地說明
了現階段大陸政策的基本立場。其中包括：

(1)中華民國是個主權獨立的國家：

「中華民國自西元一九一二年創立以來，在國際間始終是
一個具獨立主權的國家，這是個不爭的歷史事實。但是，
在兩岸關係的處理上，雙方既不屬於國與國間的關係，也
有別於一般單純的國內事務。」

(2)兩岸間的定位為「一個中國、兩個政治實體」：

「為使兩岸關係朝向良性互動的方向發展，中華民國政府
務實地提出『政治實體』的概念，作為兩岸互動的基礎。
所謂『政治實體』一詞其含義相當廣泛，可以指一個國家、
一個政府或一個政治組織。」

「《國家統一綱領》提出『一個中國、兩個對等政治實體』

的架構，來定位兩岸關係，其主要內涵包括：(1)中華民國的存在乃是不容否認的事實。(2)『一個中國』是指歷史上、地理上、文化上、血緣上的中國。(3)兩岸的分裂分治只是中國歷史上暫時的、過渡時期的現象，經由兩岸共同的努力，中國必然會再度走上統一的道路。因此，在追求統一的過程中，兩岸可先經由民間事務性交流，消除彼此間的敵意，進而營造統一的條件；雙方在國際上互相尊重而非彼此排斥；以及雙方放棄以武力做為實現統一的手段。(4)為兩岸的政治談判預留空間。正因為中國目前是分裂為兩個政治實體，才要經由交流和談判，使它合而為一。而《國家統一綱領》也明確規定在遠程協商統一階段，兩岸成立『統一協商機構』，經由談判方式完成國家統一架構的規劃。」

(3)兩岸應暫時擱置主權的爭議：

「現階段兩岸的互動，唯有暫時擱置『主權爭議』的問題，才能解開四十餘年的結，順利朝統一的方向發展。而『政治實體』正是解開這個結的最佳選擇。」

(4)不接受「一國兩制」的主張：

「中華民國對兩岸目前暫時分裂分治的認定，與中共『一國兩制』的說法，有著絕對不同的內涵。我們認為，傳統觀念的中國現已分裂為兩個政治實體，即實行社會主義制度的大陸地區，以及實行民主自由體制的台灣地區。依照中共的說法，其所稱的『一國』是指『中華人民共和國』，中華民國管轄下的台灣，則只是中共統治下的一個『特別行政區』，雖可在中共的同意下享受有限的『高度自治』，但不能違背中共的『憲法』與中共『中央政府』的旨意。

這不但完全無視中華民國的存在，更是假中國統一之名，行兼併台澎金馬之實。至於中共所設計的『兩制』，彼此在地位上也不相等，大陸地區所實施的社會主義被其視為主體，而台灣地區實行的三民主義只能為輔，且只能在過渡時期存在。至於『兩制』的內涵與時效，中共當局認為其擁有解釋權與最後決定權。因此，『兩制』乃是任由中共宰制的一種權宜措施，本質上，仍是一種主從關係，一制代表中央，另一制代表地方，在此安排下，台灣地區終須被迫放棄民主自由制度，完全接受中共設定及安排的制度。明確地說，『一國兩制』的目的，是要中華民國向中共全面歸降，要台灣地區人民在一定時間後放棄民主自由制度。因此，中共的這項主張，客觀上並不可行，主觀上我們也絕不接受。」

「中華民國政府認為，就政治現實而言，中國目前暫時分裂為兩個地區，分別存在著中華民國政府與中共政權兩個本質上完全對等的政治實體。雖然雙方所管轄的土地、人口與所推行的制度不同，但兩者在互動過程中自應平等對待，並各自在其所管轄的區域內，享有排他的管轄權，任何一方並無法在對方地區內行使治權，也不應該將其意志假主權之名強加於另一方。」

(5) 堅持追求中國統一的目標，但以循序漸進方式推動：

「中華民國政府堅決主張『一個中國』，反對『兩個中國』與『一中一台』。中華民國政府同時也主張在兩岸分裂分治的歷史和政治現實下，雙方應充分體認各自享有統治權，以及在國際間為並存之兩個國際法人的事實，至於其相互間之關係則為一個中國原則下分裂分治之兩區，是屬於『一

國內部』或『中國內部』的性質。我們的主張極其務實；這些主張亦與『兩個中國』或『一中一台』的意涵完全不同。」

「中華民國政府以『一個中國、兩個對等政治實體』做為兩岸關係定位的架構，期望兩岸關係朝向和平、務實、理性的方向發展。中共當局應瞭解，此一做法乃是促進中國統一的最佳選擇。在兩岸交流過程中，中共應祛除對中華民國政府追求國家統一目標與決心的懷疑。如何在分裂分治的現實基礎上，積極營造統一的有利條件，使兩個不同『政治實體』逐漸融合為『一個中國』，應當是中共當局急需思考的方向。其次，對於中國的統一，台海兩岸應採取穩健的政策，不宜操之過急，所謂『欲速則不達』。只要兩岸具有統一的誠意和決心，統一的目標終會實現。同時，中國人不能為統一而統一，而應統一在一個合理、良好的政治、經濟、社會制度和生活方式之下。因此，我們主張海峽兩岸應全力為建立一個民主、自由、均富、統一的中國而努力。經由雙方共同的努力，一旦兩岸的意識形態、政治、經濟、社會差距縮小，中國統一自可水到渠成。」

三、《江八點》vs.《李六點》

(一)《江八點》

　　1995 年 1 月 30 日農曆春節前夕，中共國家主席江澤民發表「為促進祖國統一大業的完成而繼續奮鬥」的講話，提出八點有關「現階段發展兩岸關係、推進祖國和平統一進程的若干重要問題」的看法和主張。這項中共自己稱之為通常被視為《江八點》的主要

內容為：

(1)堅持一個中國的原則，是實現和平統一的基礎和前提。堅決反對「台灣獨立」、「分裂分治」、「階段性兩個中國」的主張。

(2)對於台灣同外國發展民間性經濟文化關係，不持異議。

(3)進行海峽兩岸和平統一談判，並達成消除敵意的諒解。在一個中國的前提下，什麼問題都可以談，當然也包括台灣當局關心的各種問題。

(4)中國人不打中國人，但不承諾放棄武力。

(5)不以政治干擾兩岸經濟共同繁榮；贊成簽訂保護台商的民間性協議。

(6)中華文化是和平統一的一個重要基礎。

(7)尊重台胞生活方式和當家作主的願望。

(8)歡迎台灣當局領導人以適當身分前往大陸訪問，江澤民也願受邀訪台灣。

中共後來在 1998 年 8 月出版的中共幹部讀本《中國台灣問題》書中，將其列為中共「繼《告台灣同胞書》、《葉九條》、《鄧六條》之後又一份系統性闡述中國共產黨和中國政府對台政策的綱領性文件」。該書將江澤民的「八項主張」的講話，精簡為：[8]

(1)堅持一個中國的原則，是實現和平統一的基礎和前提。

(2)海峽兩岸和平統一談判可以分步驟進行。

(3)努力實現和平統一，但不承諾放棄使用武力。

---

8 中共中央台灣工作辦公室，國務院台灣事務辦公室，《中國台灣問題》，頁87-97。

(4)面向二十一世紀，大力發展兩岸經濟交流與合作。

(5)兩岸同胞要共同繼承和發揚中華文化的優秀傳統。

(6)進一步寄望於台灣同胞。

(7)歡迎台灣各黨派、各界人士同我們交換有關兩岸關係與和
平統一的意見。

(8)雙方領導人以適當身分互訪。

（二）《李六點》

1995 年 4 月 8 日，我總統李登輝先生在國統會發表談話，提
出兩岸關係的六點主張，算是對江澤民的正式回應。這個俗稱爲
「李六點」的內容爲：

(1)在兩岸分治的現實上追求中國的統一。

(2)以中華文化爲基礎，加強兩岸交流。

(3)增進兩岸經貿往來，發展互利互補關係。

(4)兩岸平等參加國際組織，兩岸領導人藉此自然見面。

(5)兩岸均應以和平方式解決一切爭端。

(6)兩岸共同維護港澳繁榮，促進港澳民主。

《江八點》與《李六點》相似之處在於雙方都從「中華文化」
的角度出發，這也是中共第一次以兩岸共同認同中華文化作爲雙
方交往的基礎，對以信仰「馬列主義」爲屬性的中共而言，算是
進了一大步。雙方的最大差異點，仍在於：(1)台灣強調承認兩岸
分治是進行雙方政治談判、追求統一的基礎；而中共認爲只要認
同「一個中國」，什麼問題都可以談。(2)中共邀請我總統往訪，而
我方表示仍以在國際場合自然見面爲宜。(3)中共仍不放棄武力，
但表示只針對「台灣獨立」或「外國干預」；但我政府方面，中共

不放棄武力，只會加深兩岸猜忌，阻撓互信；中共放棄使用武力，兩岸即可進行政治性協商。

四、中共對台進行「反分裂反台獨」時期（1995-　　）

從 1995 年 6 月李登輝總統回到美國康乃爾大學母校訪問，公開發表談話，並再三強調「中華民國在台灣」或「在台灣的中華民國」，「中華民國未獲國際社會應有的外交承認」，而要「盡全力向不可能的事務挑戰」。中共認為，李登輝總統的訪美，是繼我推動加入聯合國後，將「在國際上製造『兩個中國』的活動推向了高峰」。[9]

自此以後，中共斷絕與我的事務性協商，並開始其「文攻武嚇」，依照中共自己的說法，自 1995 年 6 月起到 1996 年 3 月，中共政府與人民「在政治、軍事、外交等方面開展了聲勢浩大的反分裂、反『台獨』的鬥爭」。[10]其中包括中共領導人的重要談話堅持「只要台灣當局分裂祖國的活動一天不停止，我們反對分裂、反對『台獨』的鬥爭就一天也不會停止」；1995 年 7 月起到 1996 年 3 月間在台灣海峽進行四次軍事演習，中共認為這使得民進黨的「台獨」主張在總統大選中慘敗，並促使爾後該黨的向溫和、務實方向轉型。另外在 1998 年美國應允中共「三不政策」，即不支持「兩個中國、一中一台」；不支持「台灣獨立」；不支持台灣「以國家為單位的國際組織」，中共也認為這是其「反分裂、反台獨」鬥爭的勝利。

中共對於「反分裂、反台獨」的立場可分為下列五點：

9　中共中央台灣工作辦公室，國務院台灣事務辦公室，《中國台灣問題》，頁112。
10　《中國台灣問題》，頁113。

(一)反對「兩岸分裂分治」的主張

　　中共認爲中華民國在 1949 年已經滅亡。其理由爲：第一、1949年中國人民革命取得勝利推翻了中華民國的統治，建立了新中國，中華人民共和國政府成爲全中國的唯一合法政府，這是中國人民的選擇。從國際法的角度說，這是屬於政府繼承。政府繼承是在同一國際法主體繼續存在的情況下，代表該主體的舊政權爲新政權所取代，即代表中國的中華民國政府被中華人民共和國政府所取代，中華民國結束了它的歷史地位。第二、1949 年以來，由於台灣當局的阻撓，海峽兩岸尙未統一，儘管如此，台灣是中國領土一部分的地位並沒有改變，也就是說，領土和主權並沒有分裂。兩岸暫時的分離狀態只是一種政治上的分歧，而絕不是中國的主權和領土完整已被分割，因此根本不能成爲製造「兩個中國」、「一中一台」的理由。[11]

(二)反對「主權共享、治權分屬」

　　中共方面認爲：第一、主權屬於全體人民，但是主權只能由代表國家的中央政府來行使。因此，中國的主權，包括對台灣的主權，只能由代表全中國的中華人民共和國政府來行使。中共認爲，台灣方面所主張的「主權共享」是指由中華民國政府和中華人民共和國政府共同享有、共同行使主權。這不是「主權共享」，而是「主權分割」，是「一國兩府」、「兩個中國」。第二、中共認爲『治權分屬』則是「分裂分治」、「兩岸政治實體分治海峽兩岸」的又一種說法。中共並引述鄧小平的話說，台灣可以享有廣泛的自治，但是不能「完全自治，完全自治就是『兩個中國』、『一個

---

[11] 《中國台灣問題》，頁121-2。

半中國』」。[12]

(三)不能搬用邦聯和聯邦模式

　　中共認爲：第一、邦聯制是兩個以上的主權國家聯合，從本質上說，不是一個統一的國家。如果實行邦聯制，台灣將變成一個獨立的國家，然後通過協議與中國主體部分形成一個鬆散的國家聯合，事實上台灣就從中國分裂出去。中共認爲這不是統一，而是分裂。第二、中共認爲聯邦制不適合中國的歷史傳統，更不符合中國的基本國情。中國自秦漢以來，一向實行單一制的國家結構形式。中國現行的國家結構形式，有利於國家統一、民族團結、政治穩定、地區協調發展。台灣歷來是中國的一個省，如果實行以台灣爲一元、中國大陸爲一元的「二元聯邦制」，必然會引發一系列新的矛盾。第三、中共認爲「一國兩制」是保持單一制的傳統，又可吸收複合國的某些合理設計，中共並引用鄧小平的話說，「可以說有聯邦性質，但不能叫聯邦」。[13]

(四)反對台灣以民主爲名進行分裂

　　中共認爲，台灣當局近年來竭力利用「民主」來阻撓統一，並煽動台灣同胞對大陸的不滿和爭取西方國家的同情，散佈「中共的文攻武嚇是針對台灣的總統選舉」、「阻撓台灣的民主化進程」。中共認爲，中共一貫尊重台灣同胞的生活方式和當家作主的願望，以及同情台灣同胞發展政治民主的要求，但是反對台灣分裂勢力利用台灣同胞追求民主的願望進行分裂活動。中共認爲「無論台灣領導人方式如何改變，都改變不了台灣是中國領土一部分的事實，改變不了台灣領導人只是中國一個地區領導人的事實」，

---

[12] 《中國台灣問題》，頁122-3。
[13] 《中國台灣問題》，頁123-4。

「如果有人企圖以台灣領導人產生方式的變更為由，為其分裂祖國的活動披上合法的外衣，這完全是徒勞的」。[14]中共並認為，「與台灣分裂勢力的鬥爭，不是要不要民主的問題，而是統一與分裂、維護和背叛民族、國家根本利益的鬥爭」。[15]

(五)反對台灣以公民投票決定台灣的地位與前途

中共認為，在國際上使用公民投票，通常有三種類型：第一種是在一些主權有爭議的地區，由該地區人民公民投票決定屬於哪個國家；第二種是原屬某國殖民地或自治領的地區；或在歷史上曾經為獨立國家，後來成為某一國的部分，再由當地人民投票決定脫離宗主國或原屬國家而舉行的公民投票。第三種即是諸如更改國號而舉行的公民投票。中共認為，台灣是中國領土的一部分，從來沒有成為一個獨立的國家，根本不存在更改國號而舉行公民投票的問題。上述三種類型的公民投票都不適用於台灣，因此，「以公民投票方式改變台灣是中國一部分的分裂行徑是非法的、無效的」，「台灣分裂勢力沒有任何權力以任何方式改變台灣是中國領土一部分的地位」。[16]

五、「特殊的國與國關係」的提出（1999-　）

1999 年 7 月 9 日，李登輝總統在接受「德國之聲」專訪時，正式提出「自 1991 年修憲以來，已將兩岸關係定位在國家與國家，至少是特殊的國與國的關係」。[17]李登輝總統說：

---

[14] 李鵬，〈完成祖國統一大業是全體中國人民的共同願望〉，《人民日報》，1996年1月31日。（江八點一週年談話）

[15] 《中國台灣問題》，頁124-5。

[16] 《中國台灣問題》，頁125-6。

[17] http://www.mac.gov.tw/mlpolicy/880802/880709.htm

「歷史的事實是，1949 年中共成立以後，從未統治過中華民國所轄的台、澎、金、馬。我國並在 1991 年的修憲，增修條文第 10 條（現在為第 11 條）將憲法的地域效力限縮在台灣，並承認中華人民共和國在大陸統治權的合法性；增修條文第 1、4 條明定立法院與國民大會民意機關成員僅從台灣人民中選出，1992 年的憲改更進一步於增修條文第 2 條規定總統、副總統由台灣人民直接選舉，使所建構出來的國家機關只代表台灣人民，國家權力統治的正當性也只來自台灣人民的授權，與中國大陸人民完全無關。1991 年修憲以來，已將兩岸關係定位在國家與國家，至少是特殊的國與國的關係，而非一合法政府，一叛亂團體，或一中央政府，一地方政府的『一個中國』的內部關係。」

從陸委會隨後所公布的「對等、和平與雙贏——中華民國對『特殊國與國關係』的立場」文件[18]與新聞稿[19]來看，李登輝總統所以藉著德國記者訪問的機會提出「特殊國與國關係」，其目的有二：

第一、防衛性的目的：反對中共「以其霸權的『一個中國原則』，視我為其地方政府，不僅在兩岸交流中矮化我方，並將『一個中國原則』作為兩岸所有協商議題的前提，欲迫我逐步滑向『一國兩制』的安排。同時中共還極力封殺我國際生存空間，使國際社會長久以來習於中共的說法，而逐漸忽視兩岸分治對等之既存事實」。

第二、進取性的目的：明確地為兩岸關係作定位，「是為了奠

---

[18] http://www.mac.gov.tw/mlpolicy/880802/880801.htm
[19] http://www.mac.gov.tw/mlpolicy/880802/880801-2.htm

定兩岸對等的基礎，以提昇對話的層次，進而建立民主和平的兩岸機制，開創新世紀的兩岸關係」。「為因應未來兩岸政治談判，我們也有必要對兩岸關係明確定位，先確保自己平等的地位，才能與對方展開有意義的對話。」

陸委會也說明了兩岸關係之所以「特殊」的原因，乃是因為雙方具有相同的文化、歷史淵源及民族情感，雙方人民在社會、經貿等各層面交流密切，非其他分裂國家所能比擬。最重要的是雙方均有意願共同努力，平等協商，追求中國未來的統一。

這項被外界亦用「兩國論」作為表述的主張，是台灣自 1991 年《國統綱領》後，不再以「政治實體」自居的一次明白宣示。也就是說，台灣認為兩岸的「現狀」已是國家與國家的關係，雖然它們之間有特殊性的關係，但是具有國家的主體性。在陳述對「特殊性」的解釋時，我政府用的是以「相同的文化、歷史淵源、追求未來統一」作為其理由。[20]

---

[20] 有關「特殊的國與國關係」，本書作者張亞中曾在《兩岸主權論》一書中作過表述與詮釋，與李登輝總統看法略為不同的是，張亞中認為，「一個中國原則」不宜放棄，中共也不可能同意不提。如果不談「一個中國原則」，而只認定兩岸的「特殊性」是基於「相同的文化、歷史淵源、追求未來統一」的一種政治性表述，如果中共接受這種看法，等於已經接受了兩個國家是相互獨立的事實，未來雙方不再有統一的約束。張亞中認為，台灣方面應該要做的不是拋棄「一個中國」原則，而是用更精確的法律用語來詮釋台灣對「一個中國」的立場。兩岸之間只要將「一個中國」換為「整個中國」、「中國作為整體」來思維，並以含法律性的承諾取得彼此的共識，如此，兩岸關係自然可以是「整個中國」的內部關係，這種關係不同於一個國家的「內政關係」，而是一種類似東德與西德的「特殊性內部關係」。因而在「整個中國」的思維下，兩岸關係自然就可以是法律上的「特殊性」關係。可參考張亞中，〈兩岸未來：有關兩岸簽署基礎協定的思考〉，《問題與研究》，第 38 卷第 9 期，民國 88 年 9 月。

兩岸對基本政策的歧異

一、我國內政黨對於大陸基本政策的同異

　　1996 年 12 月 28 日，我「國家發展會議」曾對兩岸關係議題進行深入的討論，彼此達成共同意見及相互保留彼此的歧異，茲簡述如**表 9-4**。

　　民進黨在 1999 年 5 月 8 日第八屆第二次全國代表大會中通過《台灣前途決議文》，務實地詮釋其台獨主張，主張「台灣是一主權獨立的國家，任何有關獨立現狀的更動，必須經由台灣全體住民以公民投票的方式決定」。決議文並指出，「台灣，固然依目前憲法稱為中華民國」。這段陳述被視為民進黨首次正式承認「台灣」的國號是中華民國。在兩岸關係上，決議文仍然強調民進黨的一貫立場，認為「中國片面主張的『一個中國原則』與『一國兩制』根本不適用於台灣」；「台灣應揚棄『一個中國』的主張，以避免國際社會的認知混淆，授予中國併吞的藉口」。

二、對中華民國是否為一個主權國家的爭議

　　中共認為中華民國早就在 1949 年滅亡了，現在的台灣不是一個主權國家，世界上絕大多數國家都承認台灣是中國的一部分，台灣的國際法地位有問題，將來只能是中共的一個「特別行政區」。

　　中共的這項看法並不正確。就國際法而言，中華民國創立於 1912 年，雖然自 1949 年以後，她的有效管轄權僅及於台澎金馬地區，但依據國際法，國家的國際法人格，並不因所管轄區域的縮

表 9-4 我國內政黨對兩岸關係議題的共識與歧見

三黨共識	重要內容
	(一)自 1912 年起，中華民國即為一主權國家；自 1949 年中共政府建立後，兩岸即成為兩個對等政治實體。 (二)開展兩岸關係應以維護中華民國之生存與發展為基礎。處理兩岸關係應本理性、和平、對等、互惠、尊嚴之原則，建立穩定之關係架構。 (三)台灣優先的原則。 (四)大陸政策與對外政策應互為表裡、相輔相成。
三黨歧見	重要內容
國民黨	(一)政府應繼續以「一個中國、兩個對等政治實體」架構定位兩岸關係。 (二)大陸政策的基本目標是追求兩岸的民主統一。中華民國人民無法接受共產制度及其生活方式。唯有在相互尊重的基礎上，經由各項交流，逐步縮短兩岸的政治、經濟、社會制度與生活方式的差距後，朝向民主、自由、均富的統一目標邁進，才合乎兩岸人民的利益。
民進黨	(一)台灣是一個主權獨立的國家。 (二)台灣與中國的關係，基本上應屬於一般的國際關係，台灣與中國的關係必須正常化。 (三)國家利益應明確化，以「台灣優先」作為最高指導原則。 (四)應積極加入聯合國。
新黨	(一)堅持「一個中國，兩個對等政治實體」的原則，不過對於「一個中國」的內涵，兩岸政府應尊重彼此的解釋權。由於中共堅持「一個中國」是中華人民共和國，我方堅持「一個中國是中華民國」。 (二)主張兩岸應以最大的耐心與智慧，並以和平方式，解決雙方歧見。政府應適度採行政經分離的原則，輔導台商拓展大陸市場。認為積極推動兩岸經貿、文化、學術等交流，有助於穩定兩岸關係，保障台海和平，並可促使大陸逐漸放棄專制體制。 (三)政府推動兩岸關係時，不應固守近程階段，而應採近程、中程齊頭並進的方式，積極推動兩岸三通、簽訂和平協議、以及高層人士互訪。 (四)兩岸未來的統一應植基於三項原則之上：一、中國大陸必須放棄專制的共產制度。二、需經兩岸人民同意。三、需採和平方式。

作者自行摘重點整理

小而喪失。[21]再則中華民國長期積極參與國際事務，即使在聯合國席次被中共取代後，仍具有與多國建立邦交、參與國際組織、派遣使節、展示承擔國際權利與義務的能力，完全合乎 1933 年 12 月 16 日「蒙特維多國家權利義務公約」（Montevideo Convention on the Rights and Duties of States）中所述，國家應具備「固定的居民、一定界限的領土、政府、與他國交往的能力」四項資格。[22]

不論他國是否與中華民國有邦交，持中華民國護照幾可遍行全世界，如果國人在他國發生糾紛或需要公證，他國對當事人國籍的認定與交涉的對象爲中華民國之駐外機構，而非中華人民共和國。雖然因爲國際政治現實因素，中華民國被迫與多數國家斷絕或中止外交關係，也爲一些由國家所組成的國際組織所排除，但是原因是來自中共的壓力，而不是因爲中華民國的國家資格發生問題。中華民國國家人格受到質疑是政治面的因素，而非法律事實使然。

兩岸今日的問題是基於國家在 1949 年分裂所造成，兩岸目前仍處於分治狀態，屬於與前東西德、現在的南北韓一樣的情形，雖然分裂原因不同，但是分裂的結果是一樣的，都是兩個在自己領域內的主權國家。分裂國家雙方與一般兩個獨立國家不同之處在於前者還有對追求國家再統一的憲法約束或期許。

三、對「一個中國」的看法

中共認爲「一個中國」就是「中華人民共和國」，其主權涵蓋於全中國，台灣是屬於中國的一部分。

---

[21] 可參考趙國材，〈從國際法觀點論分裂國家之承認〉，頁34。

[22] J. G, Starke, *Introduction to International Law*, 10th ed., (London : Butterworth, 1989), p.85.

我政府目前雖然在官方的文件上，並未放棄 1991 年國統會對「一個中國就是中華民國」的看法，而且主張主權也是涵蓋整個中國，但是在實際的作為上，已經將「一個中國」分為三種方式表述：第一、過去式的表述，認為「一個中國」是指 1912 年成立的中華民國；第二、現在式的表述，認為自 1949 年起兩岸分裂分治，現在式的「一個中國」是分治的中國，兩岸是兩個對等的政治實體。自 1999 年 7 月起，我政府再將兩岸關係定位在「特殊的國與國關係」；第三、未來的表述，認為「一個中國」指未來統一的中國。

　　我國內的民進黨並不認為有「一個中國」的存在，而認為兩岸各自在自己的領域內已是個完全獨立自主的主權國家（不論是國號未來是否改變），彼此沒有任何關係，台灣沒有任何義務或責任去追求統一。我執政的國民黨與民進黨兩者相同的地方，都是認為中華民國是個主權獨立的國家（民進黨則更強調台灣〔與中華民國所代表的意義不同〕是個主權獨立的國家）。所不同的地方是國民黨仍沒有放棄追求統一的目標，將統一視為未來要努力的方向，但是也沒有在憲政層次作對統一的承諾。

　　中共認為，台灣方面所說的追求統一，只是口頭說說而已，而所作的都是為了製造「兩個中國」或「一中一台」，因而不斷在國際間打壓我的活動空間，並且不願意放棄使用武力。

　　在可見的未來，如果台灣宣布台獨，中共應該會不惜一切，以武力侵台；台灣如果仍繼續現有的政策，以維持現狀為首要考量，中共似乎亦不會宣布放棄使用武力的權利，以為對台灣的牽制。兩岸最好的方法應該是雙方暫時擱置對主權的爭議，以加強交流合作來逐漸建立信心與信賴，另外，兩岸也必須認真思考，

找尋一個可以爲兩岸共同接受的兩岸「定位」模式。[23]

四、對「一國兩制」套用於台灣的看法

中共自 1960 年代起，就已經提出「一綱四目」的說法，後來在 1980 年代正式成爲「一國兩制」的內涵，說法雖然有些許不同，但是重要內涵則一樣，即如果台灣接受了「一國兩制」，等於中華民國就從此消失了。有關我政府不能接受的理由，已在《台海兩岸關係說明書》中有詳盡的表述（請參考前所述）。值得重視的是我絕大多數民眾對於「一國兩制」也表示不能授受，詳如圖 **9-1**。

五、對「結束兩岸敵對狀態」談判的立場

以和平方式解決兩岸爭端一向是我政府堅持的政策。政府早在 1991 年制定《國家統一綱領》時，便明確的提出「兩岸應摒除敵對狀態」。通過宣布終止動員戡亂時期，意味著我們具有與大陸終止敵對狀態的誠意，我政府認爲，由於大陸當局卻漠視我方展現的善意及兩岸同胞的權益，至今對我仍充滿敵意，使得有關「結束兩岸敵對狀態」談判無法展開。

李總統在 1995 年 4 月 8 日國統會致詞（即《李六條》）中曾經提出：「在最適當的時機，就雙方如何結束敵對狀態的談判，進行預備性協商。」1996 年在他就任第九任總統的就職演說中又再次提出呼籲：「海峽兩岸，都應該正視處理結束敵對狀態這項重大問題，以便爲追求國家統一的歷史大業，作出關鍵性的貢獻。」李總統又在 1998 年 7 月 22 日國家統一委員會第十三次全體委員

---

[23] 本書作者張亞中曾提出以「一中兩國」（一個中國、兩個中國人國家）作爲兩岸法律地位的模式。請參考《兩岸主權論》，台北：生智，1998。有關兩岸間簽署基礎協定的看法，可參考張亞中，〈兩岸未來：有關兩岸簽署基礎協定的思考〉，《問題與研究》，第38卷第9期，民國88年9月。

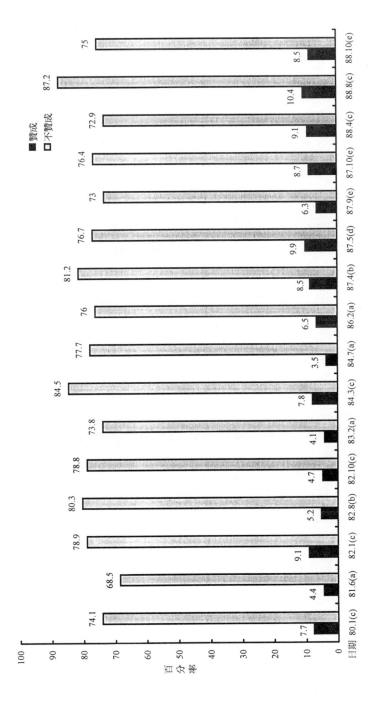

圖 9-1　民眾對於大陸當局提出「一國兩制」模式解決兩岸問題的看法

調查單位：(a)政治大學選舉研究中心。(b)柏克市場研究公司。(c)中華徵信所。(d)中山大學民意調查研究中心。(e)中正大學民意調查研究中心。調查樣本數分別為 1067、3118、1067、1067、1067、1600、1621、1610、1067、1122、1078、1107、1112、1067、1119 人。調查樣本 1600 人以上為當面訪問，其餘為電話訪問。調查對象為台灣地區 20-69 歲之成年人。

資料來源：行政院大陸委員會。

會議致詞說:「海峽兩岸應以彼此對等、相互尊重為原則,充分溝通、求同化異、在分治中國的現實基礎上,協商並簽署兩岸和平協定,結束敵對狀態,以促進兩岸和諧,維護亞太安定。」這些作法都展現了我們追求兩岸關係和平發展的積極用心。

大陸領導人近年雖然也積極提出兩岸結束敵對狀態的主張,前提卻是須在其所謂的「一個中國」原則下,在 1995 年「江八點」以後,1997 年江澤民在「十五大」的政治報告中也重申:「我們每次鄭重呼籲:作為第一步,海峽兩岸可先就『在一個中國的原則下,正式結束兩岸敵對狀態』進行談判,並達成協議,共同承擔義務,維護中國的主權和領土完整,並將今後兩岸關係的發展進行規劃。」

兩岸對於終止「結束敵對狀態」當然都有期望。台灣方面希望能夠藉此使得中共放棄武力,兩岸和平相處;而大陸方面則希望一旦達成協議,將根據「一個中國」原則共同承擔義務,來確保國家領土主權的完整和不受外來勢力的侵犯,共同防止分裂國土的圖謀。

雖然雙方都想「結束敵對狀態」,但是有關的會談總是無法開啟。值得爭議的,就是中共所說的「在一個中國」前提下,什麼都可以談,是否包括了對「一個中國」的定義,以及統一後的國號、國旗、國歌與國家體制?換言之,兩岸政治談判前提的「一個中國」,是否就表示必須在「一個中華人民共和國」的原則下談。中共表示,並沒有設定任何立場,包括一個中國的內涵也可以談,但是我政府認為中共「一個中國就是中華人民共和國」的原則從未鬆動過,[24]採取比較謹慎的態度。

---

[24] 行政院大陸委員會出版的《關於中共「一個中國」策略之初步分析》中稱:「最近幾個月來,中共相關人士不斷宣稱,其所謂『一個中國』只強調『中

另一項使得台灣兩難的是，雖然「結束敵對狀態」協議的簽定，可代表兩岸和平相處，中共不應再使用武力威脅，但是這也有可能表示台灣回到「一個中國」的框架，這會否給予外界兩岸已是和平狀態的認定，中共是否會以此為理由，要求停止對台灣的武器輸出。

　　兩岸將來在簽署相關協議時，可能會碰到一個法律上的問題，即是這個協議的法律性質為何？它是否只是「內戰」後兩個交戰團體所簽署的正式文件，並不具國際法性質，還是在法律意義上與一般兩個國家所簽定的「協定」或「條約」相同的國際法文件，或者是一種兼具國際法與國內法性質分裂國家間的一種「內部關係」文件。這一點德國的經驗可以參考。[25]

民眾對於兩岸基本關係的看法

一、民眾對於國家未來的看法

　　如果將兩岸未來走向分為六類，分別為：儘快統一（急統）；儘快宣布獨立（急獨）；維持現狀以後獨立（軟獨）；維持現狀以

國只有一個，台灣是中國的一部分』，而從未說『中華人民共和國是中國唯一合法的政府』。並積極向我促銷，只須我方接受『一個中國』一詞，兩岸關係就可以恢復。這是中共所採較新的作法。值得重視的是，有少數人士認為這是中共對台政策上某種程度的善意回應，這些人卻忽視了直到目前為止，中共領導人在各種場合依舊提出中共當局代表全中國的說法，未曾改變。換言之，一旦我方無異議地接受了中共這項建議，他們就可以在國際間宣稱：除了一百多個國家『承認』中共代表中國外，台灣也『接受了她的主張』。此一撕毀兩岸兩會在民國八十一年十一月獲致『一個中國、各自表述』共識的翻新手法，我們應予以重視。」

[25] 張亞中，《德國問題：國際法與憲法的爭議》，台北：揚智，1999。

後統一（軟統）；永遠維持現狀；維持現狀以後再決定。從歷次的民意調查可以看到，支持「維持現狀以後再決定」都是最大多數，「急獨」與「急統」都是極少數，詳見圖 9-2。

二、民眾認知中共對我的敵意態度

兩岸近年來的關係是呈雙向的發展，一方面兩岸的各項交流日益頻繁；但另一方面，雙方的外交衝突卻越來越深，使得雙方面的良性互動始終無法建立。我方民眾對於中共政府的敵意比率始終維持在近六成以上，對大陸人民的敵意也有四成以上，詳見圖 9-3。

三、民眾對於自我認同的看法

近年來，台灣隨著國內政治的快速變化、經濟的發展、在外交上受到中共打壓、與中共交往的一些不愉快經驗、政治人物與政黨的宣導，使得我國民眾在自我認同上有了一些變化，從早期多數認爲是自己是「中國人」，到民國 83 年起已轉爲大多數認爲自己「既是台灣人也是中國人」，認爲自己只是「中國人」的比率反而變得是最少數的。民眾對於自我認同的變化，將會衝擊到對國家定位與未來兩岸走向的看法，值得注意。歷年來民眾對自我認同的看法，詳見圖 9-4。

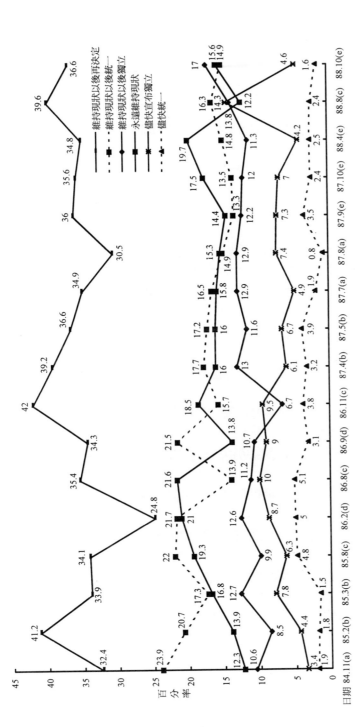

圖 9-2　民眾對於統一、獨立或維持現狀的看法

調查單位：(a)政治大學選舉研究中心。(b)柏克市場研究公司。(c)中華徵信所。(d)中山大學民意調查研究中心。(e)中正大學民意調查研究中心。調查樣本數分別為
1151、1067、1067、1067、1231、1067、1240、1067、1067、1122、1098、1097、1078、1107、1112、1067、1119 人。調查樣本 1600 人以上為當面訪問，其餘為
電話訪問。調查對象為台灣地區 20-69 歲之成年人。
資料來源：行政院大陸委員會。

第九章　兩岸的基本政策　243

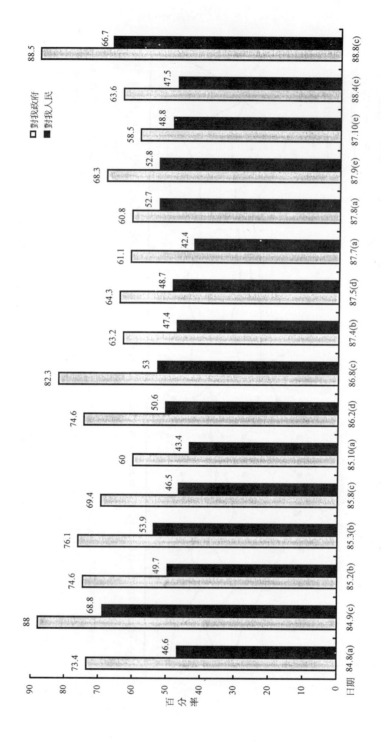

圖 9-3　民眾對於大陸當局對我敵意態度的看法

調查單位：(a)政治大學選舉研究中心。(b)柏克市場研究中心。(c)中華徵信所。(d)中山大學民意調查研究中心。(e)中正大學民意調查研究中心。調查樣本數分別為 1621、1067、1067、1067、1067、1205、1231、1067、1067、1122、1098、1097、1078、1107、1112、1067 人。調查樣本 1600 人以上為當面訪問，其餘為電話訪問。調查對象為台灣地區 20-69 歲之成年人。

資料來源：行政院大陸委員會。

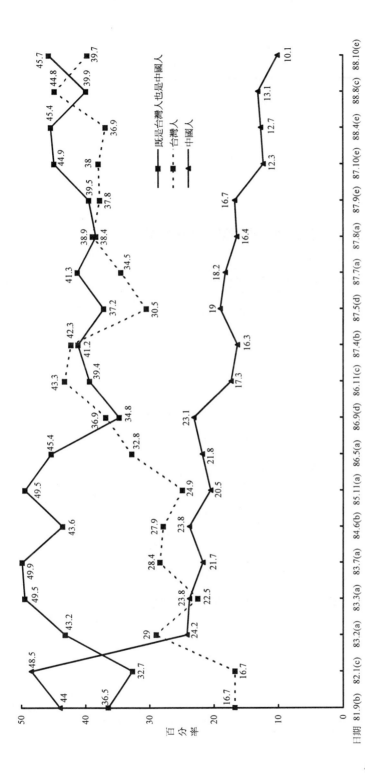

圖 9-4　民眾對於自我認同的看法

調查單位：(a)政治大學選舉研究中心。(b)柏克市場研究公司。(c)中華徵信所。(d)中山大學民意調查研究中心。(e)中正大學民意調查研究中心。調查樣本數分別為 1067、1600、
870、1209、1067、1205、1211、1240、1067、1067、1122、1098、1097、1078、1107、1112、1067、1119 人。其餘為電話訪問，其餘電話為以上為當面訪問。調查對
象為台灣地區 20-69 歲之成年人。
資料來源：行政院大陸委員會。

問題與討論

問　題

一、試述 1949 年至 1979 年間我國的大陸政策及中共的對台政策。

二、試述 1979 年至 1987 年間我國的大陸政策及中共的對台政策。

三、試述 1987 年迄今我國的大陸政策及中共的對台政策。

四、試述中共對台政策的變與不變。

五、試述我國大陸政策的變與不變。

六、「一國兩制」的內涵為何（請從中共主張的「一個中國」、「兩制並存」、「高度自治」、「和平談判」等各點析論）？

七、我政府與人民無法接受中共「一國兩制」的理由為何？

八、我《國統綱領》的重要內涵為何？

九、我政府對「一個中國」的看法為何？

十、「江八點」與「李六點」形成的背景因素及其重要內容為何？兩者的異同點何在？

十一、1990 年代中期，中共「反分裂、反台獨」政策的成因及內涵為何？

十二、我國內政黨對大陸政策的共識與歧異為何？

十三、為什麼我們說中華民國是一個主權國家？

十四、兩岸對「一個中國」看法的差異為何？

討　論

一、你覺得兩岸之間應該是個什麼樣的法律關係（「兩個中國」、「一中一台」、「一個中國、兩個政治實體」、「一中兩國」、「特殊的國與國關係」）？而可以用什麼樣的通俗關係表示（父子關

係、已分家的兄弟關係、還沒分家的兄弟關係、朋友關係，
或是有婚約的男女關係）？

二、你支不支持政府對兩岸基本政策的看法？為什麼？

三、你支不支持「一國兩制」？為什麼？

四、你對於統一、獨立與維持現狀的看法為何？請在下列幾種可
能中選擇：儘快統一，儘快宣布獨立，維持現狀以後統一，
維持現狀以後獨立，永遠維持現狀，維持現狀以後再決定。

五、請說出你對自我認同的看法。你覺得你是中國人、台灣人、
既是中國人也是台灣人（請三選一），或者你認為你是新台灣
人？你對新台灣人的定義為何？

六、你覺得我國總統可否應邀到大陸去訪問，以什麼身分為宜？

七、你認為發展兩岸關係與外交關係哪個比較重要？請說明理由。

八、如果發展外交關係會造成兩岸關係的緊張，你贊不贊成繼續
發展外交關係？

九、你贊不贊成兩岸外交休兵？可行性如何？

十、你贊成用公民投票決定台灣的前途嗎？請說明理由。

十一、如果你支持統一，你主張應以哪一種方式統一？

十二、你同意中華民國已經是個獨立主權的國家，因此不需要再
宣布獨立的說法嗎？這與追求「台灣是個主權獨立的國家」
有什麼差別呢？請說出你的看法。

十三、你同意兩岸應該進行有關「結束兩岸敵對狀態」的政治性
談判嗎？你認為兩岸結束敵對狀態這件事對台灣有利還是
不利，請說出你的看法與理由。

十四、你去過大陸沒有？你覺得中共政府與人民對台灣有沒有敵
意？請說出你的感覺。

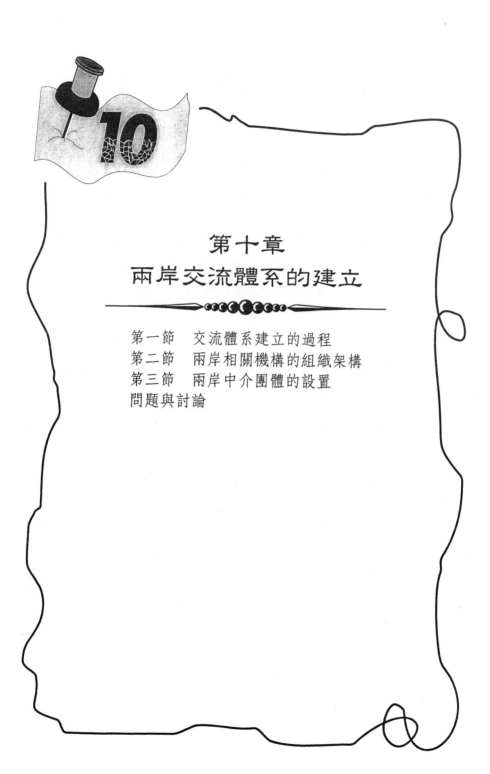

第十章
兩岸交流體系的建立

第一節 交流體系建立的過程
第二節 兩岸相關機構的組織架構
第三節 兩岸中介團體的設置
問題與討論

交流體系建立的過程[1]

一、中華民國方面

　　1987 年（民國 76 年）7 月 15 日，中華民國政府宣告解除在台灣地區實施長達三十八年的「戒嚴令」；同年 11 月 20 日，又基於倫理親情的考慮，以及兩岸情勢的快速變遷，為促成兩岸親人的團聚，遂開放民眾赴大陸探親。這兩項出自當時蔣經國總統的決定，一方面使得台灣的政治民主化向前邁進一大步，拉大了與中國大陸的距離，另一方面為兩岸關係開啟了新頁，使得海峽兩岸在隔絕近四十年後，出現了良性互動的契機，由對峙局面轉向民間交流時期。

　　兩岸交流體系的建立源於兩岸交流的必然性。在開設初期，由於政府在宣佈開放探親時，尚未宣告終止動員戡亂時期，不僅兩岸官方不能接觸，且無法立即成立一專責民間機構處理上述交流事務。

　　在考量紅十字會係一「不分敵我，以救護戰爭傷患為目的所組成」的國際合作組織的情況下，為降低政治氣氛，政府乃委託該會於其轄內增設大陸探親服務組，專門負責民眾赴大陸探親事

---

[1] 本章主要參考資料：法務部調查局，《中共對台工作組織體系概論》，85年12月；行政院大陸委員會，《跨越歷史的鴻溝：兩岸交流十年的回顧與前瞻》，台北：陸委會，民國86年；中共中央台灣工作辦公室、國務院台灣事務辦公室，《中國台灣問題》，幹部讀本，北京：九洲圖書，1998年）；沈建中，〈論中共對台工作組織：以中共中央對台工作領導小組為個案研究〉，《共產問題研究》，第24卷第1期，87年1月；以及陸委會的相關資料。

宜。1991 年 7 月，中華民國政府廢止「動員戡亂時期臨時條款」兩個月後，才由內政部警政署出入境管理局接辦。

由於兩岸交流日益頻繁而衍生出許多攸關人民權利義務的法律和行政問題，亟待專責機關作政策的研究、規劃及處理。1988年 8 月，由行政院設置任務編組的「大陸工作會報」，並由行政院研考會擔任幕僚工作。後因大陸事務繁雜、工作量劇增，爰於 1991年 1 月成立「行政院大陸委員會」，統籌政府處理大陸工作的專責機構，從事全盤性大陸政策及大陸工作的研究、規劃、審議、協調及部分執行工作；至於各部會則就其主管業務，從事個別性大陸政策及大陸工作的研究、規劃與執行。

1990 年 9 月，李登輝總統鑑於國內亟須建立國家統一的共識，因此在總統府之下，以諮詢顧問編組方式，成立「國家統一委員會」（以下簡稱國統會），邀集朝野各界領袖定期集會，針對國家統一大致方針提供研究及諮詢意見。

1991 年 2 月，政府並許可民間成立「財團法人海峽交流基金會」（以下簡稱海基會），受政府委託，辦理兩岸民間交流中涉及公權力而不便由政府出面處理的事務性、技術性服務事項。至此，中華民國政府在政策的規劃與執行上，可謂已建構出兩岸間的交流體系。

二、中共方面

中共在 1972 年與美國簽訂《上海公報》後，即為因應台海新情勢，成立了「對台辦公室」，並於 1980 年在向台灣提出「和平統一祖國」主張後，又成立「中央對台工作領導小組」（後又改為「中央台灣工作辦公室」）。惟兩岸互不往來，因而仍無助於交流體系的建立。

在我政府開放探親後，大陸紅十字會乃負起處理台灣地區民眾在大陸探親的有關業務；但雙方紅十字會一直到 1990 年才建立直接溝通的連絡管道。因此 1990 年 8 月，大陸方面乃有因「閩獅魚」漁船糾紛事件，而由其「紅十字會」副會長曲折等人出面來台探視因案羈押的大陸漁民之舉。

其間，1988 年 9 月，在我政府設置大陸工作會報後的一個月，中共亦決定設立「國務院台灣事務辦公室」，來負責管理、指導、協調其國務院有關部門和地方部門的涉台事務，並督促檢查國務院有關單位和地方有關部門執行對台工作情況。

1991 年我政府成立陸委會後，中共為便於統合事權，以減除「中台辦」與「國台辦」黨政分工不明確的現象，乃將「兩辦」人員合併，以「一套人馬、兩塊招牌」方式，就不同對象，靈活運用不同的招牌。

兩岸相關機構的組織架構

一、我方大陸政策與大陸工作組織架構

我方的組織基本上由三大層級組成。最上層是隸屬總統府的國家統一委員會，扮演著對國家統一大政的諮詢、研究並確定大方向的角色。中層是行政院所屬的行政體系，其主要的功能是在執行大陸政策，其間負責執行主導工作的是行政院大陸委員會。最下層是代表民間團體的海基會，接受政府的委託來處理兩岸涉及公權力的相關事務。這三大層級的詳細組織關係、性質與功能，以及其工作重點，詳如圖 **10-1**。

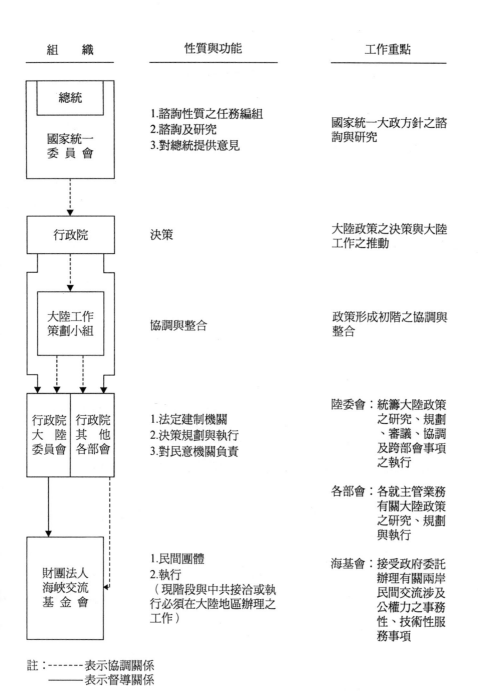

組　　織	性質與功能	工作重點

總統

國家統一委員會
1.諮詢性質之任務編組
2.諮詢及研究
3.對總統提供意見

國家統一大政方針之諮詢與研究

行政院
決策

大陸政策之決策與大陸工作之推動

大陸工作策劃小組
協調與整合

政策形成初階之協調與整合

行政院大陸委員會　行政院其他各部會
1.法定建制機關
2.決策規劃與執行
3.對民意機關負責

陸委會：統籌大陸政策之研究、規劃、審議、協調及跨部會事項之執行

各部會：各就主管業務有關大陸政策之研究、規劃與執行

財團法人海峽交流基金會
1.民間團體
2.執行
（現階段與中共接洽或執行必須在大陸地區辦理之工作）

海基會：接受政府委託辦理有關兩岸民間交流涉及公權力之事務性、技術性服務事項

註：------表示協調關係
　　———表示督導關係

圖10-1　大陸政策與大陸工作組織體系及運作圖

二、中共對台政策與對台工作組織架構

中共的對台組織基本上可分為四大層級。最上層是中共的中央委員會所屬的中央政治局，負責對台工作的方向與決策。第二層是中共的對台工作領導小組，是屬於對台工作的協調工作。第三層級是對台政策的黨、政、軍執行機構。第四層級則是為了因應我方海基會設立所成立的海協會，以處理兩岸民間交流的相關事務為主。其組織表詳如圖 **10-2**。

三、兩岸組織架構的比較

兩岸組織架構的比較，可分下列幾點說明：

(1)中國國民黨與中國共產黨均有中央委員會。中共中央政治局相當於中國國民黨的中央常務委員會（簡稱中常會）。有關兩岸重大政策的形成，均是由政黨的最高決策機構先議決後，再交由行政部門執行。在我方，是由中國國民黨的中常會議決後，交行政院執行；中共方面則是由政治局議決後，交國務院執行。

(2)我方在總統府所成立的國統會，為任務編組，並非依據正式的組織法所成立，而中共的中央對台工作指導小組則是黨的組織，兩者性質不同。但是現階段，兩岸領導人均是集黨政領導職務於一身，因此重大的兩岸政策，均是由最高領導人主導，此係兩岸相同之處。

(3)國統會中，我方總統兼主委，但是各委員中包含其他黨派及無黨派人士，但是中共的中央對台工作小組的領導階層則全為共產黨高層幹部，並且有現役高階軍人在內。

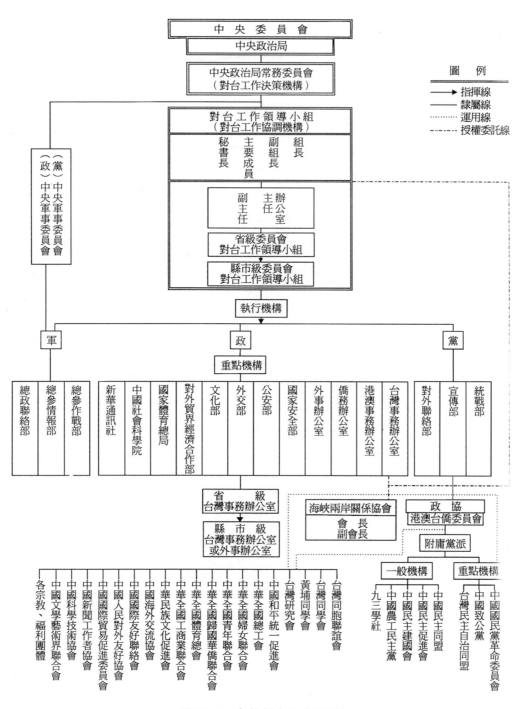

圖10-2　中共對台工作組織

(4)兩岸的執行機構均有「雙層體系」的設計。中共從中央開始，如「國務院台灣辦公室」（政）與「中央台灣工作辦公室」（黨）開始，到省、直轄市，自治區，縣等各地區，都是「一套人馬、兩塊招牌」。我方在中央階層有行政部門的大陸委員會與執政黨成立的「大陸政策指導小組」，但是兩個部門各有負責人。在各院轄市、縣、市無論行政部門或黨務部門，均無大陸事務專責單位。有的話，也是以臨時小組、任務編組等名稱之。

(5)兩岸均有軍情單位參與兩岸政策的形成。我方國家安全局、國防部所屬軍事情報局、法務部調查局等單位對大陸均有研究，並向有關方面提供政策意見。中共的國家安全部、軍方參謀部及總政戰部在對台政策上，也有一定的功能。

(6)兩岸均有學術研究機構為其扮演智庫角色。我方有國立政治大學國際關係研究中心、各大學的相關系所、財團法人機構（如中華經濟研究院、台灣經濟研究院、國家政策研究院）等。中共方面，國務院及省所屬的社會科學院均設有對台研究機構，在外交系統，有「中國問題研究所」（北京）；在國台辦與統戰系統有「全國台灣研究會」及全國各大學的研究單位。國家安全部系統有「中國現代國際關係研究所」、「中國社會科學院台灣研究所」、「國際關係學院」。軍方系統包括隸屬總政治部的「和平與發展中心」及隸屬總參謀部的「中國國際戰略問題研究學會」。[2]

(7)中共海協會人員多半係由「國台辦」轉任或兼任。海協會

---

[2] 朱雲漢主持專案研究報告，《中共對台智庫角色研究》，行政院大陸委員會委託研究，86年11月。

事實上是「國台辦」的一付手套，該手套何時穿戴與作用，全取決於「國台辦」，也取決於台海兩岸的政治互動。我方剛開始時，陸委會與海基會是「兩塊招牌、兩套人馬」，不過自 1992 年起即有同意公務人員與海基會人員年資接續的規定，自 1998 年起也有陸委會官員兼任海基會人員的例子。

兩岸中介團體的設置

自政府開放兩岸探親以來，兩岸民間交流日益頻繁，對促進彼此瞭解、建立互利互補的關係頗有助益，但也因交流而衍生了許多攸關兩岸民眾權益的糾紛與問題，包括婚姻關係、財產繼承、身分認定、大陸人民偷渡來台、海上漁事糾紛、旅行糾紛、智慧財產權侵權糾紛、文書驗證、旅行證件核發及投資貿易等，均有待雙方共謀解決。

政府為確保兩岸民眾權益與福祉，乃依「國統綱領」規劃的進程原則，1991 年 3 月 9 日海基會開始運作，作為兩岸之中介機構，以期建立交流秩序，擴大民間交流。

1991 年 12 月 16 日，中共為因應台灣方面海基會的設立，再成立「海峽兩岸關係協會」（以下簡稱海協會），以民間組織身分，協助有關方面處理兩岸民眾交流事務，成為與海基會的相應單位（大陸方面稱之為「對口單位」），兩岸遂在政策的規劃與執行上，均建立了相應的交流體系。兩岸交流與互動的機制於焉確立。

兩岸各自成立的中介團體──海基會與海協會，除了均接受各自政府的委託代為行使公權力，以協助解決兩岸人民因交流所

衍生的糾紛與問題外，還負有積極拓展兩岸事務性關係的責任，
以期使兩岸關係朝向更為制度化的方向發展。

一、海基會的組織

　　海基會是目前唯一受政府委託處理涉及兩岸公權力的「半官
方」機構。其設有董事會（董事長一人），扮演兩岸互動的重要角
色，具有政治性角色的功能。實際負責行政業務運作的是秘書長，
其下再分文化、經貿、法律、旅行、綜合等業務服務處及秘書處。
在兩岸仍未進入國統綱領中程階段前，海基會負責兩岸相關的談

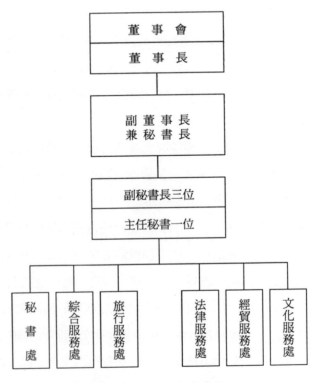

圖10-3　海基會組織圖

判與協調工作，因此主其事者往往承擔談判協商的任務，這也使得海基會必然不只是個完全事務性的基金會組織，而扮演反映政府立場的角色，因此外界往往以「白手套」稱之。其組織如**圖 10-3**。

二、海協會的組織

海協會是中共為因應我方海基會所成立的組織，因此其組織架構與海基會相似，但是它並不是以基金會的方式，而是以非政府形式，但卻有完全政府色彩的「理事會」名稱出現。從表面上

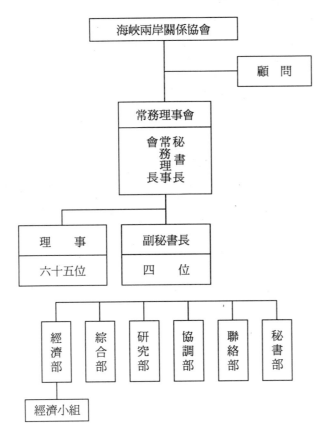

圖10-4　海協會組織圖

來看，海協會也可以說是一個「白手套」，但是如果將海協會與海基會的功能角色作個比較，海協會的政府色彩較之海基會更加濃厚。海協會的常務理事會會長也是極具政治性的任命，秘書長則負責實際行政業務的推展，其下分聯絡、協調、研究、綜合、經濟、秘書等部。其組織如圖 **10-4**。

問題與討論

問　題

一、我國大陸政策的組織架構爲何？並請陳述各部門關係及其主
　　要職掌。

二、中共對台政策的組織架構爲何？並請陳述各部門關係及其主
　　要職掌。

三、我國大陸政策與中共對台政策的組織異同在何處？

討　論

一、你覺得兩岸交流需不需要白手套？兩岸如果直接用政府方式
　　交往會有何優點或缺點？

二、你贊同設置現在的「國統會、陸委會、海基會」的規劃設計
　　嗎？還是認爲應該像其他部會一樣，由行政院來統籌即可？
　　請說出你的理由？

三、爲避免有先驗性的拘束，有人主張國統會應該改名稱爲「兩
　　岸關係委員會」，以保留台灣未來的選擇，你覺得呢？這有何
　　好處與缺點？

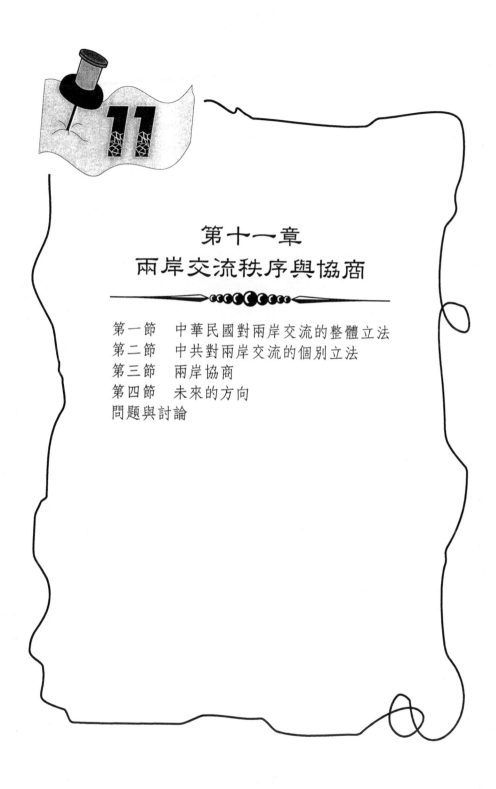

第十一章
兩岸交流秩序與協商

第一節　中華民國對兩岸交流的整體立法
第二節　中共對兩岸交流的個別立法
第三節　兩岸協商
第四節　未來的方向
問題與討論

中華民國對兩岸交流的整體立法

　　兩岸人民自開始接觸以後，[1]即發生了不少法律問題，但是實際上的法律問題並不是因為兩岸人民的接觸才發生。廣義而言，可以分為兩類：第一類是原來已存在的，例如繼承、婚姻的問題，只是因為兩岸人民不能夠往來，所以這些問題沒有出現；第二類是因為開放兩岸人民探親後更進一步的接觸而產生的問題，譬如說，在原有的繼承及婚姻問題外，還可能發生買賣的問題、各種貿易糾紛問題以及刑事上的犯罪問題等。

　　在交流初期，由於缺乏適當的法律來處理兩岸交流所產生的問題，只得依據既有的法律作出合於現實的解釋，以資適用。[2]

　　其次，一些違反政府政策而與大陸地區直接貿易或前往設廠投資的案件，陸續被法院判無罪。[3]

1　本章主要參考資料：行政院大陸委員會編，《台灣地區與大陸地區人民關係條例暨施行細則解釋彙編》，台北：陸委會，民國87年；行政院大陸委員會，《跨越歷史的鴻溝：兩岸交流十年的回顧與前瞻》，台北：陸委會，民國86年；吳安家，《台海兩岸關係的回顧與前瞻》，台北：永業，民國85年；以及陸委會出版的各項有關政策文件。

2　例如，對兩岸重婚的問題，在鄧元貞案法院判決撤銷台灣地區後婚配偶的婚姻關係確定後，輿情為之嘩然，咸認該判決雖然符合法律規定，卻不合乎情理，後來經過司法院大法官會議作成釋字第二四二號解釋，認為國家遭遇重大變故，在夫妻隔離、相聚無期的情況下所發生的重婚事件，與一般重婚事件畢竟是有不同的，對於這種有長期實際共同生活事實的後婚姻關係，如仍然適用民法第九百九十二條的規定予以撤銷，將嚴重影響當事人的家庭生活及人倫關係，反而足以妨害社會秩序，自與憲法第二十二條保障人民自由與權利的規定有所牴觸，因此認為不得撤銷後婚。

3　其中有關台灣地區人民與大陸地區的事業機構從事戰略物資以外的貿易行為，是否構成懲治叛亂條例第四條第一項第六款規定的為叛徒供給金錢圖利叛徒罪責的問題，台灣高等法院於民國77年間召開座談會作成決議，認為不是藉貿易的名義，以迂迴的方式達到資匪的目的，純屬貿易行為，並

對於現有的法律賦予新的解釋，以符合兩岸交流的新情勢，固然是權宜之計，但是兩岸關係的不確定性甚多，而且容易發生變化，如僅由個案分別作出解釋，顯然缺乏完整性與前瞻性，因而決定研擬特別法，以規範交流後兩岸人民關係的法律秩序。

一、《兩岸人民關係條例》

　　1988 年間，政府盱衡主、客觀情勢的演變，審酌實際需要，認為在國家統一前，為確保台灣地區安全與社會安定，維護兩岸人民的權益，非於現行法律體制之外，另訂特別法不可，乃著手研擬法案，以規範兩岸人民的往來，並以此作為處理其所衍生法律事件的依據。

(一)重要內容

　　從 1988 年 8 月底開始進行，到 1992 年 9 月完成，總計費時約四年時間。

　　《台灣地區與大陸地區人民關係條例》（以下簡稱《兩岸人民關係條例》）分六章，分別為「總則」、「行政」、「民事」、「刑事」、「罰則」及「附則」。全文共有九十六條，其主要內容簡述如下：

1.適用地區

　　《兩岸人民關係條例》事實上僅適用於台灣地區，但就法理而言，台灣地區與大陸地區既同為中華民國領土的一部分，自應一體適用《兩岸人民關係條例》的規定。台灣地區，係指台灣、澎湖、金門、馬祖與政府統治權所及的其他地區；大陸地區，係指台灣地區以外的中華民國領土，包括中共控制的地區與外蒙古地區。

不構成犯罪。

2.台灣地區人民與大陸地區人民的界定

　　關於台灣地區人民與大陸地區人民的區別，是以設籍地為準，在台灣地區設有戶籍的人民，為台灣地區人民；在大陸地區設有戶籍的人民，為大陸地區人民，但台灣地區人民前往大陸地區繼續居住超過四年，則將其身分轉換為大陸地區人民。

3.處理兩岸人民往來事務的中介團體

　　為貫徹政府「三不政策」，行政院得設立或指定機構或委託民間團體處理兩岸人民往來有關的事務；公務員轉任該機構或民間團體服務者，其年資得於回任公職時予以採計，以延攬人才；經上述機構或團體驗證的大陸地區文書，推定為真正；司法機關並得委託其在大陸地區送達文書或為調查，但該機構或團體不得擅自與大陸地區法人、團體或其他機構訂定協議，否則不生效力。

4.行政上的管制規定

　　為確保台灣地區安全與民眾福祉，並考量台灣地區人口壓力與人道、倫理及其他因素，在第二章設有若干行政上必要的管制規定，如兩岸人民入出境及引進大陸勞工的規定；大陸地區人民來台定居或居留的規定；兩岸通航的限制規定；兩岸經貿、金融往來的規範規定等。

5.法律衝突理論的採用

　　自 1949 年以來，「一個中國、兩個地區」已成為客觀事實，為維護不同制度下兩岸人民的權益，並能兼顧情理起見，對於涉及兩岸人民的民事事件，有規定其適用準據的必要，政府乃本「一國兩地區」的理念，適度納入區際法律衝突的理論，以解決實際問題；另對於大陸地區人民在中共法制下所成立的民事法律關係及因此所發生的權利、義務，亦基於事實需要，予以有條件的承認。

6.兩岸人民重婚問題的規定

　　《兩岸人民關係條例》認為因國家遭遇重大變故所發生的重婚事件，有不得已的因素存在，與一般重婚事件畢竟不同，為維持社會秩序，不得向法院訴請撤銷後婚姻。夫妻因一方在台灣地區，一方在大陸地區，不能同居，而一方於 1985 年 6 月 4 日以前重婚者，利害關係人不得聲請撤銷；其於 1985 年 6 月 5 日以後 1987 年 11 月 1 日以前重婚者，該後婚視為有效。如夫妻雙方均重婚者，於後婚者重婚之日起，原婚姻關係消滅。

7.兩岸人民繼承問題的規定

　　有關大陸地區人民繼承台灣地區遺產的問題，爭議最多。[4]經綜合各方意見後，認為大陸地區人民原則上得繼承台灣地區人民的遺產，但為使繼承狀態早日確定，並適度保障台灣地區繼承人的權益，乃規定應於繼承開始起三年內以書面向被繼承人住所地的法院為繼承的表示，同時規定每人繼承財產總額不得超過二百萬元，遺產中如有台灣地區繼承人賴以居住的不動產，大陸地區繼承人不得繼承，其價額不計入遺產總額，而且大陸地區人民不得在台灣地區取得或設定不動產物權。

8.刑事規定

　　為解決兩岸人民的犯罪問題、促進兩岸關係的良性發展，以及保障大陸地區人民在台灣地區的訴訟權，於第四章規定，在大

---

[4] 有主張大陸地區繼承人亦為台灣地區被繼承人的骨肉或配偶，應無條件許可繼承，不能給予差別待遇；有主張台灣地區人民的遺產，乃由其本人與台灣地區親屬共同努力累積而成，為維持既存的社會秩序，保障台灣地區人民的權益，理應由台灣地區人民繼承；有主張大陸地區人民固有繼承的權利，但是為求得實質上的平等，並避免台灣地區資金大量流入大陸地區，危及台灣地區安全與經濟穩定，有必要適度予以限制。至其限制方式，有主張應以應繼分設限的，亦有主張應以最高額設限的。而應繼分的比例與最高額的多寡，亦眾說紛紜，莫衷一是。

陸地區犯罪曾受處罰，仍得依法處斷；兩岸重婚案件的免訴、免罰；大陸地區人民在台灣地區以外的地區犯內亂罪、外患罪，經許可來台的免訴、免罰；大陸地區人民的著作權或其他權利在台灣地區受侵害，其訴訟權的享有。

9.罰則規定

　　為確保台灣地區安全與民眾福祉，貫徹政府大陸政策，對於違反兩岸人民關係條例禁止或限制規定的，自應予以處罰。罰則分為刑事罰與行政罰兩種。行為對國家、社會危害較大的，處以刑事罰，但仍採輕罰主義；行為對國家、社會危害較輕的，則處以行政罰。

10.關於大陸政策的立法監督

　　《兩岸人民關係條例》所定有關兩岸直接通商、通航及引進大陸勞工的規定，均授權主管機關許可。立法院為了就政策上的「實施時機」加以監督，特規定主管機關應於實施以前報經立法院決議；立法院如於會期內一個月未為決議，視為同意。

(二)基本理念與特性

　　我政府研擬《兩岸人民關係條例》所秉持的基本理念係「一國兩地區」：「一國」乃指中華民國，「兩地區」則指台灣地區與大陸地區。為兼顧事實與情理，維護兩岸人民權益，在法律規範上，對於我政府統治權所及的台灣地區與所不及的大陸地區，確有予以區分的必要，但中華民國只有一個的原則並未改變。《兩岸人民關係條例》除符合國統綱領的原則與精神外，另具有幾項特性：

1.安全性

　　我政府認為，目前中共與我仍處於敵對狀態，兩岸的和平統一既非一蹴可幾，也不單以分裂國土的復合為目標，而應在政經

制度與生活方式等方面尋求整合，更應以台灣地區安全與民眾福祉為優先考慮。為達成此項目的，因而設有若干限制或禁止規定，並對於違反者予以適當的處罰。

2.前瞻性

　　隨著大陸政策的開放，兩岸的交流勢必日趨頻繁，所以，研擬《兩岸人民關係條例》時，須以前瞻性的觀點，就可能發生的各種情況預為綢繆，並納入規範，以因應未來兩岸關係發展的需要。

3.通盤性

　　兩岸間的法律問題錯綜複雜，牽涉甚廣，《兩岸人民關係條例》研擬時，就是著眼於通盤的考量，所以，其規範的內容，乃是將民事法、刑事法及行政法等，均涵蓋在內，以求周延。

4.事實性

　　兩岸分裂既為客觀事實，為兼顧情理及維護兩岸人民權益，於民事事件，除本於「一國兩地區」的理念適度納入區際法律衝突的理論，以解決實際問題外，對於大陸地區人民在大陸地區成立的民事法律關係以及取得的權利、負擔的義務等，也基於事實需要予以有條件的承認，而且在原則上，將大陸地區人民與台灣地區人民平等對待。只有在例外的情形，才依照憲法第二十三條及憲法增修條文第十條規定的意旨，酌設一些限制。

5.靈活性

　　由於大陸政策須視主、客觀情勢的演變為必要的調整，若干事項倘於《兩岸人民關係條例》中為具體詳細的規定，不僅法條過多，而且制定、修正法律，曠日費時，難以配合政策需要，反而會滯礙難行。基於「法與時轉則治」的古訓，所以應本著靈活性的原則，於部分條文中採取「委任立法」的方式，授權主管機

關審度情勢，訂定命令，來作爲補充。

二、兩岸交流後續的法制建設

《兩岸人民關係條》例完成立法程序，只是兩岸關係法制化的起點，應配合擬訂的法規甚多，茲就應制定法律及訂定命令二類情形分述如下：

(1)應制定法令由總統公布者。[5]

(2)應訂定命令由主管機關發布者，依發布機關及《兩岸人民關係條例》。

是否授權，可分爲三種：

(1)《兩岸人民關係條例》授權由行政院訂定發布或由考試院會同行政院訂定發布者。[6]

(2)《兩岸人民關係條例》授權由主管機關擬訂命令經行政院核定後發布者。[7]

(3)《兩岸人民關係條例》並未授權擬訂，而是由主管機關依法定職權訂定命令發布者。[8]

---

[5] 例如《兩岸人民關係條例》第九十六條規定授權行政院訂定發布「兩岸人民關係條例施行細則」，同條例第四條第五項規定授權考試院會同行政院訂定發布「公務員轉任受託處理大陸事務機構回任時服務年資採計辦法」。

[6] 同上註。

[7] 涉及的部會包括內政部、教育部、交通部、國防部、經濟部、財政部、新聞局、勞委會及退輔會等，例如《兩岸人民關係條例》第九條第三項規定授權內政部訂定發布「台灣地區人民進入大陸地區許可辦法」，同條例第十條第三項規定授權教育部訂定發布「大陸地區專業人士及學生來台從事文教活動許可辦法」。

[8] 例如內政部自行訂定發布「兩岸人民關係條例施行前進入台灣地區之大陸地區配偶申請居留或定居許可辦法」，新聞局自行訂定發布「台灣地區大眾傳播事業赴大陸地區採訪拍片製作節目管理辦法」。

目前上述法規共有三十五種（請見《跨越歷史的鴻溝》，第 395 頁），均由陸委會協調各主管機關積極研訂，並適時加以修正，使法規配合政策，政策兼顧現實，真正建立兩岸交流的秩序與規範。基於兩岸主、客觀情勢的演變，以及兩岸社會、文教、經貿交流的事實需要。至 1998 年止，《兩岸人民關係條例》已先後五次修正。

中共對兩岸交流的個別立法

中共方面因堅持主張「一國兩制」，對兩岸交流本於摸著石頭過河的一貫作風，又恐將兩岸暫時分裂的狀態，透過法制化而予固定，所以迄未考慮作全盤性的綜合立法，僅依個別需要訂定零星的單行法規適用，其目的在於強調台灣係大陸的一部分，其意僅在針對個別問題作解決，似尚未以解決當前兩岸民間交流所衍生的法律問題為著眼。

一、民、刑事方面

在民事方面，中共「最高人民法院」於 1988 年 8 月 9 日發布「關於人民法院處理涉台民事案件的幾個法律問題」，就法院審理婚姻、繼承、房屋、債務等涉台民事案件如何適用法律問題作出了規定。1998 年 5 月 26 日再發布了「關於人民法院認可台灣地區有關法院民事判決的規定」等司法解釋，規定台灣地區有關法院的民事判決，當事人的住所地、經常住所地或者被執行財產所在地在其他省、自治區、直轄市的，當事人可以根據本規定向人民法院申請認可。

在刑事方面，中共「最高人民法院」及「最高人民檢察院」於 1988 年 3 月 14 日聯合發布《關於不再追訴去台人員在中華人民共和國成立前的犯罪行為的公告》，對去台人員在中共政權成立前所犯的罪行，依犯罪時效規定的精神，不再追訴。次年 9 月 7 日，兩院又聯合發布《關於不再追訴去台人員在中華人民共和國成立後當地人民政權建立前的犯罪行為的公告》，不再追訴去台人員在當時雲貴地區仍處於戰亂期間所犯的「歷史罪行」。

二、人員往來入出境方面

中共於 1991 年 12 月 17 日發布《中國公民往來台灣地區管理辦法》，對兩岸人員往來的審批、證照檢查及管理等加以規範。中共於 1996 年 12 月 1 日發布《關於台灣記者來『祖國』大陸採訪的規定》，對台灣地區的記者赴大陸地區進行採訪，加以規範。

三、商業方面

中共為吸引台商赴大陸地區投資，於 1988 年 7 月 3 日發布《關於鼓勵台灣同胞投資的規定》（簡稱《22 條》），允許台商在大陸地區從事「三資企業」或「三來一補」等形式的投資，給予進口設備、稅費減免等優惠，並保障不隨意進行國有化或徵收，收益也可以依法匯出。

中共於 1993 年 10 月 12 日發布《對台灣地區小額貿易的管理辦法》，許可在福建、廣東、浙江、江蘇、山東、上海等指定口岸，由對台小額貿易公司與台灣居民從事每船每航次進出口限額十萬美元的小額貿易，並給予優惠稅率。

由於台商詬病《關於鼓勵台灣同胞投資的規定》位階不高，保護不周，而中共對兩岸簽訂投資保障協議，又別有政治考量，

為免造成對台商保護不周的負面效應，乃於 1994 年 3 月 5 日公布《台灣同胞投資保護法》，提高位階，但究其內容，僅強調台商對大陸地區的投資，係省對省的投資，為將來兩岸談判預留空間，在保障或優惠方面，則未有何新意，對糾紛事件能否在大陸以外的地區仲裁，亦僅籠統規定可以依仲裁條款或事後的書面協議，提交仲裁機構仲裁。

有些地方也制定了類似的規定，例如 1994 年廈門市人大制定的《廈門市台胞投資保護條例》等。

在保護台灣人民智慧財產權方面，中共國家版權局、專利局、工商局等部門先後制定《關於出版台灣同胞作品版權問題的暫行規定》、《關於受理台胞專利申請的通知》及受理台胞商標註冊的規定。

四、航運方面

為規範兩岸直接通航，1990 年 3 月 10 日中共國家民航總局制定《中國大陸與台灣間民用航空運輸不定期飛行的申請和批准程序的暫行規定》。中共為回應我方有關設立境外航運中心的計畫，於 1996 年 8 月 20 日發布《台灣海峽兩岸間航運管理辦法》；次日又發布《關於台灣海峽兩岸間貨物運輸代理業管理辦法》，以規範兩岸港口之間的海上直達客貨運輸及從事代理兩岸間直達航海貨物運輸業務的管理。

除了上述以外，在司法行政、民政、郵電、教育、影視、新聞等方面，中共有關部門與地方也制定了相關領域交往、交流的規定。

從整體上看，中共現有涉台法律事務的規範性文件以部門規章居多，達到法律、法規層級的全國性規定實際上只有三個，即

《台灣同胞投資保護法》、《關於鼓勵台灣同胞投資的規定》、《中國公民往來台灣地區管理辦法》。中共的看法是，在統一前涉台法律調整是以中共國家現行的法律體系爲主體，涉台立法只是其中的一個組成部分。需要專門立法加以調整的領域，一般是在該領域的法律關係呈相對特殊、穩定和相當規模的情況下，才適時地以法律、法規形式加以調整，相反的，則以採取部門規章和地方立法的形式處理。這與我政府以專門立法，全盤規範兩岸交流秩序的情形是截然不同的。

兩岸協商

一、兩岸事務性協商之歷程與發展

隨著海峽兩岸民間的熱絡交流，衍生出的若干問題，必須以協商方式解決。在我方海峽交流基金會成立前，兩岸即已因事實需要而有過兩次協商。首次於 1986 年 5 月，在香港就華航貨機降落廣州白雲機場之有關貨機、機組人員返回事宜進行商談。第二次於 1990 年 9 月，兩岸紅十字會負責人在金門就兩岸人犯遣返作業進行協商，並簽署了「金門協議」，作爲日後兩岸遣返偷渡犯、刑事犯之依據。爲因應兩岸關係之發展，自 1991 年 3 月我政府成立海基會，同年十二月中共成立海協會後，從此兩岸經由各自內部授權程序，進入由海基會與海協會代表進行協商的時代。

兩岸兩會自 1991 年底在數次事務性協商後，於 1993 年 4 月在新加坡舉行「辜汪會談」（辜振甫與汪道涵），簽署「兩岸公證書使用查證協議」、「兩岸掛號函件查詢、補償事宜協議」、「兩會

聯繫與會談制度協議」及「辜汪會談共同協議」等四項協議；兩岸兩會並根據「兩會聯繫與會談制度協議」及「辜汪會談共同協議」之規定，後續性進行了十次協商。

1995 年 4 月間，為加強兩會聯繫協商及擴大兩岸民間交流，兩會決定舉行第二次「辜汪會談」，並於 1995 年 5 月在台北舉行第一次預備性磋商，就會談議題、時間、地點等達成共識；內容包括回顧第一次「辜汪會談」所簽協議，有關漁事糾紛處理等議題協商，並就台商投資保障協議、民間經濟交流會議、文教、新聞、農業、科技、旅行交流，與兩岸交流其他重要問題等進行正式會談。

1995 年李登輝總統訪美，惟大陸方面對我務實外交反應過度，海協會於同年 6 月 16 日片面推遲會談，中斷此一制度化聯繫協商管道。

一直到 1997 年 5 月，兩岸針對維持「九七」之後「台港航運」相關事宜再度展開協商。1997 年 9 月中共「十五大」後，中共領導人相繼表達重開協商的意願。1998 年四月兩會互訪再啟，10 月終於完成了第二次的「辜汪會晤」。

二、兩岸協商所面臨的問題

回顧兩岸兩會的交流過程，可以理解到雙方互動的困境主要受限於主權問題、司法管轄權問題、制度差異等種種因素。由於雙方互信基礎薄弱，以致雙方在低層次、事務性、功能性事務協商時，往往受到外來非事務性因素的影響，而使得事務性的協商很難正常發展。

(一)對主權的看法不同

就主權問題而言，兩岸自 1949 年分治起，即爲主權問題爭論不休。雖然兩岸皆強調「一個中國」，惟雙方對「一個中國」的內涵卻有不同認知，致使「一個中國」雖是兩岸共同認知的目標，但對「一個中國」內涵的歧見，卻成兩岸互動交流上的最大障礙。兩岸在主權問題上無法獲致基本共識，不僅使得兩岸兩會互動陷入困境，亦是日後兩岸重啓協商大門乃至深化各項交流所必須面對的嚴肅課題。

在第一次辜汪會談時，雙方曾對「一個中國」的定義達成各自表述的解決方案，使得會議得以進行。不過中共海協會秘書長張金城表示，「一個中國，各自表述」是「台灣的發明，不是兩岸的共識」。當時海協會與海基會所達成的共識是：兩岸均堅持一個中國的原則。大陸方面堅持要寫下來，台灣方面不同意，後來改爲各自口頭表述。他說，這是有歷史文件可查的。張金城還表示，海峽兩岸展開政治談判，正式結束敵對狀態，不是中央政府對地方政府，而是在「一個中國」的原則下兩岸平等地談判。中共只是要求台灣承認只有「一個中國，台灣是中國的一部分」。[9]

由上述情形可瞭解，兩岸之間對於「一個中國」的歧見實在不是容易達成共識。

(二)對司法權的看法不同

就司法管轄權而言，兩岸兩會自第一次「辜汪會談」後，已舉行過七次事務性協商及三次「焦唐會談」（焦仁和與唐樹備），但仍遲遲無法就司法管轄權問題獲得共識，足見「司法管轄權」

---

[9] 1998 年 2 月 25 日中央社美國紐約電。

亦爲兩岸事務性協商亟待克服的難題之一。

(三)雙方制度不同

　　就制度差異而言，由於兩岸採行不同的政治、經濟、社會制度，雙方在制度上的巨大差異，亦使得兩岸兩會在互動時深感困難。

　　首先，就兩會的組織功能與運作而言，海基會與海協會雖是兩岸各自設立的中介團體，然其性質、功能與運作皆有不同。海基會爲事務性單位，沒有政治任務，而海協會則以完成政治任務爲優先考量。海基會與其授權機關陸委會的關係是建立在「契約、委任、授權」的基礎上，海基會、陸委會兩會各自運作。而海協會與「國台辦」則爲「一套人馬、兩塊招牌」。此外，我方海基會與陸委會在推動大陸政策上受限於主、客觀因素，必須接受民意機構、輿論、政黨之監督，與海協會在運作上顯然大不相同。海基會接受陸委會授權，謹守事務性分際，不涉及政治性議題，此與大陸海協會動輒體現政治性目標迥然不同。制度的差異與運作方式的不同，當然也表現在談判的特質上，更使得兩岸兩會協商不易獲得交集，更難獲致具體成果。

　　主權問題的糾葛不清，政治因素的高度影響，再加上制度的差異，致使雙方各有堅持，互信薄弱，而且由於兩岸各自面臨內在政治、經濟、社會的轉型巨變，如果雙方均植基於自身的主觀價值與利益考量，不去設身處地瞭解對方，則將使兩岸關係的發展受到局限。

　　1993 年 4 月，兩岸兩會在新加坡舉行「辜汪會談」所簽署的「兩會聯繫與會談制度協議」，是將兩會會談分爲不同的層級，即希望雙方能藉制度化、層次分明的商談，產生不同層次的功能和

效果。

　　兩岸關係目前最大的困境，是在於政治考量遠超過共同利益與共同文化的考量，為了突破兩岸目前的僵局，兩岸應加強經貿關係、擴大文教交流、恢復兩會會談，以滴水穿石之功替代政治鬥法的零和遊戲，以建立起良性互動模式，達成真正符合兩岸人民福祉的目標。

三、對於政治議題協商的態度

　　我政府表示，從不迴避政治議題的協商，但是也認為兩岸間現存的問題很難以功能性或政治性這樣的分類去加以明確區隔。

　　我政府認為，兩岸間急需解決的是攸關雙方民眾權益及福祉的問題，如果雙方不刻意去凸顯彼此在基本原則與立場上的歧見，應該比較容易取得共識，達成協議。而這類議題的協商有助於互信的建立，可以為未來更高層次政治性議題的討論創造有利的條件。

　　大陸方面卻認為，如果把一些存在兩岸之間關鍵性的歧異先拿出來討論，並達成結論，許多後續的功能性問題就可迎刃而解。我政府認為這種想法的盲點是，忽略了兩岸分治這五十年來雙方最根本的爭論，就是在一些高度政治性的議題上，在兩岸互信基礎薄弱的現在去討論這類的議題，必然會糾纏在無止境的爭論之中，對雙方的關係沒有正面的幫助，也延誤了解決與兩岸民眾權益相關問題的時間，絕不是一種務實的作法。

四、民意對兩岸協商的看法

　　依據陸委會公布的民意調查顯示，多數民眾肯定兩岸協商對解決兩岸問題的重要性，但並不相信大陸有與我進行和平談判的

誠意。至於兩岸協商應優先討論的議題，民眾認為應以事務性優先，但也不排斥政治談判。

依據 1997 年行政院大陸委員會委託進行之四次調查以及民間單位所做二十九次調查結果顯示：

半數以上的民眾認為，台灣和大陸間的問題可能用和平方式解決，認為不可能的比率約二至三成。然而一年來，始終有六成左右的民眾不相信大陸有和平談判的誠意，相信的比率僅為一成左右。

在談判的方式與主題方面，半數以上的民眾贊成儘快推動兩岸間政府對政府的談判，也贊成談判「三通」問題。至於是否進行有關統一的談判，民眾並無共識。

對於兩岸協商中斷二年多，我們應不應該著急，民眾的看法頗為分歧。對於我們是否應該與大陸進行協商，大多數（六成五）的民眾認為應該，二成四認為不應該協商。

兩岸協商應優先討論的議題，多數（四成三）民眾認為應以民間事務性議題優先，亦有三成五的民眾認為事務性、政治性兩者皆可。而如果兩岸進行政治談判，多數（三成七）民眾認為應優先建立朝野政黨的共識，其次是談判準備規劃工作。

未來的方向

兩岸目前是屬於分治狀態，各自擁有其有效管理的地區，為因應兩岸關係的發展，兩岸各自訂定相關法規以資適用，確有事實上的需要。但兩岸交流法制深受兩岸政治上對「一國兩區」與「一國兩制」基本認知差距極大的影響，致未能符合交流實際所

需的建構，而兩岸民間交流卻已熱絡開展，乃形成上冷下熱的特殊現象，交流愈多，觀念磨擦或失序現象也愈難以避免。

兩岸各自立法規範兩岸關係，當然是依各方內部既有的制度來運作，但兩岸交流密切，單方立法可能影響對方地區人民的權利、義務，如未予以考慮，恐易招致反彈，甚至影響兩岸互動關係，例如大陸地區人民對《兩岸人民關係條例》所定新台幣二百萬元的繼承限額，批評爲「歧視條款」；而中共方面無視台灣地區對大陸物品的關稅規定，單方頒行「對台灣地區小額貿易的管理辦法」，推動對台小額貿易，引致台海走私猖獗，也被視爲不友善的舉措。

《兩岸人民關係條例》及相關法規的適用對象，在法理上當然包含兩岸人民，然而我方在制定過程中僅參酌了大陸地區法律學者的意見。因此，未來仍有需要就兩岸共同關切的事項，跟中共方面進行協商，以取得共識，必要時還須簽訂各種協議，才能真正有效解決兩岸交流所發生的一些問題。中共方面如考慮在兩岸民事問題方面立法，希望也能納入區際法律衝突的條文，以保障兩岸人民的權益。

總之，制定規範的目的在於建立秩序，而建立兩岸交流秩序，對於兩岸未來的交往有其絕對的重要與助益。中共方面如何務實地認識到兩岸分治的事實，並充分考量到台灣人民的權益，並在此基礎上與我政府共同建立兩岸交流秩序，當有助於兩岸的良性互動。

問題與討論

問 題

一、試述《兩岸人民關係條例》的制訂過程。

二、試述《兩岸人民關係條例》的重要內容。

三、試述政府制訂《兩岸人民關係條例》的基本理念與該條例的
　　特性。

四、兩岸政府在制訂兩岸交流秩序的法令規章時，其基本觀念與
　　作法的差別為何？

五、請略述兩岸事務性協商的過程與成果。

六、試述兩岸協商所面臨的問題。

七、試述兩岸未來關係法制化應有的方向。

討 論

一、台灣是以「一國兩區」，大陸是以「一國兩制」作為兩岸交流
　　法律規範的基礎，這種看法對於兩岸交流法律規範的制訂有
　　何影響？

二、你認為兩岸交流秩序無法完全建立的關鍵在哪裡？

三、你認為我們政府（包括海基會）在歷次與中共交手的協商中，
　　表現得如何？

四、你贊不贊成兩岸進行「政治議題」的協商？你認為如果進行
　　「政治議題」協商對台灣的利弊在哪裡？如果不進行，對台
　　灣的利弊又在哪裡？

五、你認為我們與中共協商時，最有利的武器是什麼？對我們最
　　不利的因素又是什麼？

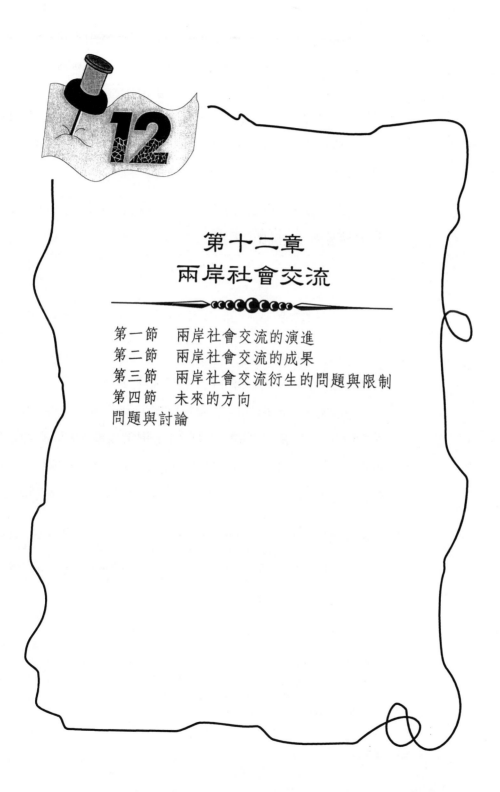

第十二章
兩岸社會交流

第一節　兩岸社會交流的演進
第二節　兩岸社會交流的成果
第三節　兩岸社會交流衍生的問題與限制
第四節　未來的方向
問題與討論

民間交流是所有其他交流的基礎，兩岸經由民間交流的擴大，將有助於兩岸人民間對彼此生活與社會的相互瞭解。為了使社會交流能在一定的規範下進行，兩岸政府都對其作了一些限制，其目的當然並非在於對民眾作不必要的限制，而在於希望兩岸的社會交流能在有秩序下進行，以保障整個社會所有民眾應有的權益。[1]

兩岸社會交流的演進

一、第一階段── 單向社會交流期（1987-1988）

　　政府自 1949 年播遷來台後，中共始終與我處於敵對狀態，且對我從未放棄以武力犯台野心，致親人分隔海峽兩端，惟政府仍基於倫理親情、人道精神，及尊重民意之反應下，於 1987 年 10 月 15 日開放探親。自同年 11 月 2 日開放除現役軍人以及現任公職人員以外，凡在大陸有血親、姻親三親等以內之親屬者，得登記赴大陸探親。至此，隔絕近四十年之兩岸關係，邁向新階段。[2]

---

[1] 本章主要參考資料：行政院大陸委員會編，《台灣地區與大陸地區人民關係條例暨施行細則解釋彙編》，台北：陸委會，民國 87 年；行政院大陸委員會，《跨越歷史的鴻溝：兩岸交流十年的回顧與前瞻》，台北：陸委會，民國 86 年；石之瑜，《兩岸關係概論》，台北：揚智，1998 年；以及陸委會出版的各項有關政策文件。

[2] 民國 76 年 10 月 15 日行政院第 2053 次院會通過「復興基地居民赴大陸淪陷區探親決定」，政府基於三原則：一、反共國策與光復國土目標不變。二、確保國家安全，防制中共統戰。三、基於傳統倫理及人道立場，自同年 11 月 2 日開放除現役軍人以及現任公職人員以外，凡在大陸有血親、姻親三親等以內之親屬者，得登記赴大陸探親。至此，隔絕近四十年之兩岸關係，邁向新階段。台灣民眾於民國 76 年 11 月起赴大陸者有 27,911 人，民國 77 年即增至 236,839 人次。

二、第二階段——雙向社會交流期（1988-1992）

(一)開放大陸地區人民來台探病奔喪

　　自從政府開放民眾赴大陸探親以來，即有部分民眾因年邁、患重病或受重傷，無法赴大陸探親。政府深切地有感於親人骨肉分離相思之苦，遂基於人道考量，首先於 1988 年 11 月開放大陸同胞申請來台探病奔喪。1990 年 6 月亦開放我公務員除擔任行政職務之政務官、國防部、內政部警政署、法務部調查局、國家安全局及其所屬各機關之人員外，亦得申請赴大陸地區探病、奔喪。

(二)延期照料

　　開放大陸同胞來台探病後，迭有民眾反應，在台之探病對象因年邁或傷病未癒、行動困難，其在台灣地區又無子女而乏人照料，而來台探病之大陸地區親屬復須依規定時間出境，致使在台之探病對象陷於無人照顧之窘境。為解決是類人道問題，爰於 1992 年 11 月修訂「大陸地區人民來台探病及奔喪申請作業要點」，對年逾七十歲、傷病未癒或行動困難乏人照料，且在台無子女之探病對象，開放其來台探病之大陸地區親屬一人，得申請留台延期照料。

(三)人道探視

　　基於陸續有大陸人民因涉案被我政府緝押或因事故在我領域死亡，[3]政府特對下列二種情形，放寬其在大陸地區之親屬來台探

---

[3] 1991 年 7 月，大陸漁船「閩獅漁二二九四、二二九五號」涉嫌「搶劫」我漁船「三鑫財號」，其中七名大陸漁民經我緝獲偵辦期間，政府開放其大陸親人及紅十字會人員來台探視。此外，1994 年 11 月 7 日發生「新吉發四號」舢舨於金山外海翻覆，致大陸偷渡犯 28 人溺斃案，基於人道之立場，政府同意死者之大陸地區親人來台探視。

視：(1)遭遇不可抗力之重大災變死亡者；(2)經司法機關羈押，所犯爲死刑、無期徒刑或最輕本刑爲五年以上有期徒刑者，其三親等內親屬或配偶，得申請來台人道探親。至於大陸海協會或紅十字會人員，爲協助前揭大陸地區人民進入台灣地區處理相關事務，並符合平等互惠原則，亦得申請來台人道探視。

三、第三階段──穩定發展期(1992-　)

(一)將兩岸社會交流納入相關法規

　　兩岸間的社會交流，經由前揭各項開放措施，已漸趨熱絡而頻繁。爲使兩岸社會交流能在穩定中繼續發展，我政府逐陸續訂定相關法規以資規範。1992 年 9 月 18 日，訂定施行《台灣地區與大陸地區人民關係條例》（簡稱《兩岸人民關係條例》）後，並根據該條例之授權，訂定《大陸地區人民進入台灣地區許可辦法》及《大陸地區人民在台灣地區定居或居留許可辦法》、《台灣地區人民進入大陸地區許可辦法》等法規，使得兩岸社會交流有了明確的規範依據。

(二)中共方面訂定相關辦法

　　隨著兩岸社會交流之發展，政府不斷積極從事兩岸社會交流相關措施之推動。相應於此，中共方面亦逐漸正視此一現象，並有所回應。1991 年 12 月 17 日中共發布《中國公民往來台灣地區管理辦法》，並於 1992 年 5 月 1 日起實施，引起了台灣各界的重視。

　　依該新頒行之管理辦法，將入出境之管理分爲兩大類，即「大陸居民前往台灣」及「台灣居民前往大陸」。兩岸社會交流大致包括了定居、探親、訪友、旅遊、處理財產、處理婚姻、處理親友

喪葬，以及進行經貿、科技、文化、教育、體育、藝術等交流活動。

兩岸社會交流的成果

一、台灣地區人民進入大陸地區

政府自民國 76 年 11 月 2 日起，開放一般民眾赴大陸探親以來，隨後並再陸續作大幅的開放。目前除了公務員、情治單位人員及役男赴大陸地區尚有事由限制（如從事文教活動、參加國際會議、掌理大陸事務人員赴大陸參訪等）外，一般民眾赴大陸地區已無事由限制。據統計，自 1987 年 11 月迄今已有超過一千餘萬人次進入大陸地區。

二、大陸地區人民進入台灣地區停留

政府於 1988 年 11 月開放大陸同胞來台探病及奔喪以來，陸續放寬其探病、奔喪對象。對於兩岸重大突發事件或遇到影響台灣地區重大利益情形，亦有特別規範以資因應。另為因應台澳通航後，澳門等航空器上之大陸機組員、空服人員因飛航任務、臨時調度需要、疾病、災變或其他特殊事故，得申請一年多次旅行證或單次臨時旅行證進入台灣地區。此類人員絕大多數均能依規定離境。

三、大陸地區人民來台居留

自 1992 年起，政府基於人道考量開放大陸地區人民與台灣地

表 12-1　大陸地區人士來台居留類別與數額

類　　別	1997 年起每年數額（人）
台灣地區人民配偶，在民國三十八年十二月三十一日以前（含三十一日）結婚者	不限
台灣地區人民之配偶，在民國三十九年一月一日(含一日)以後結婚已滿二年或已生產子女	1800（1999 年 11 月立法院同意增至 3600 人）
其他基於政治、經濟、社會、教育、科技或文化之考量，經主管機關認為確有必要者	60

區人民結婚滿二年或已生產子女者，得申請來台居留，嗣復開放大陸地區人民基於政治、經濟、社會、教育、科技或文化之考量，亦得申請來台專案居留。

目前，我政府對於大陸人士來台居留，基本上分為三類，如**表 12-1** 所示。

四、大陸地區人民來台定居

自 1997 年起，大陸地區人民來台定居類別，可分為六類，如**表 12-2** 所示。

五、繼承

自《兩岸人民關係條例》公布施行後，為使繼承狀態早日確定，並維護台灣地區經濟秩序及保障共同繼承人權益之考量，則對大陸地區人民繼承在台財產作若干限制：

(一)期限之限制

除特殊情形外，大陸地區人民應於繼承開始起三年內以書面

表 12-2　大陸地區人民來台定居類別及數額

類　　別	1997 年起每年數額（人）
台灣地區人民之配偶，於民國三十八年十二月三十一日以前結婚，年齡在七十歲以上者	不限
台灣地區人民之大陸地區配偶在台灣地區設有戶籍滿五年後，其直系血親年齡在七十歲以上者	60
台灣地區人民之直系血親及配偶，年齡在七十歲以上者	132
台灣地區人民之婚生子女，年齡在十二歲以下者	不限
台灣地區人民之直系血親，年齡在十二歲以下，其在台灣地區設有戶籍之父或母死亡者	不限
台灣地區人民之其他直系血親，年齡在十二歲以下者，但以一人爲限	24

附記：類別三之台灣地區人民，不包括大陸地區人民配偶經許可進入台灣地區，並設有戶籍者。

向被繼承人住所地之法院爲繼承之表示。[4]

(二)財產之限制

(1)大陸地區人民依法繼承之台灣地區財產總額，每人不得逾

---

[4] 若繼承本條例施行前已由主管機關處理，且在台灣地區無繼承人之現役軍人或退除役官兵遺產者，前項繼承表示期間爲四年（繼承在本條例施行前開始者，上項期間自本條例施行之日起算）。又，依 7 月 1 日修正施行之《台灣地區與大陸地區人民關係條例》二十六條之一第一項之規定，軍公教及公營事業機關（構）人員，在任職（服役）期間死亡，或支領月退休（職、伍）給與人員，在支領期間死亡，而在台灣地區無遺族或法定受益人者，其居住大陸地區之遺族或法定受益人，得於各該支領給付人死亡之日起五年內，經許可進入台灣地區，以書面向主管機關申請領受公務人員或軍人保險死亡給付、一次撫卹金、餘額退伍金或一次撫慰金。

新台幣二百萬元。

(2)被繼承人以在台灣地區之財產遺贈大陸地區人民、法人、團體或其他機構者，其總額不得超過新台幣二百萬元。

(三)標的之限制

(1)遺產中有為台灣地區繼承人賴以居住之不動產者，大陸地區人民不得繼承之，其價額不計入遺產總額。

(2)前項以外之不動產物權，大陸地區人民亦不能取得，但得將該權利折算為價額繼承之。

兩岸社會交流衍生的問題與限制

一、兩岸社會交流衍生的問題

自政府開放兩岸人民探親、探病、奔喪後，海峽兩岸之間的關係也有了明顯的互動發展，不僅滿足兩岸人民倫理親情上的渴望，大陸政策也從民間間接單向的交流，走向民間間接雙向的交流溝通，對於促進兩岸人民的相互瞭解，及化解敵意助益甚大。但政府的開放措施，亦衍生了許多問題，[5]包括：(1)逾期停留問題。(2)後續人口連鎖移入問題。(3)兩岸婚姻急遽增加，要求增加來台配額問題。(4)大陸幼童來台依親，以及所衍生的就養、就學等社

---

[5] 諸如：大陸地區人民來台後滯留不歸，部分或係親人臥病在床，不忍驟離，部分係在台非法打工；另查獲偽造或變造證件、親屬關係證明及來台探病病情之證明等問題，俱造成我政府處理上的困擾。至於台灣地區人民方面，因早期進入大陸地區，因病或親情牽繫居住逾四年，遭轉換身分為大陸地區人民，嗣因盤纏耗盡，或無法適應大陸生活，要求返台定居問題。

會性問題。(5)偷渡問題。[6](6)繼承問題。[7]

二、兩岸社會交流的限制

(一)政府不開放大陸地區勞工或親友來台工作

　　我政府認為關於大陸勞工來台工作之問題，須視兩岸互動關係，從國家安全、社會秩序、經濟需求與一般民眾的態度為考量因素。

　　程序上，則須依據《兩岸人民關係條例》等相關法規研擬有關辦法，經立法院同意後始得開放。而大陸當局對台敵意仍深，使得兩岸關係無法正常化，目前並非引進大陸地區勞工的適當時機。

　　從經濟層面來看，大陸地區勞工與外籍勞工皆從事低技術層次的勞力工作，兩者所能產生之幫助並無差異。大陸地區勞工雖然容易溝通，引進大陸地區勞工除了會像引進外籍勞工一樣須付

---

[6] 由於兩岸尚未簽訂遣返條款，致遣返工作，頓成兩岸棘手問題。未來雙方如能達成協議，則可使滯留或潛逃在對方之偷渡犯、刑事犯或刑事嫌疑犯，能安全、有效、迅速地遣返，減少兩岸治安上之問題，並有效打擊犯罪，消除犯罪死角。

[7] 大陸地區繼承人繼承台灣地區人民之遺產，在過程中常因各項現實因素之阻礙，致困難重重，問題叢生。例如，在台灣與大陸相互隔絕數十年之現實情況下，大陸繼承人對台灣之被繼承人生前財產狀況，除特殊情形外，多未能確切知悉，以致繼承標的物為何，所在何處，均無法掌握；又如大陸地區繼承人之身分認定上，因兩岸隔絕近五十年，甚難取得可供證明其繼承人身分之文件資料；而大陸地區公證處所開具之親屬關係證明書，縱經海基會驗證，亦非當然可認定其記載為真實，更何況，亦有大陸公證處開具之親屬關係證明書記載之被繼承人出生日期與被繼承人在台人事資料所記載者不相符之情形。而造成此等情況之因素，或許是由於大陸戰亂、資料保存不當而誤載，或被繼承人生前因工作等種種因素而虛報年齡或部分大陸公證有造假情形等，造成不少困擾。往後對是類問題之處理上，除加強海基會文書驗證之功能外，法院在具體訴訟案件所採取之態度，亦值得重視。

出一般社會成本（如棄職逃跑、擾亂治安、傳入疾病、勞工群體間或與本地民眾之衝突及流入禁物等問題）外，更須負擔政治成本（如安全威脅、引發統獨爭議與影響兩岸穩定等問題）與特殊社會成本（如同文同種更不容易管理，與大陸當局不配合所可能產生的困擾等問題）。兩岸關係未正常化前，不宜引進大陸地區勞工。自 1988 年 10 月以來，政府與民間的歷次民意調查顯示，台灣地區絕大多數民眾對開放大陸勞工來台都持反對的立場。

至於開放台灣地區民眾之大陸親友來台工作的問題，我政府認為所涉及開放程序及利弊考量與整體開放相同，牽涉層面相當廣泛，為避免對台灣地區造成各種困擾，進而影響整體大陸政策的規劃，目前尚非開放的時機。

(二)對於大陸地區配偶來台居留的規範

我政府認為大陸地區配偶來台居留應本於人道與人口政策之考量，循序漸進開放。政府參考台灣地區人口密度、人口自然增加率及對社會安定的影響等因素，並以平均每年人口淨遷出額，作為訂定歷年數額的參考指標。1997年度的配額訂為1800人，1999年 11 月立法院同意放寬為 3600 人，配額將逐年檢討放寬，使等待配額期間逐漸縮短。

政府向來重視大陸地區配偶來台團聚問題，除了開放一般條件者來台探親、探病、居留外，另針對特殊情形，採取以下措施：(1)台灣地區配偶死亡，大陸地區配偶須在台照顧未成年之親生子女者，可直接申請在台定居，不限數額。(2)民國 38 年 12 月 31 日以前與台灣地區人民結婚之大陸地區配偶申請來台居留者，不限數額。(3)台灣地區人民為重度以上身心障礙，在台有未成年之親生子女亟需人照料者，其大陸地區配偶得申請來台專案居留。(4)

台灣地區人民爲六十五歲以上或中度以上身心障礙者，其大陸地區配偶得申請來台照料三年。

大陸地區配偶申請來台居留案件逐年增加，人道因素雖應特別考量，但大陸地區配偶來台所製造的人口壓力，加上將來配偶的父母、親人伴隨移入，以及假結婚來台從事非法等行爲，將對社會產生一定影響。因此，有關大陸地區配偶來台問題，我政府是採審慎考量後循序漸進開放的態度處理。

(三)政府不開放大陸人民來台觀光

我政府認爲，大陸地區人口眾多，我方開放大陸人民來台，必須考慮交流秩序及相關條件是否具備。目前大陸地區一般民眾已可申請來台探親、探病、奔喪；具有專業造詣背景之文教、學術、經貿、交通、農業、環保、財經人士亦可來台從事與許可目的相符之活動。如進一步擴大開放大陸人民來台觀光，將對現行兩岸人民交流秩序構成衝擊，且在兩岸旅行交流規範未經協商建立之前，可能衍生諸多問題，例如，大陸地區人民來台旅遊發生滯留不歸時，因兩岸商談偷渡犯遣返議題尚未達成協議，有關人員之遣返有實際上之困難。據警政署入出境管理局統計，大陸人民經許可來台逾期不歸者約佔許可來台人數的 0.2%。另自 1987年至 1998 年底，大陸人民非法來台，累計緝獲收容者高達三萬七千餘人，遣返三萬六千餘人，餘約千人滯留於各地之收容中心。在這些問題未能妥適解決以前，冒然開放大陸人民來台觀光，將導致問題更難有效解決。

我政府認爲，關於大陸人民來台觀光應循序漸進，目前政府已大幅放寬許可大陸人民來台之目的及限制條件，未來將持續檢討放寬限制，俟兩岸協商恢復並建立制度化的交流規範後，再進

一步考慮開放大陸人民來台觀光，逐步達成正常化往來的目標。

未來的方向

推動兩岸社會交流之意義，即在於以交流促進瞭解。因兩岸隔絕近四十年，難免於彼此間有陌生之感，而對他方存有懷疑與不信任。要消弭彼此之懷疑，建立相互間之信賴，最自然的方式，就是透過民間的接觸，逐漸增進雙方之瞭解，化解彼此敵意，進而建立互信合作的基礎。

自從政府開放民眾赴大陸探親以來，兩岸民間交流的幅度與速度至為驚人。其肇始之初係基於人道與人性，實則為兩岸人民生活方式與水準的互相認識，繼而為兩岸人民生活文化、價值與內涵的省思，終必不可避免地，將成為兩岸發展與建設政策結果的事實比較。藉此一民間交流，將能為兩岸人民面對自己未來的生活方式上，有更開放的選擇。

問題與討論

問　題

一、請簡述兩岸社會交流的演進，並寫出其中重要的時間與事項。

二、試述兩岸社會交流的重要成果。

三、兩岸社會交流所衍生的問題為何？請簡要述之。

四、目前兩岸交流的限制為何？

討　論

一、你有沒有去過中國大陸？如果有，請提出你對大陸社會的觀感。他們的優點是什麼？缺點是什麼？如果你沒有去過大陸，也請由你所接觸過的訊息，提出你的看法。

二、請說說你對大陸人士來台的看法？你覺得政府目前的規定是太緊還是太鬆？請說出你的理由。

三、有人從人道理由，認為政府給有大陸籍配偶的名額太少，使得很多人夫妻無法長期相聚，小孩也陷入單親家庭困境。你覺得應該放寬還是繼續維持現行的政策？請說出你的理由。

四、你覺得兩岸社會交流較有利於台灣還是大陸，或是雙方都有利？請說出你的理由。

五、你覺得現在兩岸社會交流的最大問題在哪裡？請申述之。

六、你贊不贊成兩岸進行政治性協商？請說明理由。

七、你贊不贊成開放大陸人民來台觀光？請說明你的理由。你覺得如果開放或有限度開放大陸人民來台觀光，對台灣和大陸的利弊為何？

第十三章
兩岸經貿交流

第一節　兩岸經貿關係的互動現況
第二節　政府推動兩岸經貿交流的基本
　　　　看法
第三節　兩岸經貿交流的問題
第四節　有關兩岸航運關係
第五節　未來展望
第六節　兩岸經貿交流的爭議性看法
問題與討論

透過經貿交流，達到互利互補與建設發展，應是兩岸之間的共識與努力目標。[1]由1989年6月起迄今，政府陸續採取四十多項重要經貿開放措施，在「間接」往來的架構下，使兩岸得以發展貿易、投資、郵、電、通匯、金融保險等經貿關係；雙方經貿專業人士以至經貿官員的互訪也日趨頻繁。惟兩岸經貿往來已衍生出不少問題，協商管道不暢亦使經貿交流秩序難以有效建立。雙方如何經由正式管道商談經濟性議題，實為現階段兩岸共同努力的目標。

兩岸經貿關係的互動現況

一、持續增長的兩岸貿易

　　在兩岸各類經貿往來中，貿易往來可說是起步較早的項目。基於經貿的實際需要，早在戒嚴時期，便已有兩岸間接貿易往來的雛型，然而由於當時接觸仍屬初期試探階段，開放往來範圍尚屬有限，且民眾對大陸物品需求亦不強烈，因此並未引起普遍的注意。

　　自1987年11月政府開放民眾赴大陸探親到1992年9月《兩岸人民關係條例》施行之前，政府的大陸經貿政策，係以一連串行政

---

[1] 本章主要參考資料：行政院大陸委員會，《跨越歷史的鴻溝：兩岸交流十年的回顧與前瞻》，台北：陸委會，民國86年；石之瑜，《兩岸關係概論》，台北：揚智，1998年；邵宗海，《大陸政策與兩岸關係》，台北：華泰書局，民國85年3月2版；邵宗海，《兩岸關係：兩岸共識與兩岸歧見》，台北：五南，87年2月；民主進步黨中央黨部，《民主進步黨中國政策研討會與會代表書面意見彙編》，1998年2月，以及陸委會出版的各項有關政策文件。

命令作為開放兩岸經貿往來活動的依據。[2]雖有各項開放措施，但幅度上仍屬有限，以農產及其加工製品為例，由於大陸在此一方面具比較利益，大幅開放其農產品進口必將對台灣農業造成極大衝擊；然而現階段的管制措施，卻又造成兩岸走私貿易等地下經濟行為的猖獗。此一兩難問題或可隨時間的推移，採取漸進開放方式而獲致解決。

1992年9月《兩岸人民關係條例》的施行，為兩岸經貿往來法治化的開始。經濟部依據該條例第35條，於1993年4月訂定《台灣地區與大陸地區貿易許可辦法》，除確立兩岸貿易應以間接方式為之外，並對建立兩岸貿易監測系統，准許大陸地區物品輸入原則、程序、正面表列及對大陸地區輸出管制規定等明文規範，其後該辦法內容曾多次增修，以配合兩岸情勢發展。1996年7月，大陸地區工業產品輸入台灣改採負面表列，管制項目亦大幅放寬。因此除間接模式、輸入項目及輸入許可證等規範外，兩岸貿易關係事實上與一般國際貿易並無不同。

如前段所述，依現階段大陸經貿政策，對大陸地區輸入台灣的工業物品，已改採負面表列方式，並有較大幅度的開放。[3]

在貿易金額方面，根據行政院陸委會的統計，兩岸貿易總額，

---

[2] 1984 年，政府改變 1977 年「取締匪偽物品管理辦法」的嚴格規定，放寬自港澳轉口輸入大陸產品的限制，允許民間經由轉口方式與大陸地區進行貿易；1985 年「對港澳地區轉口貿易三項基本原則」，使廠商經香港轉口輸出合法化；1987 年 8 月更進一步開放 27 項大陸農工原料間接進口。

[3] 1988 年 8 月「大陸產品間接輸入處理原則」及「准許間接進口大陸產品原料項目」，以正面表列方式開放對我國家安全無危害、對相關產業無不良影響，並有助我產品外銷競爭力的 50 項大陸農工原料間接輸入；1989 年 6 月公布「大陸地區物品管理辦法」，正式開放大陸地區物品間接輸入；1990 年 8 月「對大陸地區間接輸出貨品管理辦法」，取消除部分高科技產品外，對大陸地區輸出的限制；1991 年 11 月「指定銀行對台灣地區廠商辦理大陸出口台灣押匯作業要點」，使廠商得以大陸地區出口證明文件在台押匯。

由1987年的15.15億美元，增至1998年的239.51億美元，十年內增加15.8倍。其中出口增幅較大，由12.26億美元，增至198.40億美元，增加16.18倍；輸入則因過去我對大陸產品進口限制，加上部分大陸貨品以走私或不實的原產地證明矇混進口，其數據較難以採信。

在貿易收支方面，台灣對大陸貿易持續保持出超態勢，1987年約為9.37億美元，至1998年已達265.85億美元，成長28.37倍。值得注意的是，我對大陸出超佔對全球出超金額比例持續升高，由1991年47.88億美元，增至1995年201.35億美元的最高點，之後雖受兩岸關係緊張影響，於1996年回落至120.35億美元，但1998年又上增至265.85億美元，大陸仍為我國最大的出超來源。

在貿易依存度方面，1987年兩岸轉口貿易總額占台灣對外貿易總額的1.71%，1998年提升至11.13%；其中台灣對大陸的出口依存度由2.28%上升至17.94%，進口依存度由0.83%升至3.93%。反之，大陸地區的進口來自台灣地區者由2.84%升至14.16%，出口至台灣地區者由0.73%升至2.24%。由歷年兩岸貿易金額成長率與依存度來看，大陸地區已成為台灣第三大貿易對象，僅次於美國與日本。我們不難發現，我國對大陸市場的依賴性與利用度，呈現明顯上升的態勢。

整體言之，近年台灣轉口輸往大陸之產品結構，仍以機械、電機設備及其零配件、紡織品及紡織製品、塑膠製品為主，而由大陸轉口輸入台灣地區者，則以農工原料為主，其中以煙煤、鋼鐵及電機設備為最多。

二、赴大陸投資的平均規模擴大

我國對外投資（尤其是東南亞地區）在1980年代中期方隨經濟結構轉型而大幅增加，大陸地區除具備開發中國家勞力充沛、

工資低廉的條件外，更多了語言文化上的優勢，遂吸引許多廠商前往投資設廠。1990年10月政府發布《對大陸地區從事間接投資或技術合作管理辦法》，開放廠商經主管機關許可得經第三地區對大陸間接投資。

　　1993年3月，經濟部訂定《在大陸地區從事投資或技術合作許可辦法》，明訂對大陸地區投資採事先許可制，應經由第三地區的公司、事業為之；在大陸地區投資或技術合作項目則分准許、禁止及專案審查等三大類。

　　由於企業赴大陸投資須經經濟部投資審議委員會審核許可，而准許投資項目無法滿足業界需求，且專案審查項目仍不夠明確，致使部分廠商因疏忽或未諳政府法令逕赴大陸投資，造成投資統計數據與實際狀況的落差。為矯正以往的缺失，配合台灣經濟的需求並建立兩岸間合理的水平、垂直分工體系，新版《大陸投資規範》已於1997年7月實施，對企業赴大陸投資項目及金額作出更為合理明確的規範，使對大陸投資審查達到透明化、公開化的目標。

　　目前在大陸外商直接投資實際投入金額中，台商位居第三，截至1998年底累計達212.65億美元，僅次於香港、美國，由此可見台商在大陸投資的重要性。[4]

　　早期赴大陸地區投資的廠商，大多屬於傳統勞力密集型產業，投資金額不大，投資者以中小型企業居多，並以加工出口型

---

[4] 截至1997年7月，政府已開放農業類215項、製造業5598項、服務業215中類可赴大陸投資。根據經濟部投審會統計，累計登記報備及許可赴大陸投資的台灣廠商，已由1991年237家，擴增至1998年底的21464家，總金額為132.43億美元；而據大陸方面統計，至1998年底，台商在大陸投資協議金額達404億美元，項目達41017項，較1991年的27億美元，2710項，不論在金額及數量上均有大幅的成長。

態為主。惟隨著大陸地區經濟的持續改革發展及大陸內銷市場的逐步對外開放，台商投資規模漸趨擴大（1991年每件平均金額為73萬美元，1996年曾達到最高額，每件平均金額約為321萬美元，1998年每件金額約為100萬美元），投資期限拉長，投資業別逐漸多樣化，電子及電器製造業已穩居投資金額比例首位，幾達總金額四分之一，食品飲料、塑膠製品及橡膠製造等行業則出現較大降幅，投資型態則逐漸轉向獨資經營，投資地區亦逐漸擴大，累計到1999年，廣東居首（34.09%），江蘇居次（31.43%），福建（11.41%）居第三位。然而隨著河北、浙江等省份逐漸崛起，以及大陸「九五」計畫向中西部較落後地區傾斜的政策，台商赴大陸投資未來是否朝向大陸北部、內地持續延伸，值得注意。

三、審慎的金融往來

在政府開放民眾赴大陸探親前後，兩岸金融業務及相關人員的往來均在禁止之列。對受益人在大陸地區的信用狀，以及兩岸間的匯款，均拒予受理。[5]

1990年5月，基於人道因素考量，政府宣布開放金融機構對大陸地區間接匯款票匯業務，開始辦理個人對大陸地區親友匯款、捐贈及移轉支付；但是在《兩岸人民關係條例》頒布之前，國內對大陸金融開放措施仍屬有限。[6]

在1992年《兩岸人民關係條例》頒布後，兩岸的金融往來開

---

[5] 1981年「外匯指定銀行對投遞中國大陸商業信用狀之收發處理要點」及1982年「外匯指定銀行防止中國大陸之銀行為匯款銀行或付款銀行之匯入匯款處理要點」。

[6] 1991年8月公布「現階段金融機構辦理對大陸地區間接匯款作業要點」，開放台灣地區外匯指定銀行及郵匯局辦理對大陸間接匯款；同年11月公布「大陸出口台灣押匯作業要點」，指定銀行開始辦理台灣地區從事兩岸間接貿易廠商在台押匯業務。

始放寬。財政部分別於1993年4月及1994年9月發布《台灣地區與大陸地區金融業務往來許可辦法》與《台灣地區與大陸地區保險業務往來許可辦法》。

《金融業務往來許可辦法》規定台灣地區銀行海外分支機構經許可得與外商銀行在大陸地區分支機構、大陸地區銀行海外分支機構及在海外的大陸地區法人、個人、團體及其他機構從事金融業務往來，並明訂收受存款、匯兌、簽發信用狀、進出口押匯及代理收付等金融業務往來範圍；《保險業務往來許可辦法》則開放兩岸保險業間接業務往來，台灣地區保險業海外分支機構經許可得與在海外的大陸地區人民、法人、團體及其他機構從事簽單保險業務往來。

鑑於資金移動對經濟立即且直接的影響性，政府為兼顧兩岸經貿交流與亞太金融中心的發展，對兩岸金融往來採取審慎開放的態度。近年來，雖然在金融業務上再擴充往來項目，但是鑑於大陸金融體系仍未臻健全，資金外流對我經濟可能產生的衝擊，且外商承作人民幣業務限制極多，金融風險仍大，仍不允許台灣金融機構前往大陸設置分行。[7]

---

[7] 1995 年 2 月修正《台灣地區金融機構辦理大陸地區間接匯款作業準則》，增列大陸人民繼承台灣人民遺產與衍生孳息，以及大陸地區就養榮民就養給付的匯出；7 月訂定《台灣地區銀行辦理大陸地區間接進出口外匯業務作業準則》，開放外匯指定銀行及國際金融業務分行（OBU）辦理大陸地區金融海外分支機構的出口押匯、託收及進口外匯業務；9 月修正《台灣地區與大陸地區金融業務往來許可辦法》，增加與大陸地區金融間接往來管道。1996 年 10 月發布《台灣地區與大陸地區證券及期貨業務往來許可辦法》，辦理大陸地區持有台灣地區股票股務與賣出、證券期貨投顧及教育訓練等業務往來。至於前往大陸設立機構方面，1995 年 2 月已開放保險同業公會在大陸地區籌設聯絡辦事處，金融業部分有鑑於大陸金融體系仍未臻健全，資金外流對我經濟可能產生的衝擊，且外商承作人民幣業務限制極多，金融風險仍大，故現階段尚不具可行性。

四、經貿人士往來頻繁

目前台灣地區經貿人士進入大陸地區，除公營事業機構人員及公務員申請赴大陸從事相關活動，尚須依據《台灣地區人民進入大陸地區許可辦法》辦理申請外，可說已無任何限制。而在開放大陸地區經貿人士來台部分，近年來也有相當大的調整。[8]

兩岸經貿的密切往來，必將帶動人員要素的移動。截至1998年底，台灣地區赴大陸地區人數估計已超過1031萬人次（申請台胞證人次），而赴大陸地區工作的台籍經貿人士接近20萬人，其中大部分擔任管理及技術工作。至於大陸經貿人士來台，截至1998年底，申請來台的大陸經濟類專業人士累計僅12937餘人，[9]顯示我們應可進一步加強此一方面的交流。

在郵件通話方面的成長也十分驚人。郵件方面，自1993年6月1日起正式開辦收寄大陸地區掛號函件業務。[10]在電信業務方面，目前兩岸雖然有直接通話之實，但是在技術與規範上，仍是透過

---

[8] 1993年5月經濟部發布「大陸地區產業技術引進許可辦法」，首次對引進大陸地區專業技術人才所須具備的條件及停留期間等作出明確的規定。此後有鑑於兩岸經貿交流日趨熱絡，以及建立兩岸間合理產業分工架構的需求，1995年4月至9月間，各主管機關陸續發布大陸地區經貿、交通、農業、環保及財金等專業人士來台從事專業事務相關活動的許可辦法，開放大陸地區相關人員來台從事參訪、會議、研習或示範觀摩等活動。同年8月修正發布「大陸地區人民進入台灣地區定居或居留許可辦法」，增列金融專業技術或實務操作上有傑出成就並能促進台灣地區發展者，經主管機關認可得申請在台居留。

[9] 其中以經貿部分最多（62.6%），農業次之（19.8%），交通（6.6%）、財經（6%）、環保（3.2%）再次之，產業技術引進比例最低（1.6%）。

[10] 依據1988年4月「郵寄大陸地區信件處理要點」規定，收寄以平常信函為限，經由我紅十字總會收轉；1990年3月「郵寄大陸地區函件處理要點」，修訂郵寄及處理大陸地區函件程序；1993年1月「大陸信件處理要點」，對兩岸往來信件種類、處理、查詢及補償方式均有規定。同年4月第一次「辜汪會談」簽訂「兩岸掛號函件查詢、補償事宜協議」後，6月1日正式開辦收寄大陸地區掛號函件業務。

第三地進行。[11]

截至1998年底，兩岸郵件往來合計約1.64億件（內含掛號信件346萬件），其中台灣寄往大陸的有64028萬件，大陸寄往台灣的有100644萬件。而兩岸間電信電話量，截至1998年底，台灣地區去話為3.35億通，居我國對世界各地通話量第一位，話務量成長亦超越其他地區，大陸地區來話截至1998年底計2.84億通，兩岸通話平均每通約3分鐘。總計近年兩岸電信業務急遽成長，平均年成長率近二至三成。

政府推動兩岸經貿交流的基本看法

回顧十年來兩岸經貿互動的歷程，1980年代後期台灣經濟結構產生前所未有的轉變，應是促使雙方經貿快速成長的關鍵性因素之一。持續累積的外貿出超造成新台幣巨幅升值與勞動成本的提高，不但削弱了出口競爭力，亦對國內產業結構造成空前的壓力。面對這樣的變局，國內經濟與產業開始進行積極的調整，除朝資本密集與品質提升的方向發展外，對台灣經濟影響最為深遠者，莫過於廠商對外投資活動的快速成長。

在此同時，政府開放兩岸民間交流與大陸經濟改革開放，恰

---

[11] 依據 1989 年 6 月「開放台灣地區與大陸地區民眾間接通話（報）措施」及實施辦法，在兩岸電信機構不直接接觸的原則下，台灣地區用戶可經第三地機構轉接與大陸通話（報），通信費用依國際攤帳慣例經第三地區電信機構處理。1997 年 1 月，行政院核定實施「兩岸通信方案」，藉由所謂「固定接駁技術」（Hard Patch），由雙方各經日、港的一般海纜作連接，同時共同租用 INTELSAT 電路，達成衛星連通，以因應電信自由化，我政府方面認為這是因應兩岸電信業務成長趨勢以及中共收回香港後台港電信經營環境，兼具經營效益與符合現行政策的優點。

好爲當時正方興未艾的區域內相互投資風潮，提供了一個更爲廣大的市場。在投資促進貿易，並帶動人員、資金及要素等衍生需求的情況下，台灣與大陸地區密切的經貿往來，一方面帶動了各自的快速經濟成長，另一方面也成爲研究東亞地區經濟整合者所關注的焦點。

分析兩岸經貿交流的快速成長，除了語言、文化、地緣等先天有利條件外，兩岸經濟環境基本上亦各有所長：大陸地區具有廣大的土地、豐富的原料、充沛的勞動力以及良好的基礎科技；而台灣地區則有管理的經驗、充沛的資金、市場行銷的管道以及優秀的應用科技，在互補互利的原則下，使得兩岸經貿交流得以在短期間內急遽成長。

我政府也因此在兩岸經貿「不鼓勵、不禁止」的態度下，於1994年提出「兩岸關係以經貿爲主軸」的政策宣示，充分顯示台灣對兩岸經貿關係的高度重視，兩岸經濟關係至此已成爲未來台灣經濟發展中不能忽視的一項重要因素。惟1995到1996年間兩岸關係的波折，凸顯出兩岸經貿關係的發展，已面臨基本結構性的限制。我政府認爲，我們固應順應東亞區域經濟整合的潮流，持續各項大陸經貿往來的開放措施，但亦需以較爲謹慎的態度，秉持穩健、務實與彈性的原則，以循序漸進的方式，持續推展兩岸經貿往來。

因此，面對東亞地區逐漸成爲世界經濟新重心，兩岸即將同時加入世界貿易組織（WTO），以及現階段兩岸經貿往來仍然存在的不利因素等種種利益與限制，我政府認爲，首先應在兩岸民間交流與風險間求取平衡，以兼顧國家安全與尊嚴爲前提，循序放寬兩岸交流限制，並在發展台灣爲亞太營運中心的架構下，將兩岸經貿關係納於整體經貿關係中的一環，使我們在持續推動兩岸

經貿的同時，能夠繼續維持台灣經濟的自主性，進而藉經貿力量發揮對大陸的正面影響，從根本上緩和兩岸對立，增進彼此間的長期和諧互動。政府亦將針對兩岸目前投資、貿易、金融、通信等項目的交流現況進行檢討並及時作出必要調整措施，以期減少兩岸經貿交流對台灣經濟所產生的負面因素，進而達成雙贏的目標。

兩岸經貿交流的問題

一、政治障礙尚待排除

兩岸經貿交流十年來，已衍生出不少亟待雙方解決的問題。而現存於兩岸間的政治障礙不但為一嚴重的非經濟因素，同時亦遲滯了其他經貿問題獲致解決的時程。1995年7月至1996年5月，在兩岸經歷近三十年來最嚴重的軍事危機之後，中共對台灣的軍事恐嚇，使得台灣方面對經貿的開放措施更行謹慎，並將「以經貿為主軸」調整為以「戒急用忍」為主要思維的大陸政策。未來如果兩岸之間的政治關係倘若無法良性互動，將會影響到兩岸經濟的交流。

二、大陸政經的潛在風險

中國大陸近年來的高速經濟發展充分顯示其不容忽視的市場潛力，然而此並不足以忽視大陸地區的潛在不利因素，例如大陸現今存在的國有企業虧損、隱藏性失業、區域發展差異、人民貧富不均、農業耕地減少、金融政策欠缺規範、財政赤字、外債規

模居高不下等結構性問題，這些均與大陸政治、經濟及社會情勢的穩定性緊密相關。在大陸政經發展前途未明且欠缺穩定度的情況下，我們應正視與大陸經貿往來過度密切將影響台灣經濟穩定發展的可能性。

三、經貿交流秩序與台商權益保障

為避免兩岸經貿交流的風險，因此當前最為迫切的任務，便是透過雙方協商方式，致力於建立兩岸經貿交流、台商資訊獲取及權益保障的機制。然而，自1995年中共片面推遲兩岸協商，使得上述包括簽訂海峽兩岸投資保障協議、共同保護智慧財產權、經貿糾紛調解仲裁等重要經濟性議題，均無法適時獲得解決。而台商不諳大陸地區商情與兩岸法令規範，亦增添其經營風險。如何有效落實兩岸經貿交流秩序規範化的工作，仍有賴台海兩岸持續對現行法規與兩岸協商議題進行規劃，以使與台商權益息息相關的問題得以解決。

四、走私與小額貿易問題

事實上，兩岸經貿規範缺失所產生的負面影響，已逐漸由境外擴及台灣地區，經貿灰色地帶的存在問題便是一例。[12]

探究兩岸間走私貿易猖獗的原因，固可就我方對大陸產品進口限制、台灣本身需求狀況及走私貿易獲利頗豐等供需因素予以解釋，然而最關鍵者應在於中共訂定單方面措施，將兩岸間小型

---

[12]依據關稅總局 1991 年 7 月至 1996 年 12 月所查獲大陸物品走私數據顯示，查獲總件數計 12984 件，總成本金額新台幣 16.8 餘億元（若以市價計當不止此數）。其中農產品走私部分最受國內各界關注，總計件數為 4031 件，金額達 4.5 億元新台幣，分別占總件數與總金額的 31% 及 27%，範圍則遍及農漁產品、藥材及各種保育類、非保育類動物，其嚴重程度可以想見。

走私行動合法化。[13]由其他如海上犯罪、大陸地區人民偷渡來台衍生的社會治安問題，以及走私產品未經檢疫，形成防疫漏洞並危及國民健康等問題陸續浮現看來，其影響層面似有漸趨擴大之勢。

有關兩岸航運關係

我政府在1987年11月開放台灣地區民眾赴大陸地區探親，開啓了兩岸關係的新局面。但政府認爲兩岸「通航」涉及國家安全及敏感的政治問題，持審慎做法，將兩岸「通航」列入「國家統一綱領」中程階段，須在安全、對等、尊嚴的前提下，再進行「通航」協商。在中共對台仍時有軍事威脅，且不肯面對兩岸分治的現實下，目前仍維持間接運輸的架構，此對兩岸人員、貨物的往來輸送，難免增加成本並造成若干不便。而隨著雙方經貿往來及互動的日益頻繁，兩岸何時「通航」，更成爲大家關注的焦點。

一、中共對「通航」的態度及政策演變

除了實際的經濟利益外，中共一直將兩岸「通航」做爲對台政策重要的「突破口」，因此從一開始就將「通航」列入其對台政策的最優先項目之一。

---

13 1993 年 10 月大陸「對外經貿合作部」與「海關總署」聯合發布「關於台灣地區小額貿易管理辦法」，將兩岸小型走私行動解釋為合法的小型商業行為，其目的不但在統合沿海各省各自為政的亂象，同時兼具矮化我為地方政府，迫使我接受「通商」、「通航」的意圖。據統計，該辦法頒布二年後，我方查獲走私總件數增加 44%，金額可能因供給量增加造成價格滑落而下降約 5%。然而其對於國內農業的影響卻日漸顯著：農、漁產品查獲件數分別增加 50% 及 270%，金額增加 37% 及 140%，足見兩岸農漁產品價格差距懸殊，走私可獲暴利，對國內農漁民收益、關稅收入及正常進出口造成嚴重負面影響。

首先，1979年1月中共「人大常委會」發表的《告台灣同胞書》，即建議兩岸儘快實現「三通」（通郵、通航、通商）；同年6月，中共並公布開放大陸商船通行台灣海峽的暫行規定。但在1980年代初期，兩岸仍處於敵對隔絕狀態，中共的兩岸「通航」政策，因缺乏實質迫切需求，而被視爲統戰意義大於實際需要。

其次，在1987年11月，我政府宣布開放國人赴大陸探親，其後又相繼頒布對大陸商品間接輸入、間接投資或技術合作、間接匯款等規定，使兩岸經貿交流不斷增長，衍生間接運輸之不便，此種不便的成本久而久之就會對政府的不通航政策形成壓力，這也是後來我政府積極尋求政策調整，提出「境外航運中心」的背景。

再者，中共交通部於1995年5月成立「海峽兩岸航運交流協會」，冀圖與我方民間航運團體進行直接交流接觸，以促成兩岸直接「通航」。爲因應我「境外航運中心」政策，1996年8月20日中共「交通部」公布《台灣海峽兩岸間航運管理辦法》，不久又頒布有關實施細節，其內容刻意凸顯「一個中國」，並將兩岸航運界定爲「屬於特殊管理之國內運輸」，顯有「促通」及彰顯其對兩岸航權的「主權」專屬之意。

二、我政府對改善兩岸航運的作為

開放之初，民眾赴大陸探親時，原則禁止任何國籍機、船直航兩岸。[14]此時，由於兩岸經貿交流數量不多，在政府「不接觸、不談判、不妥協」的三不政策下，使中共要求兩岸「通航」並未獲得實質的迴響。其後，我政府陸續頒訂大陸產品間接輸入、投

---

[14] 1992 年 10 月 14 日交通部發布「航政機關處理兩岸人民關係條例有關海運運輸事項作業規定」，明文規定。

資、匯款等政策,兩岸經貿交流隨之日益熱絡,仍有對兩岸運輸之需求。

在1992年《兩岸人民關係條例》公布後,政府隨即放寬兩岸間接轉運的限制。在海運方面,政府對兩岸間接航運業務之經營方式也有了新的規定,允許外國籍商船可經由第三地區港口載運大宗散雜貨經營兩岸間不定期航線業務。在空運方面,為配合間接「通航」政策,我政府設計緩衝的間接飛航方式,即不論外籍航空器為定期或不定期,均應依現有航路飛航至外國或第三地之轉接點,再飛航至海峽兩岸;而我國籍航空器仍不得經由轉接點間接飛航至大陸地區。[15]

就目前兩岸的運輸方式來看,兩岸之間的旅行、貿易,不論空運或海運,都是經由第三地(主要是香港)來進行,其中貿易部分接近八成是經香港進行的,但亦有少部分是經其他地區,如新加坡、日本及韓國等地。

茲就政府歷年來改善兩岸航運措施說明如下:

(一)簡化轉運手續方面

為增加我國籍海、空運公司在國際貨運市場的競爭能力,1993年2月,政府開放我國籍公司開具自起運地經第三地區轉運至大陸(目的地)的轉運提單,亦即由國籍公司簽發單一的全程轉運提單,而貨物運送則分兩段完成:前一段由國籍公司運送,後一段至大陸(目的地)部分則由我國籍公司委託的外國籍公司完成運送。換言之,我方飛機及船舶並未航行至大陸地區,我國籍海、空運公司也不需與大陸籍的海、空運公司直接接觸,但貨運營運能力卻可因而提升。另外,由於時空背景變化與兩岸經貿往來日

---

[15] 修訂「兩岸人民關係條例有關海運運輸事項作業規定」。

益緊密，1996年4月政府又進一步允許標有大陸地區標誌之貨櫃來台，這有助改善兩岸間貨櫃運輸與節省運輸成本。

(二)空運航權方面

在不定期空運運輸方面，繼1990年6月政府專案同意中華奧會租用外國籍航空公司，以包機至第三地區降落原機再飛方式，載運我亞運代表團及相關運動器材參加北平亞運會後，1993年4月，政府同意比照亞運會模式，援例准許中華奧會以包機方式參加在上海舉行之東亞運動會。

1995年以後，政府在拓展航權、進一步改善兩岸航運關係方面有重大收穫。首先，1995年5月我與澳門簽訂空運協定，為期五年，並跨越澳門交還中共之一九九九年。內容規定雙方各以兩家航空公司互飛，台灣以長榮、復興航空公司擔綱，澳門暫以澳門航空公司飛航。允許澳門航空公司班機在第三地澳門機場落地後，更換班機號碼續飛台灣及大陸，並允許該公司來台設立分公司。

至於台港航約方面，1996年6月我與香港簽訂台港空運協定，為期五年，並跨越「九七」。內容規定雙方各以兩家航空公司互飛，台灣以中華、長榮航空公司擔綱，香港則以國泰、港龍航空公司飛航，亦允許該公司來台設立分公司。

(三)海運運輸方面

在兩岸無法直航下，為推動兩岸經貿關係的持續發展，我政府於1995年1月5日通過亞太營運中心計畫，為改善兩岸航運方式，隨即公布設置「境外航運中心」政策，並首先指定高雄港為「境外航運中心」實施港口。接著，行政院於1997年1月解除外國籍商船經由第三地區港口經營兩岸間定期航線業務的限制。1997

年6月交通部又進一步准許「陸資」權宜船經第三地進出及停泊我方國際商港從事國際貨運運輸。[16]

三、現階段政府改善兩岸航運的具體政策

現階段政府對兩岸「直航」政策的作法為：先逐步推動「境外航運中心」政策，並配合「經貿營運特區」之設置，規劃兩岸之試點通航，俟經驗累積及兩岸關係發展，達成兩岸「通航」最終目標。

(一)逐步推動「境外航運中心」

「境外航運中心」是由政府指定適合作為轉運中心之國際商港，在貨物「不通關、不入境」的前提下，准許外籍船舶及權宜船（即在外國註冊設籍、懸掛外國國旗的船舶），以該港口作為兩岸間貨物轉運之中繼站，俾轉運大陸載往第三地或由第三地載往大陸之轉口貨。換言之，「境外航運中心」的營運並非兩岸船舶與貨物的直接往來，實質上是類似於國際機場「過境旅客」的做法。這可被視為是兼顧經濟需要與政治現實的一種暫時務實、變通做法。

有些人將「境外航運中心」誤解為「通航」，或指為「變相通航」。其實「境外航運中心」並不是一般所提兩岸貨物與人員以兩岸船舶（即有我國或中共船籍或旗幟的船舶）彼此直接的互航，而只是准許外籍船舶及權宜船行駛兩岸之間，載運的貨物也是不涉及兩岸進出口的轉口貨物。

針對我政府「境外航運中心」的設置，中共在1996年8月20日公布「台灣海峽兩岸間航運管理辦法」，其內容與我「境外航運中

---

[16] 目前已有兩岸各六家共計十二家航商獲准經營高雄與廈門、福州二條航線。

心」有若干交集處。嗣後又經一番波折，直到1997年4月19日始展開運作。[17]惟因中共目前僅開放廈門、福州兩港與高雄港互航，使「境外航運中心」營運範圍受到很大限制。

(二)規劃設置「經貿營運特區」

政府為因應全球經濟自由化的趨勢，以及兩岸關係的長期發展，正規劃「經貿營運特區」，其構想旨在適當的港口或機場附近，劃定一個區域，促使貨物、人員、資金、資訊等能便利流通，塑造良好、便利的企業經營環境。「經貿營運特區」可說是兩岸進行「三通」前的一種「試點」工作。但是「特區」設置的可行性，不僅是台灣單方面的意願而已，尚須中共方面也有正面的回應方可。

(三)研商準備兩岸「通航」方案

依據「國家統一綱領」的階段性發展原則，完成兩岸「通航」所涉及技術層面問題的規劃方案，並針對「通航」涉及的航空器國籍、船舶國旗與國籍、各項飛航文書格式、通航策略與範圍、通航利弊等政治問題，進行政策評估與通盤考量，並將實施兩岸「通航」的措施，送請立法院決議，俾配合兩岸關係發展，以達成「通航」的最終目標。

---

[17] 政府於 1997 年 4 月 12 日正式授權海峽交流基金會處理有關協商事宜，該會並指定副秘書長張良任為代表組成協商團隊，與香港船東會趙世光主席等，針對台港航運問題進行會談。台港航運會談已於 5 月 2 日及 5 月 24 日在香港及台北舉行兩回合協商，在第二回合協商雙方已達成共識，1997 年 7 月 1 日以後我方商船進出香港港口期間，船艉及主桅皆暫不懸旗。而港方商船進出我方港口期間，船艉只懸掛「香港特別行政區」區旗，主桅暫不懸旗。雙方並簽署「台港海運商談紀要」之共識文件，並於 1997 年 6 月 16 日由我海峽交流基金會與大陸海峽兩岸關係協會換文確認，於 1997 年 7 月 1 日起正式生效。

(四)務實處理「九七」後台港航運

政府依據《香港澳門關係條例》的精神，將香港定位為有別於大陸其他地區之「特別行政區域」，繼續維持台港兩地直接航運關係。

至於維持台港海運往來涉及雙方船舶懸旗問題等之協商解決，政府授權海峽交流基金會於1997年5月起與香港船東會針對台港航運問題進行會談。

會談結果與我方原有「互不懸旗」的目標與規劃相當接近。在當前兩岸情勢下，可以說是令人不盡滿意，但可以接受的結果。其次這次協商結果基本上體現了「對等」、「尊重」與「務實」的考慮。會談結果重點為：(1)雙方互不懸青天白日旗及五星旗，符合我方與中共彼此對等的原則。(2)我方在無損尊嚴之情況下，充分尊重港方商船於船艉懸掛「香港特別行政區」區旗，以使未來台港間良性互動關係及雙方有關問題之合理解決。

總體而言，有關兩岸對於「直航」的政策，可參閱**表13-1**之說明。

未來展望

首先，未來應以提升國家競爭力為方向，使兩岸經貿互動儘量回歸市場法則，逐步檢討放寬兩岸間物品、人員、資金、資訊等流動限制，以創造兩岸的互利雙贏。

其次，維持兩岸間良性互動，透過各項經貿協商建立交流秩序，實為兩岸經貿關係能否步入正軌的首要關鍵。兩岸均須體認

表13-1 兩岸有關「直航」政策的比較

	中 共	中華民國
和 平 試 探 期 (1979-1987)	1979《告台灣同胞書》提出「三通四流」 1981《葉九條》再提「三通四流」	1979「三不政策」 「禁航」限制：嚴格規定我國船舶，不論是否以我國爲起點或終點，都禁止彎靠大陸港口
政 策 試 探 期 (1987-1991)	中共領導人持續呼籲兩岸直航	以「間接通航」取代「禁航」。政府爲考慮民間探親旅遊便利，以及縮短時間，增加經濟效益，允許外籍不定期客輪經第三地來台。
政 策 規 劃 期 (1991-)	堅持「直航」，並開始進行技術性規劃。包括： (1)開辦廈門、海口、福州落地簽證。 (2)在福建省進行機場及港口的擴建。 (3)推動「省對省直航」、「港對港直航」、「兩門對開、兩馬先行」。 (4)「先海後空」、「先貨後客」、從「定點直航」到「全面直航」。	(1)訂定《國統綱領》、《兩岸人民關係條例》，規定通航的時機與條件。 (2)公布「兩岸直航的問題與展望說帖，說明直航的障礙與推動的方式，並駁斥中共的主張。 (3)逐步推動「境外航運中心」。 (4)規劃設置「經貿營運特區」。 (5)研商準備兩岸「通航」方案。 (6)務實處理「九七」後台港航運。

作者自行製表

一項事實，即雙方經貿關係之所以能夠發展得如此迅速，在於雙方經濟條件的互利互補，而未來兩岸經貿往來的持續進展，也絕非僅靠單方面的努力即可，需賴兩岸雙方共同努力才可達成。

「交流」與「協商」爲推展兩岸關係的主軸，缺一不可。兩岸在長時期隔絕，彼此思想觀念均存有歧異的情況下，難免於交流過程中衍生出許多問題，要解決兩岸經貿交流所衍生的種種障

礙，化解彼此間的誤解，這就有賴兩岸拋開政治的歧見，加強協商對話，針對投資權益、智慧財產權保障、經貿糾紛等議題，鞏固正常溝通，化解種種不利因素，以尋求兩岸經貿關係的突破。而唯有這些問題獲致解決，進一步的交流合作方可無礙地持續進行。

兩岸經貿交流的爭議性看法

一、有關「戒急用忍」的看法

(一)我政府對「戒急用忍」政策的看法

我政府認為「戒急用忍、行穩致遠」政策是保護台灣人民利益的政策。因為大陸至今尚未放棄對我用武，我政府至今無法去大陸保護台商，兩岸經貿必須審慎從事，漸進發展。「戒急用忍」並非要斷絕兩岸的經貿關係，而是要達到行穩致遠的目標。

我政府認為「戒急用忍」政策的執行是溫和且理性的，並無使兩岸經貿關係倒退的用意。「戒急用忍」政策只規範經貿活動，並非無限上綱。此政策在經貿活動中，只規範投資，不干涉貿易。所規範的投資只及三類：基礎建設、高科技、以及美金五千萬以上之項目。我政府認為這是合理的規範，對一般投資及中小企業完全沒有影響。

我政府認為上述三種投資若均放任移往大陸，不但無益於台灣的經濟發展，造成內部產業空洞，甚至將逐漸損及台灣在國際間引以為傲、賴以生存競爭的經濟優勢。至於一般投資及中小企業則完全沒有影響。而兩岸經貿亦仍秉持務實原則，逐步放寬。

因此，「戒急用忍」政策在執行面上是溫和且理性的，並無使兩岸經貿關係倒退的用意。

我政府認為，一般的錯誤印象中，「戒急用忍」政策似乎是兩岸關係氣氛不佳下的政策考量，其實政府是站在經濟層面思考，希望能分散市場風險。根據經濟部統計，截至1998年底，台商赴大陸投資件數已逾二萬件，總金額約132億美元，占我對外投資總額的比例約四成。在兩岸貿易方面，1998年兩岸貿易總額估計達239億美元，佔我對外貿易總額比重11.13％，佔總出口比重17.94％。這些數據均顯示我對外經貿過度集中於大陸市場。基於分散市場風險的考慮，因此我政府認為「戒急用忍」政策有其非常重要的意義。

或許有人認為，商人最瞭解何處是賺錢的好地方，政府不應多作約束，但如果只是一、兩家廠商在大陸投資遭遇問題，尚能自行處理；若是大多數赴大陸投資的廠商均遇到經營困難及風險時，這就是政府的責任了，因為政府有職責和義務對海外投資制定合理的規範，以及提供廠商最正確的訊息與完整的服務，保護廠商在海外的投資。

對於兩岸經貿關係的發展，政府始終秉持互利雙贏原則，持續採取放寬措施，但是，到今天為止，中共對台灣仍存有強烈敵意，在政治、外交上對我不理性的打壓、封殺，因此，我政府認為我們必須顧慮這種不理性的行為也會擴及到經濟上，因此，在這種情況下，基於投資風險的考慮，我們確有必要採取「戒急用忍」政策，希望台商在投資大陸時，要多「看一看」、「等一等」，聽聽政府的意見。當然，如果中共當局秉持和平、理性的態度，雙方營建出和諧安定的關係，兩岸經貿交流自然有更大的發展空間。

我政府認為「戒急用忍」的另外一層涵義就是希望台灣的企業能「根留台灣」。大陸經濟發展相當依賴外人投資，其中70％以上來自香港、台灣及東南亞等地的華人社會。惟有台灣、香港及其他地區華人經濟力量的繼續壯大，才能協助、支持大陸經濟發展。所以，我政府認為要促進兩岸經貿關係，必須先做到「根留台灣」，壯大台灣經濟，先保有台灣民眾的最大利益，才有力量繼續協助大陸經濟的發展。

　　我政府認為始終秉持互利雙贏原則，持續採取放寬措施以推動兩岸經貿關係的發展。但是，中共對台灣仍存有強烈敵意，且不肯務實面對兩岸「分治」的現實，在政治、外交上對我不理性的打壓、封殺。在這種情況下，基於投資風險的考慮，有必要採取「戒急用忍」政策。換句話說，如果中共當局秉持和平、理性的態度，雙方營建出和諧安定的關係，兩岸經貿交流自然有更大的發展空間。

(二)對「戒急用忍」的質疑

　　1995年1月，政府為了促進台灣經濟升級和因應國際潮流，提出「亞太營運中心」計畫，擬成立六個專業營運中心，包括製造、海運、空運、電訊、金融、媒體，分十年三個階段推動。

　　論者認為[18]，政府對大陸的經貿政策有其矛盾之處。1994年政府推動「南向」政策，用以平衡台商的大陸熱。但是1995年又推出「亞太營運中心」的構想，以作為台灣未來經濟升級與台灣未來在亞太的新座標角色。當時美商麥肯錫顧問公司即表示，兩岸若不直航，台灣將無法成為亞太營運中心，經建會亦表示，「將

---

[18] 例如，石之瑜，《兩岸關係概論》，台北：揚智，1998 年；郭正亮，〈兩岸經貿正常化，開創兩岸和平共榮〉，《民主進步黨中國政策研討會》，1998 年 2 月。

以中國大陸為經濟腹地」，然而不到兩年後，1996年8月政府又提出「戒急用忍」，用以減緩兩岸經貿關係的成長，並避免台灣投資不振與產業空洞化。論者認為，這種用政治來干預兩岸的交流的作法，不僅在前提上值得爭議，而其結果反而是削弱了台灣未來的優勢。他們主張兩岸經貿應該正常化。

對於是否會造成「無法根留台灣」問題方面，論者認為，國內投資不振的主因，其實是國內投資環境的遲遲未能改善所致，包括政府效率低落、基礎建設不足、國際化程度過低等等。國內投資環境如果無法改善，即使禁止台資流向中國大陸，台商也會選擇出走他國，而不見得會根留台灣。

對於是否會造成產業空洞化方面，論者認為，從1987年到1995年間，台灣的產業升級其實相當順利，反映在高科技和重化工業的比重攀升。同一時期，兩岸經貿的快速發展，有助於台灣維持貿易順差和資金週轉，反而提供了升級的有利條件。

在政府應管制風險方面，論者認為，政府為避免對大陸經貿依賴過於集中，而擔心如果未來大陸一旦政經動盪，台灣將難逃災厄的看法固然中肯，但是對企業風險的評估，政府未必較企業界本身為確實。例如，政府曾大力鼓吹「南向」政策，但是東南亞的金融風暴卻使得前往投資的廠商損失慘重，在中國大陸的台商反而相對穩定。因此，論者認為政府在協助企業上，應以排除障礙、提供資訊、協助發展為主，並整合企業參與風險評估，共同制定適合的大陸經貿與投資政策。

論者更認為，政府「戒急用忍」政策與經常引述中共「以商圍政」、「以民逼官」政策的說法，對在大陸投資者造成不小影響，使得繼續與大陸通商者，往往會容易扣上「賣台」、「通敵」、「台奸」的帽子，並間接造成其在台灣的信用緊縮、資金調度等

困難。

　　總體而言，論者認爲「戒急用忍」是用政治手段來干擾台灣經貿發展需要，但是這種自我設限，將會自我削弱競爭力，而導致機會與市場的流失，而其解決之道，即是將兩岸經貿正常化。

二、有關兩岸直接「三通」的看法

(一)政府認爲兩岸目前不宜直接「三通」的看法

　　目前通郵問題在間接方式下已獲致基本解決，通商則與通航密切相關，因此直接「通航」爲兩岸直接「三通」中最具關鍵性的一項。我政府認爲，兩岸直接「通航」的最大障礙在於大陸當局始終不肯務實面對兩岸「分治」的現實，漠視中華民國存在的事實，處處打壓、封殺我國際活動空間，且一再聲言不願放棄以武力犯台，這種不友善的對台政策，導致雙方不可能就直接「通航」所涉問題進行理性協商。

　　我政府認爲，兩岸直接「通航」涉及國防、政治、社會等方面的國家安全問題，在中共不放棄武力犯台的情況下，如開放兩岸直接「通航」，對我國家安全將造成以下的影響：國防方面，將使我空防出現空隙及加重國防負擔，並直接衝擊我海上運輸安全；政治方面，將導致兩岸關係產生結構性的變化，在中共意圖矮化及兼併我國之企圖下，此種轉變不符我方利益；社會方面，將使兩岸走私、偷渡情況更爲嚴重，危害台灣社會的治安。因此，在國家安全未獲充分保障的情況下，兩岸直接「通航」將使台灣地區面臨極大潛在的威脅與危險。因此我政府認爲兩岸直接「三通」（通郵、通航、通商），牽涉問題至爲複雜，必須在確保國家安全、尊嚴、以至全民福祉的前提下始能進行。

陸委會並引述進行的歷次民意調查結果顯示，民眾贊成兩岸直接「通航」的比例大致雖維持在六成左右，但在瞭解直接「通航」所涉安全、尊嚴等問題後，則贊成無條件直接「通航」者僅佔一成左右。換句話說，絕大多數民眾都認為必須在有條件的狀況下開放直接「通航」，亦即必須是「有尊嚴」、「有秩序」、「有安全」的直接「通航」。由中華徵信所在1997年8月所進行的民意調查結果發現，在有關兩岸直接「通航」問題上，支持應「無條件開放」的比例僅為一成三，認為應「有條件開放」的達七成五以上，是歷年來最高的。因此，基於民意考量，現階段亦不能與中共進行直接「三通」。

政府指出，很多人認為不能「三通」對兩岸經貿發展構成很大障礙，事實上，兩岸經貿在間接往來架構下，已有極為可觀的發展。大陸地區已成為我第三大貿易對象。在台商間接赴大陸投資方面，位居第二，僅次於香港。這些數字充分顯示兩岸經貿依存關係的快速升高。因此，政府認為在大陸對我仍存敵意的情況下，我們對兩岸「三通」更須謹慎。

在世界各國，談經濟互惠或自由貿易等都是需要在正常的關係下進行。在遇到與國家利益衝突之時，國際間皆有限制經濟活動的案例。過去美國對蘇聯、各國對南非皆有經濟的制裁；美國對古巴持續長達數十年的經濟制裁，迄今仍未解除。這些國際上的例證皆說明了企業商業利益不能高於國家安全及全民的利益。是以，現階段我們不能與中共進行直接「三通」，就是基於國家安全及整體利益的考量。

我政府認為，政府的既定政策就是要進行直接「三通」，但是必須在中共對我們消除敵意，雙方可以真正和平往來後，才可就直接「三通」問題進行正式協商。在此之前，我政府已實施「境

外航運中心」政策，准許權宜船行駛兩岸之間，經營「不通關、不入境」的區域性及國際性轉運業務，若其運作良好，將進一步考慮配合「經貿營運特區」之設置，研究規劃兩岸試點直接經貿往來，為將來兩岸直接「三通」累積經驗。最後當時機成熟，中共對我敵意消除，彼此在國際間亦能相互尊重時，直接「三通」自可水到渠成。

(二)認為不宜限制直接「三通」的看法

由於兩岸尚未直接通航，台灣不但無法發揮高雄港的海運優勢，同時也無法成為亞太地區的空運輻輳基地。即使在各方壓力下，政府被迫通過「境外轉運中心」，但是在不通關、不入境、先貨後客、定點直航的重重限制下，這種自我設限的轉運模式，並不能創造有利的經濟誘因。

由於兩岸尚未直接通商，台商不得不以第三地註冊、欠缺投資保障、單打獨鬥的方式進入中國大陸，造成我政府無法掌握經濟流向、台商受欺凌、無法整合台商優勢等問題。政府既然無法限制台商進入中國大陸，卻又限制中資赴台持股不得超過二成，反而造成「只准出、不准入」的單向資金外流。政府限制中間產品回銷台灣，反而迫使台商不得不改與當地企業結合，造成兩岸難以形成垂直分工。

國內一些企業界的領袖亦不斷呼籲政府能儘快開放「直航」，認為這樣可減低運輸成本，讓貨物儘快到達、出售，如此可節省營運成本。[19]美僑商會亦曾明指，如果台灣無法開闢兩岸直航，將有損台灣的競爭力。[20]

---

[19] 《中國時報》，民國 86 年 10 月 16 日，第 2 版。
[20] 《聯合報》，民國 86 年 11 月 20 日，第 21 版。

論者認為，現在全球已經是冷戰後的新情勢，國際經濟的互賴已是一個不可避免的趨勢，全球經濟國際化、經濟自由化更是一個不可能避免的潮流，台灣應該以更積極的態度去面對未來，而不是以冷戰時期「政治掛帥、管制兩岸經貿」的消極思維來處理兩岸的經貿行為。特別是台灣想要成為「亞太營運中心」以及想加入世界貿易組織，未來直接「三通」是不可避免之事，與其以拖等待對方善意回應，不如主動先行規劃解決，如此我方反而可能取得更有利的條件。

問題與討論

問　題

一、試述兩岸經貿關係的互動現況。

二、試述我政府對推動兩岸經貿的看法。

三、請比較兩岸對直接通航的政策。

四、現階段政府對於改善兩岸航運的具體政策爲何？

五、試述我政府爲什麼主張應採取「戒急用忍」的政策。

六、試述我政府爲什麼主張目前不宜直接「三通」。

討　論

一、你認爲促使兩岸經貿快速發展的原因爲何？請從地緣、產業
　　互補、文化及其他各方面申述之。

二、台灣應該將中國大陸作爲經濟的腹地，讓兩岸「經貿正常化」，
　　還是應該持續「戒急用忍」，以避免對大陸過於依賴？

三、你覺得「南向政策」與西進的「大陸政策」會否衝突？

四、你認爲「亞太營運中心」的理念和「戒急用忍」有沒有衝突？

五、你對「強本西進」和「戒急用忍」兩項政策的看法爲何？你
　　認爲何者才能有助於台灣的經濟持續發展？

六、你覺得兩岸現在算不算已經「通商」與「通郵」了？理由爲
　　何？

七、請說明你對兩岸「三通」的看法。你認爲「三通」，特別是兩
　　岸「直航」會否影響到國內的安全？如果會，請說出你的理
　　由。

八、有人說，政府已將「通航」作爲與中共未來政治談判的一個
　　籌碼，你同不同意這種說法與作法。

九、你覺得如果兩岸不「三通」，台灣可不可以成功地成爲「亞太營運中心」？以「境外航運中心」的方法，可不可以達到使台灣成爲「亞太營運中心」的目標？

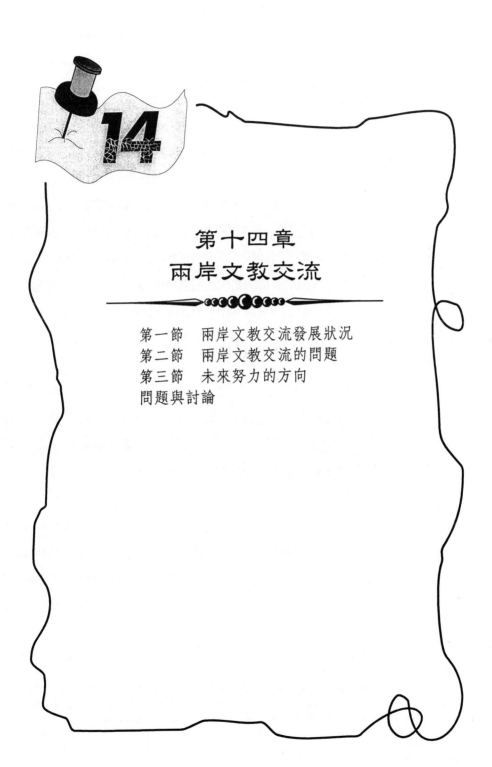

第十四章
兩岸文教交流

第一節　兩岸文教交流發展狀況
第二節　兩岸文教交流的問題
第三節　未來努力的方向
問題與討論

兩岸文教交流發展狀況

　　自從兩岸開放交流後，政府即秉持國統綱領近程階段促進瞭解，化解敵意的政策，確立文教交流優先的原則。[1]在《兩岸人民關係條例》施行後，交流秩序逐漸建立，使文教交流更向前邁向一大步。加之我民間團體對於促進交流也有積極的意願與熱誠，使得交流的觸角得以深入，交流力量得以擴散。雖然雙方交流的熱度曾隨著兩岸關係的起伏而有高低，但因雙方對於交流都有「只能慢、不能斷」的共識，所以交流能夠持續而穩健地進行。

一、交流人數日益增加

　　文教交流進行以來，雙方或因政治因素，或因交流態度的不同，以致在人員的往來上一直呈現「去多來少」的現象。我方人員赴大陸進行文教交流的數目，估計已有數十萬人次，而大陸方面來台交流的人數則相對較少，僅數萬人次，但是已有與時俱增的趨勢。

　　在大陸來訪的文教人士中，是以學術界的人最多，約占二分之一左右；演藝人員次之，大眾傳播界人士再次之。相對而言，大陸學生及宗教人士人數則較少。再以每年來台從事文化交流活動的總人數來看。在開放之初，每年總是以百分之三十的高幅度

---

[1] 本章主要參考資料：行政院大陸委員會，《跨越歷史的鴻溝：兩岸交流十年的回顧與前瞻》，台北：行政院大陸委員會，民國 86 年 11 月；蘇起、張良任，《兩岸文化交流：理念、歷程與展望》，台北：行政院大陸委員會，民國 85 年 3 月；蕭真美，〈十年來之兩岸文化交流〉，《中國大陸研究》，第 41 卷，第 9 期，民國 87 年 9 月，第 53-79 頁。

成長，在1994年及1996年分別受到千島湖事件及李總統訪美事件的影響，成長比率只有百分之三和百分之六，在一般時期，兩岸文教交流的情形算是相當熱絡。

二、交流限制逐漸放寬

兩岸文教交流初始，由於雙方試探性濃厚而且對交流效果尚不確定，相關限制較多，對於人員的身分、交流的事由及申請程序均有限制。惟我政府已依循國統綱領的進程逐漸放寬各項交流限制。目前除部分從事與國家安全有關工作外，任何團體或個人均可派員赴大陸地區從事文教交流活動，即使是公務員，經機關遴派或同意後，亦可前往大陸進行交流。

至於大陸人士來台方面，政府也開放大陸傑出人士來台參觀訪問，目前開放來台的大陸文教人士，已廣及專業文教人士、文教官員、大眾傳播人士、宗教人士等；而科技人士則可來台從事研究工作，民族藝術及民俗技藝人士可來台傳習。另外在身分上也已先後放寬中共黨政人員及台辦人員來台，其他如交流事由、延長停留期間、申請手續等也陸續放寬及簡化。至於大陸方面也有陸續放寬措施，大陸大學生團體已可來台訪問，並可與我大學生進行座談、研討等深入的交流。

在開放大陸出版品方面，基於研究參考的需要，大陸的出版品、電影片、廣播電視節目及錄影節目帶，凡經檢驗通過的，即可進入台灣地區；而經主管機關核准後，更可以改用正體字在台出版、發行、製作、映演或播送（放）等。經歷過逐年開放之後，目前大陸地區的圖書、發音片、電影片及錄影節目等都可以來台從事展覽、觀摩活動；而進入台灣地區的電影片、廣播電視節目、錄影節目等都可以申請發行、映演、播映或播送；有線電視也可

以申請同步轉播大陸地區的衛星電視節目。

其他開放的項目亦多，諸如對大陸地區保存的中華古物、古生物及藝術品等來台展覽訂定規範，又開放輸入大陸地區傳統建築維修材料，並開放大陸地區具宗教性質的文物輸入。這些開放措施對文化、藝術與宗教的交流活動助益很大。總計兩岸文教交流範圍，已由學術逐漸擴充到藝文、科技、體育與大眾傳播，再逐步擴大到演藝、文物、民俗技藝、宗教等，目前幾乎已遍及所有的類別。而交流深度，也由早期僅限於人員互訪、召開學術會議等屬於「點」、「線」的交流範圍，發展至交換出版品、合作研究、技藝觀摩、傳習教練、共同拍片等遍及「面」的交流。

除了上述政策上的開放措施外，政府在經費上也盡力支援、鼓勵兩岸的民間交流，各相關文教主管機關都曾資助民間團體進行兩岸文教交流活動。陸委會並於1994年1月成立以資助兩岸交流為宗旨的「中華發展基金」，以基金孳息來支助兩岸的交流活動，如推動兩岸菁英互訪、兩岸研究生赴對岸進行與論文相關的研修與資料蒐集、兩岸學者赴對岸進行講學或研究、並協助大陸學者出版學術著作等多項深具積極意義的交流活動。

綜觀兩岸對文教交流的限制，我方是「去鬆來緊」，對於國人赴大陸是「只問身分，不問事由」，但大陸人民來台則需要有專業上的造詣；而大陸方面則是「去緊來鬆」，對於台灣人民往訪多不予限制，但對於大陸人士則來台限制較嚴，由此可見兩岸對交流態度的不同。

三、交流項目更為多元且深入

兩岸文教交流的形態最初是以觀光訪問居多，且民間交流多屬隨機性，較無整體規劃，使得交流活動無法累積效果，很難發

揮較大的影響力。但是隨著交流層面的擴大，以往寒喧式的交流並不能滿足雙方面的需求，兩岸文教交流也就從看熱鬧進入看門道的階段，雙方交流的項目也就日益多元且深入。在兩岸藝文交流方面，兩岸的藝文表演團體都有相互的訪問；在教育學術交流的方面，兩岸大學校長、師生互訪、講學頻繁，延攬大陸優秀科技人才來台從事研究；在體育交流方面，大陸優秀體育人士來台擔任教練；在大眾傳播交流方面，雙方記者互訪、舉辦大型書展、合作出版者也日益增加。

此外，兩岸高層專業人士的互訪逐漸增加也是一個特色，此一發展有助於意見溝通。例如大陸「國家文物局」局長及「文化部」藝術局副局長曾分別應邀來台訪問，而海基會於民國84年籌組之文教參訪團成員中亦首度包括中央文教主管機關司處長級官員。民國85年底及86年初，教育部曾由次長級官員率文教與體育團赴大陸訪問，而大陸方面也有國務院所屬的各部、委的高層官員來台訪問。

四、通俗文化影響深遠

在眾多交流項目中，尤以台灣通俗文化對大陸的影響廣泛而深遠。由於通俗文化能貼切地表現當地的生活方式與價值觀，也最不具意識型態，所以受到的限制與阻礙也最小，一般大陸人民對於同文同種的台灣通俗文化，無論是通俗小說、流行歌曲或電視劇，都十分喜愛。藉由這些通俗文化的觸角，更能廣泛地促進大陸民眾對台灣的瞭解。近年來，大陸官方耗資製作的大型歷史劇已逐漸擺脫政治教條，也深受我民眾喜愛，並在台灣造成相當轟動。通俗文化是日常生活中非常重要的一部分，能貼切地表現生活方式與價值觀，也最不具意識型態，所以受到的局限及阻礙

較小，更能廣泛地促進兩岸人民的相互瞭解。尤其藉著大眾傳播媒體的傳播，其潛在的影響力不容忽視。

五、交流態度雙方主被動有別

自辜汪會談以來，兩岸均就文教議題交換意見，並確定具體交流項目。相對於大陸，我方多係主動規劃交流項目，陸委會並設置中華發展基金，訂定各種交流計畫，有計畫地推動各項交流活動，顯示我政府對於兩岸文教交流的重視與推動的誠意。

在民間交流方面，我民間資源豐沛，活動力強，對於促進交流亦具使命感，使兩岸交流活動藉著民間力量得以既深且廣。反觀大陸方面，民間缺乏經費及相關資訊，且因辦理活動需要層層審批，因而辦理交流活動的意願減低。在此情況下，兩岸文教交流呈現我方較熱的現象。

兩岸文教交流的問題

文教交流雖然日益頻繁，其效益與影響也是日益擴散，對於促使兩岸的瞭解有相當助益，但是不可諱言的，由於雙方觀念上的差距，以及民間對於交流目的的認知不足，也衍生下列若干問題：

一、兩岸制度差異懸殊

兩岸分隔、分治近五十年，大陸的所謂「具有中國特色的社會主義」與台灣所採行的自由、民主、法治制度有相當的差異，使兩岸社會價值觀及思維模式產生極大的不同，因而對於文教交

流的態度也各有立場。大陸方面對於交流係採「以我為主，於我有利」之原則，擔心兩岸交流後，「台灣經驗」對其內部產生影響，發生「和平演變」，故對於可展現交流優勢的傳統文化項目大力推動，但對於真正有利於促進瞭解的資訊交流卻多予限制。此外，中共對台政策堅持其「一國兩制」原則，不承認我為對等之政治實體。因此，在交流活動中，常發生我團體名稱被篡改、地位被矮化，或發生不當的政治審查與干預的情事，亦禁止部分交流活動或演出的進行。

二、若干交流觀點難有交集

由於兩岸對於交流都是持「以我為主，對我有利」的原則，致使有些文教活動難以推展。例如我方認為大陸方面係選擇性的交流，對於可展現交流優勢的傳統文化項目大力推動，但對於真正有利於促進瞭解的資訊交流卻多予限制；而大陸方面則認為我方在交流時，對其作身分的限制，申請手續也甚為繁瑣。

中共往往也將政治因素帶入文教交流。例如大陸來訪人員對我官方機構的刻意迴避，以及要求接待單位挪移國旗、元首肖像等不尊重我方的作風，也使得交流過程中引發許多爭議。雖然兩岸對於交流活動均強調雙贏，但是由於在若干問題上各有立場，共識難以達成，尤其因為政治上歧見所衍生的不友善氣氛間接影響文教交流。在這一個問題上，雙方似乎還是難有突破。

三、相關法規無法配合

我政府對於兩岸文教交流活動除於《兩岸人民關係條例》中有相關規定外，各部會也訂有許多種相關法規以供依據。但是隨著交流的日益深入及廣泛，對於新興交流事項，相關法規有的付

之闕如，有的未及修訂，無法配合交流的腳步。例如兩岸民間團體或學校間簽訂協議、締結姊妹校[2]、在大陸辦學及刊登大陸廣告已相當普遍，但相關法規並不完備，例如仍規定如果與大陸地區締結姊妹校要處新台幣十萬元以上、五十萬元以下的罰鍰。這些與現實已有出入的法規如果不能及時修訂，將使得政府與民間步調不能協調，並且容易引起誤會。

大陸方面，兩岸交流現在仍然缺乏綜合立法，致使文教交流在大陸是政策高於法律，其變動較大，又缺少常規可循。例如在兩岸關係陷入低潮，或在1997年香港回歸大陸敏感時刻，大陸方面對於兩岸人員的往來即有相關的緊縮措施，此亦進行交流的困難之處。

四、民間利益考量衍生問題

我民間團體對於辦理交流活動意願相當高，大部分團體亦具有專業及經驗，所辦活動效益良好，對於促進兩岸良性互動貢獻良多。但是仍有少部分民間團體以營利為出發點，引進大陸表演團體或其他文物展覽，常因專業不足而狀況百出。有的因無法覓得合適展演場地致文物毀損，有的因門票收入未如預期，無法依約支付或賠償相關費用，甚至置大陸人士在台生活於不顧，而需

---

[2] 依據《兩岸人民關係條例》第三十三條第一項規定：「台灣地區人民、法人、團體或其他機構，非經主管機關許可，不得為大陸地區法人、團體或其他機構之成員或擔任其他任何職務，亦不得與大陸地區人民、法人、團體或其他機構聯合設立法人、團體、其他機構或締結聯盟。」另第二項規定：「前項許可辦法，由主管機關擬訂，報請行政院核定後發布之。」由於兩岸學校締結姐妹校，涉及該條第一項所規定「締結聯盟」的問題，須經主管機關許可，但因為第二項所規定的許可辦法，主管機關尚未擬訂，所以目前台灣地區學校還不能與大陸地區學校締結姊妹校。如有違反規定的情形，可依該條例第九十條的規定，處新台幣十萬元以上、五十萬元以下的罰鍰。

仰賴我民眾捐款以維持生活。[3]由於來台演出的大陸團體對我方邀請單位未加詳細瞭解，又對我文化市場不熟悉，以致乘興而來卻敗興而歸。

另外，有部分團體借用其他團體名義以利於向主管機構申請，俟通過後再「轉包」給其他單位，更有誘使大陸人士從事與許可目的不符的活動，有的到觀光區表演，有的到工地作秀，假文教名義遂其招商的目的。

至於大陸方面，自改革開放以後，多數藝文機構因為需要「自負盈虧」，故對於交流活動，也以利益為考量，不論是我方藝文團體赴大陸或大陸藝文團體來台展演，均須向大陸方面支付為數可觀的費用，而大陸藝文團體來台展演則多由我方支付費用。雙方在經費支出方面相當不對等，致使我方在辦理交流活動時困難重重。

五、互信基礎不足

兩岸文教交流雖然已日益深入與廣泛，但是由於雙方價值觀的歧異及社會發展的背景不同，因而對於重要交流活動仍有疑懼。例如大陸方面多次提出希望我故宮文物能赴大陸展出，但我方以故宮文物為重要國寶，要求大陸方面應立法保障我文物自由進出，但大陸方面認為只要權責單位出面保證即可，不需要就單一交流立法。

在學術交流方面，近年來，大陸地區大學院校教師及研究人員來台人數也大幅增加，但是學生人數則相對很少。主要原因是目前中共的原則基本上是採「學者從寬、學生從嚴」、「中小學從

---

[3] 例如湖北黃梅劇團、大陸恐龍化石及山西解州運城的關公文物來台展演都發生類似的情形。

寬、大學生從嚴」的策略。中共「國家教育委員會」的態度是，大陸大學生或研究生不可接受我官方補助來台研究，不可單獨來台，來台必須有教師帶隊，擔心學生來台比較容易受到政治的影響。

此外，兩岸宗教交流也有類似情形，中共於1990年發布的《關於宗教方面對台交往的若干暫行規定》中特別提及，「不允許台灣宗教團體或個人干涉大陸宗教事務，利用宗教進行政治滲透」，並列有多項禁止規定，如不得在大陸舉辦大型宗教活動、在大陸傳教及散發宣傳品等。再如，大陸對於研究生來台研究也是持消極的態度。

六、資訊交流失衡

兩岸資訊交流一直存在不對等的現象。我報紙、雜誌對於大陸方面各類重要資訊均有詳細報導，出版界亦紛紛出版大陸著作，不論是文學、經濟或是政治類別，都甚為可觀。我民眾透過上述媒體可以充分掌握大部分的大陸資訊，近年來更可透過國際網路查詢大陸資訊。

中共雖已改革開放多年，但對於媒體的開放一直是持保守謹慎的態度，媒體的言論受到相當的限制。大陸媒體報導台灣的新聞比率偏低，且多擇其有利者報導。我大眾傳播人員赴大陸從事任何活動，處處受到限制。凡此種種，均影響到兩岸的資訊交流。

大陸媒體對於報導台灣地區發展情況的篇幅很少，縱使有之，亦多為對我矮化或醜化之報導。我方媒體對大陸的報導在篇幅與數量上遠超過大陸對台之報導。在廣播方面，中共透過沿海電台專責對我廣播；在電視方面，透過「亞衛一號」等衛星向我播放其上自「中央電視台」，下至地方省級（如「雲貴」、「浙江」、

「西藏」、「四川」、「山東」等）之衛星電視節目；另在電腦網路方面，則開闢「現代書店」等各式網路，提供我民眾直接訂購大陸書刊，然而中共卻嚴厲阻絕大陸民眾接收境外我方傳媒所提供之資訊。

近年來，中共有鑒於網際網路驚人的影響力，並避免不利於中共的國際資訊進入，在1996年發布《計算機信息網路國際聯網暫行規定》，嚴格管制民眾進行國際聯網。由於中共在資訊上的嚴格把關，使得大陸人民對於外界的事實真相往往有所誤解，這更可凸顯兩岸在文教交流時自然可能會碰到相當的障礙。

七、兩岸文教交流個別爭議性問題

(一)大陸學歷認證問題

我教育部曾在1997年10月22日發布「大陸地區學歷檢覈及採認辦法」，並公告認可大陸地區高等學校七十三所。但是該辦法發布之後，對於要認可多少學校及相關科系問題，引起部分民意代表對於高等教育生態及兩岸文教交流開放速度的疑慮，故教育部須審慎研擬後續相關規範，在相關規範未發布實施前，目前對於大陸地區的學歷尚無法採認。

(二)對大陸捐資興學的問題

大陸近年來也是鼓勵我企業家赴大陸興學。捐資興學的型態有四種：一是響應中共統戰部發起之「希望工程」運動，協助大陸失學兒童復學；二是興辦各級學校、捐贈學校設施、設立獎助學金；三是籌設台商子弟小學，惟受制於大陸的法令限制，台商想要擁有籌辦子弟小學的自主權恐仍不樂觀；四是純粹捐資給大陸地方政府，由當地政府創設公辦學校。

依據相關法令，我人民在大陸投資辦學，只能合資，不能獨資，大陸人士所佔董事會名額須在二分之一以上，而董事長或校長必須爲大陸人民。另外，我人民欲在大陸辦大學教育者，只能在現有的大學內設立二級學院。除此，大陸到目前爲止，並沒有一套完整的有關設立私立學校的保障法令，各地的作法有極大的差異，這是值得要往大陸興學者注意的地方。

未來努力的方向

事實上，就是因爲雙方有隔閡和障礙的存在，兩岸才應該繼續加強文教交流，以增加彼此的聯繫，並化解相互的敵意。兩岸同文同種，只要秉持著平等尊重、互補互惠及利潤分享之原則，以人文精神爲內涵，致力於文化合作，則必能達至共同提昇文化水準目的。因之，當前在推動文化交流方面應著力的是：

一、健全兩岸交流秩序

在文化交流的各項法規及制度已大致完備基礎上，應進而研究改進下列方面之缺失：現實發展與法令之落差、相關機關之橫向聯繫不足、來台大陸人士之活動與許可目的不符、審核入境手續仍嫌繁瑣等，以健全兩岸交流秩序。另兩岸應都秉持「對等互惠」原則進行，才能維繫雙方友誼，建立互信基礎。

二、簽訂兩岸文化協議

過去我海基會與大陸海協會已簽訂了「辜汪會談共同協議」和「焦唐台北會談共同新聞稿」，對文教、科技、新聞等交流已

有實施原則與具體項目，且已有部分付諸實施，效果良好。今後更應隨著交流的深入及擴大，在既有的基礎上，規劃推動簽署兩岸文化交流協議，建立交流規範，以促成文化交流的制度化，拓展交流的廣度和深度，從而促進兩岸文化共同發展。

三、促進兩岸資訊流通

　　資訊流通可以分享彼此之生活經驗並促進社會進步。但大陸社會迄今資訊仍然閉鎖，以致我方資訊未能暢通傳送大陸，而彼岸對我的各類選擇性、負面大於正面的報導，也已嚴重影響大陸民眾對台灣的正確認知。因此，今後除應擴大交流的層面與品質外，更重要的是藉由媒體客觀的報導，擴散交流效應，縮短彼此差距。唯有如此，雙方才能夠相互體諒、減少誤解，逐步培養互信。同時要在時機與條件成熟的情況下，簽訂兩岸新聞交流協議，就雙方報章、雜誌之流通，大眾傳播人士從事採訪、互相發行報紙等議題設定時程表，藉由新聞資訊的交流，加速縮短兩岸人民因多年隔離所造成思想與生活方式之差距。

四、結合民間資源力量

　　現階段兩岸關係仍以民間交流為主。因我民間蘊藏豐沛的資源和人才，且進行各類文化交流已極為熱絡，對加速兩岸人民之情感交融也產生了莫大影響，並成為政府開展交流互動最有力的後盾。故政府應立於輔導與支持的立場，與民間資源有效結合，建立兩岸民間團體制度化的交流模式，長期和持續地共同推動兩岸文教交流，發揮交流最大效果。

　　整體而言，兩岸人民共同繼承了中華文化，在台澎金馬地區由於實施開放政策較早，迄今已匯集海洋文化與中原文化的精

髓，發展出新的文化內涵，豐富了中華文化的本質。在大陸地區則因開放較遲，且一度遭受人為阻礙，至今仍以維持傳統文化為主體。但近十年來，在各界的支持與推動下，兩岸文化交流已頗具成效。未來當在既有基礎上，針對兩地文化特質，妥加規劃、推展，期使中華文化的內涵更形豐富，兩岸人民的相互瞭解更為增進。總之，兩岸應先「通資訊」、「通思維」、「通文化」，致力於此「新三通」才是兩岸未來良性互動的關鍵。

問題與討論

問　題

一、試述兩岸文教交流發展的現況。

二、試述影響目前兩岸文教交流的問題。

三、試述未來兩岸文教交流努力的方向。

討　論

一、你對於大陸電視節目的評價如何？你認為和台灣電視相關節目的比較如何？

二、可否舉出你所看過的大陸電影，並說出你覺得兩岸的電影文化傳播出什麼樣的不同訊息？是否有顯現出兩岸的社會差異？

三、你認為兩岸之間最應該文教交往的類別是什麼（藝文、科技、學術教育、宗教、新聞、其他）？請說出你的理由。

四、你有沒有看過大陸出版的書籍與雜誌？如果有，請說出你的觀感。

五、你贊不贊成支援大陸的「希望工程」？請說明你的理由。

六、你會不會考慮到大陸去深造？為什麼？

七、大陸現在很多學校都已為國外承認，你覺得政府應該在經過審核過，開放對大陸的學歷認證嗎？你覺得開放會有何好處和不利影響？請說出你的看法。

第十五章
兩岸與港澳

第一節　香港實施「一國兩制」的評估
第二節　香港主權轉移對兩岸三地關係的
　　　　影響
第三節　香港主權移轉後兩岸三地經貿關
　　　　係的展望
第四節　我政府對港澳的政策
問題與討論

1997 年 7 月 1 日，香港結束了 156 年的殖民統治，中共接收香港「主權」。此一轉變非僅與 650 萬香港人民的前途息息相關，香港的未來發展，也將影響大陸地區的動向與海峽兩岸的關係。由於香港在國際金融、貿易、交通、資訊各方面所占的重要地位，香港的未來亦為國際所注目。香港是否因主權轉移而影響其安定繁榮，深受世人的關切。現在香港已成為中共施行「一國兩制」之下的一個「特別行政區」，此一安排正值實踐階段，其成功或是失敗，將會對兩岸關係有一定的衝擊。

香港實施「一國兩制」的評估

一、國際上關切香港「一國兩制」的落實

　　香港的人權保障、民主法治與其經濟角色息息相關，深受國際關注。尤以美國在港維持規模龐大的總領事館、香港美國商會是美國本土以外最大商會、美商在港投資達 140 億美元、在港美僑超過四萬人等，促使美國高度關切香港未來發展，先於 1992 年通過「美國－香港法案」後，又在 1997 年通過「香港回歸法案」，授權行政部門在考量香港人權保護措施後，可裁量停止對香港的優惠待遇，使得未來香港特區可能成為中共與美國的衝突焦點。1997 年 6 月 21 日，世界七大工業國家在美國丹佛召開年度高峰會議時，特別呼籲中共應履行對港的承諾，以確保香港現有的自由、安定與繁榮，並將對中共承諾在十二個月內舉行自由和公平的新立法會選舉，進行監督。另英國、歐盟與澳洲亦宣佈在「九七」之後將對香港情勢提出年度報告。此外，國際媒體對中共接管香

港後，維持其繁榮安定的能力及保障港人自由人權的誠意頗表懷疑，認為香港人民未來在新聞自由、宗教自由及結社遊行的權利必受限制。

但是未來國際間對香港人權關切的積極程度為何，是否會於必要時以制裁中共方式來維護香港的基本人權，或是僅止於口頭的表述，則仍有待觀察。

二、「一國兩制」在香港值得觀察的問題

「一國兩制」的基本內涵之一，就是承認在香港的現行制度有其特殊性，如果將中共的社會主義強加於香港，將造成香港人心的不穩，或現行體制的崩潰，對中共而言，幾乎是百害而無一利。未來香港實行「一國兩制」的發展將值得作如下的觀察：

(一)理念上的爭議

中共在香港實行「一國兩制」。香港特區與大陸地區南轅北轍之政、經、社會文化體制，勢將引起是否導致大陸「和平演變」的懷疑，或產生對馬列主義的信仰危機。如果香港制度優於大陸，大陸人民必然要求仿效，也就是大陸的「香港化」；如果大陸認為其制度優於香港，則最後必將施行於香港，也就是香港的「大陸化」，這將是對中共的一大考驗。

此外，香港基本法所設計的政制架構存有諸多灰色地帶，也將涉及中共與香港特區如何解釋的問題。中共所言保持資本主義制度不變，實即注重經濟，忽視政治與社會，似欲使香港停留在殖民時期的政治狀況，因而反對近年來港人爭取的民主選舉，並以間接選舉產生臨時立法會。這些作為都是與歷史發展潮流相背的，香港人民接受程度如何，值得觀察。

(二)制度上的爭議

香港在殖民時期，已有相當的自由與法治，近年又引進民主選舉制度。人權保障與依法行政已成爲港人牢不可破的觀念。中共政制則相對地缺乏上述的色彩。中共對「一國兩制」的解釋未來是否會偏重「一國」而壓抑「兩制」，以「民族大義」與「愛國主義」來檢視民主黨派政治活動；或是對港人言論、集會、遊行各種自由能有適當的尊重，值得觀察。

(三)實行上的爭議

在「一國兩制」原則下，香港的國防與外交由中共負責，特區政府則依據基本法享有「港人治港」、「高度自治」。但「港人治港」的港人，未來將是以中共的旨意爲優先，或是以香港人民的利益爲考量；中共中央會嘗試干預，還是放手讓香港「高度自治」，此皆考驗著未來的中共中央與香港政府，值得觀察。

三、「一國兩制」不適用於台灣

「一國兩制」原是中共解決台灣問題與香港問題出發的，實行的構想首先從解決香港問題開始。中共接收香港後更將其作爲在台灣推動「一國兩制」的試金石。有若干國際媒體認爲，「一國兩制」在香港的成敗將會影響兩岸關係，並謂「香港模式」如順利施行，將對台灣在與中共談判時產生壓力。然而，台灣與香港在法律與政治上的位階與意義是完全不同的。台灣不是香港，香港是英國殖民地，台灣是中華民國的所在。海峽兩岸處於分治的格局，中華民國擁有國防的自衛能力、自主的外交關係，與香港人民無法決定自身的前途不同。所以基本上，我政府認爲，無論「一國兩制」在香港實施結果如何，對中華民國均不適用。

香港主權轉移對兩岸三地關係的影響

　　兩岸基於政治現實，一向以香港作為主要中介地。隨著香港主權的轉移，將對兩岸三地的往來衍生許多新課題，對於兩岸關係的互動，也會有相當微妙而敏感的影響。

一、對台灣的影響

(一)中共藉機打壓台灣的國際活動空間

　　中共藉香港基本法規定，迫使有駐港領事館的中華民國邦交國，與中華民國斷交或降低駐港機構地位，對台灣展開又一波外交打壓。另一方面，由於英、美、日及其他國家在港之經濟利益頗巨，未來中共是否利用香港向這些國家施壓，以阻撓台灣拓展與彼等的關係，值得重視。

(二)中共加強對台灣統戰攻勢

　　隨著「一國兩制」在香港的實行，中共已開始利用「香港模式」對台灣進行統戰，並不斷強調其「處理台灣問題的順序」，以對台灣施壓。倘結合我方內部對「統一」問題上意識型態的分歧，勢將衝擊國人心防，並破壞內部團結。同時，國際間對中共擬以「一國兩制」處理「台灣問題」能否認知其不可行，亦相當值得我方高度關注。

(三)未來台港關係將受制於「錢七條」

　　中共「副總理兼外交部長」錢其琛於 1995 年提出處理香港涉

台問題的七點原則（《錢七條》），著眼於由中共中央主導台港間各項關係，雖然容許中華民國駐港機構及人員繼續留駐，並歡迎各種民間交流及投資，但仍脫離不了中共自定的「一個中國」的定義與原則，並欲將「一國兩制」的政治主張施行在對台關係上。因此，台港關係在中共可能施加的政治壓力下，仍存有相當不確定的變數。

(四)陸資入台帶來衝擊

在維持台港既有關係原則下，我並未對「九七」之後港資來台多作限制，然而中共以陸資滲入香港經濟體系以取得經濟主控權，進而影響其政治的經驗，必將為中共引用，陸資可能以港資身分作掩護，滲透至台灣經濟體系中，再藉機擴張影響力。

二、對中共的影響

(一)增添中共的經濟實力

香港總人口只佔中國大陸人口的 0.5％，但其去年生產總值卻佔大陸全年生產總值的 21％。過去十年，香港的國民生產毛額年成長率平均達 6.5％，每人平均國民所得也達到 24500 美元。在外匯儲備方面，大陸為 1000 億美元左右，香港為 660 億美元。中共在吸納香港經濟力量後，將使其在國際經濟組織之影響力大幅提昇。

(二)有助於大陸進一步的改革開放

香港固然是中共的經貿窗口，也是西方思想對大陸傳播的前哨站，「九七」之後，大陸透過香港與外界接觸頻繁，民主自由思想及多元社會制度將隨之進入大陸，而加速其改革與開放的步伐。

（三）引發各省市對自主性的要求

中共嚴令大陸各省市不得逕與香港特區聯繫，亦即想排除「大陸香港化」的發生，然而在中共以香港「回歸」為主軸的宣傳熱潮激盪下，已激起大陸民眾對香港的憧憬。加以各省市均欲發展經濟，香港設立特區享有自治權，將引發「香港能，我也能」的連鎖反應。

香港主權移轉後兩岸三地經貿關係的展望

自 1987 年 11 月政府開放民間赴大陸探親以來，兩岸經貿交流即快速發展，而香港作為兩岸人員及經貿往來之中介地位日益突顯，台港經貿關係也因此更形密切。據統計，1987 年台港貿易僅 55 億美元，至 1998 年則已逾 176 億美元；兩岸間經過香港之轉口貿易依大陸海關統計 1998 年總額接近 204 億美元。在投資方面，在港經營台商總數達三千家以上，台商間接赴大陸投資為數更為可觀，實際投入金額估計超過 150 億美元，已開工投產約兩萬家，其中超過五成係透過香港進行轉投資，或以香港作為財務操作或營運基地。由此可見，兩岸三地的經貿關係已極為密切。

從經濟發展之角度來看，兩岸三地經濟力量已相當可觀，面對世界經濟重心逐漸移向東亞地區以及東亞經濟加速整合的大趨勢，並考量台灣及大陸即將加入世界貿易組織的因素，如果能順應潮流，本於互利互惠的原則，加強台、港、大陸兩岸三地的經貿關係，則必可在二十一世紀的世界舞台扮演更重要的角色。

基於這種思考，我政府的既定政策，是繼續維持並開拓台港

間的既有關係，並已制訂《香港澳門關係條例》及相關許可辦法，在香港能維持現有自由經濟制度與高度自治的前提下，視香港為有別於大陸其他地區的「特別行政區」，台港間各種經貿、社會、文化等交流均將維持，並期望能夠持續發展，而且香港作為兩岸中介地位的角色也期望繼續維持。同時，我們更希望建立一個順暢及穩定的台港關係架構，以利進一步拓展台港間的經貿往來，進而以香港作為兩岸三地經濟合作的試驗區，為兩岸未來的長遠發展奠定基礎。

我政府對港澳的政策

李總統於 1995 年 4 月 8 日國統會致詞中，明確宣示港澳政策，即「兩岸共同維護港澳繁榮，促進港澳民主」。因此我政府對港澳的政策是：(1)維持台港澳關係的發展。(2)增進彼此之交流與合作。(3)維護港澳地區之自由、民主安定與繁榮，以保持其在國際社會的地位。如此不僅有助於兩岸四地的經濟發展，也可促進亞太地區的穩定與繁榮。

我政府對港澳工作的原則為：(1)秉持互利互惠原則，擴大雙邊交流合作。(2)強化經貿文教關係，厚植留駐港澳基礎。(3)尊重港澳同胞意願，就地落實服務工作。(4)務實定位港澳地區，貫徹長期港澳政策。為達政策之目標，政府對「九七」、「九九」後的港澳，因應的措施包括：

一、在定位方面

在港澳能維持現行自由經濟制度與高度自治地位的前提下，

視其爲有別於大陸其他地區之「特別區域」，排除《兩岸人民關係條例》在港澳之適用，另訂特別法以維持並加強現有的關係。

二、在往來規範上

訂定《香港澳門關係條例》，以規範台灣地區與港澳地區人民往來及其他相關事項，俾維繫並促進台港澳之直接往來，以利彼此之發展及維護當地同胞權益。

三、在駐港機構方面

秉持政府「不自港澳撤退」的政策，整合各機關駐港單位，成立「香港事務局」，繼續留駐並加強對當地同胞的服務。

四、在民間交流方面

擴大與港澳各界之交流邀訪，增進相互瞭解，建立台港澳間的正式溝通管道，解決問題以促進實質之合作，達到共榮互利的目標。

問題與討論

問　題

一、試述未來「一國兩制」在香港可能碰到的一些問題。

二、爲什麼「一國兩制」即使可以適用在香港，也不可能適用於台灣？

三、香港主權轉移對台灣產生哪些可能的影響？

四、香港主權轉移對中國大陸產生哪些可能的影響？

五、試述我政府對港澳的政策。

討　論

一、你去過香港或澳門嗎？請說出你覺得香港或澳門最吸引你的地方。

二、假如你是香港人，你又有表達意見的權利，你會不會贊成香港「回歸」中國？請說出你的理由。

三、你有沒有朋友是香港人？他們對「一國兩制」的看法如何？

四、假如「一國兩制」在香港實行得很成功，你認爲台灣就比較能夠接受「一國兩制」嗎？

五、你認爲港澳回歸中國後，對中共未來的發展是利多還是弊多？爲什麼？

六、港澳與台灣很近，你有注意過政府的港澳政策嗎？你覺得身邊的朋友關心港澳未來的前途嗎？如果沒有，可否說出是什麼理由？

中國大陸與兩岸關係概論　　　亞太研究系列 9

著　　　者／張亞中.李英明
出　　　版／生智文化事業有限公司
發 行 人／林新倫
登 記 證／局版北市業字第 677 號
地　　　址／台北縣深坑鄉北深路 3 段 260 號 8 樓
電　　　話／(02)26647780
傳　　　真／(02)26647633
E-mail ／ book3@ycrc.com.tw
網址／ http：//www.ycrc.com.tw
郵撥帳號／ 19735365 葉忠賢
印　　　刷／鼎易印刷股份有限公司
初版一刷／ 2000 年 4 月
定　　　價／新台幣：350 元
I S B N：957-818-104-3

本書如有缺頁、破損、裝訂錯誤，請寄回更換
� 版權所有　翻印必究 ㊉

國家圖書館出版品預行編目資料

中國大陸與兩岸關係概論／張亞中，李英明著.
-- 初版.---臺北市：生智，2000〔民89〕
面：　公分.--（亞太研究系列；9）

ISBN　957-818-104-3（平裝）

1.兩岸關係　2.中國－政治與政府

571.1　　　　　　　　　　　　　　　89001622

揚智文化事業股份有限公司

中國人生叢書

A0101	蘇東坡的人生哲學—曠達人生 ISBN:957-9091-63-3 (96/01)	范　軍/著	NT:250B/平
A0102A	諸葛亮的人生哲學—智聖人生 ISBN:957-9091-64-1 (96/10)	曹海東/著	NT:250B/平
A0103	老子的人生哲學—自然人生　　ISBN:957-9091-67-6 (96/03)	戴健業/著	NT:250B/平
A0104	孟子的人生哲學—慷慨人生　　ISBN:957-9091-79-X (94/10)	王耀輝/著	NT:250B/平
A0105	孔子的人生哲學—執著人生　　ISBN:957-9091-84-6 (96/02)	李　旭/著	NT:250B/平
A0106	韓非子的人生哲學—權術人生 ISBN:957-9091-87-0 (96/03)	阮　忠/著	NT:250B/平
A0107	荀子的人生哲學—進取人生　　ISBN:957-9091-86-2 (96/02)	彭萬榮/著	NT:250B/平
A0108	墨子的人生哲學—兼愛人生　　ISBN:957-9091-85-4 (94/12)	陳　偉/著	NT:250B/平
A0109	莊子的人生哲學—瀟灑人生　　ISBN:957-9091-72-2 (96/01)	揚　帆/著	NT:250B/平
A0110	禪宗的人生哲學—頓悟人生　　ISBN:957-9272-04-2 (96/03)	陳文新/著	NT:250B/平
A0111B	李宗吾的人生哲學—厚黑人生 ISBN:957-9272-21-2 (95/08)	湯江浩/著	NT:250B/平
A0112	曹操的人生哲學—梟雄人生　　ISBN:957-9272-22-0 (95/11)	揚　帆/著	NT:300B/平
A0113	袁枚的人生哲學—率性人生　　ISBN:957-9272-41-7 (95/12)	陳文新/著	NT:300B/平
A0114	李白的人生哲學—詩酒人生　　ISBN:957-9272-53-0 (96/06)	謝楚發/著	NT:300B/平
A0115	孫權的人生哲學—機智人生　　ISBN:957-9272-50-6 (96/03)	黃忠晶/著	NT:250B/平
A0116	李後主的人生哲學—浪漫人生 ISBN:957-9272-55-7 (96/05)	李中華/著	NT:250B/平
A0117	李清照的人生哲學—婉約人生 ISBN:957-8637-78-0 (99/02)	余茞芳、舒靜/著	NT:250B/平
A0118	金聖嘆的人生哲學—糊塗人生 ISBN:957-8446-03-9 (97/05)	周　劼/著	NT:200B/平
A0119	孫子的人生哲學—謀略人生　　ISBN:957-9272-75-1 (96/09)	熊忠武/著	NT:250B/平
A0120	紀曉嵐的人生哲學—寬恕人生 ISBN:957-9272-94-8 (97/01)	陳文新/著	NT:250B/平
A0121	商鞅的人生哲學—權霸人生　　ISBN:957-8446-17-9 (97/07)	丁毅華/著	NT:250B/平
A0122	范仲淹的人生哲學—憂樂人生 ISBN:957-8446-20-9 (97/07)	王耀輝/著	NT:250B/平
A0123	曾國藩的人生哲學—忠毅人生 ISBN:957-8446-32-2 (97/09)	彭基博/著	NT:250B/平
A0124	劉伯溫的人生哲學—智略人生 ISBN:957-8446-24-1 (97/08)	陳文新/著	NT:250B/平
A0125	梁啓超的人生哲學—改良人生 ISBN:957-8446-27-6 (97/09)	鮑　風/著	NT:250B/平
A0126	魏徵的人生哲學—忠諫人生　　ISBN:957-8446-41-1 (97/12)	余和祥/著	NT:250B/平
A0127	武則天的人生哲學—女權人生 ISBN:957-818-085-3 (00/02)	陳慶輝/著	NT:200B/平
A0128	唐太宗的人生哲學—守靜人生 ISBN:957-818-025-X (99/08)	陳文新/等著	NT:300B/平

POLIS叢書

A9010	獨裁政治學	ISBN:957-9272-02-6 (95/03)	孫　哲/著　NT:500A/平
A9025	政治商品化理論	ISBN:957-8446-31-4 (97/09)	李培元/著　NT:250B/平
A9031	自由主義、民族主義與國家認同		
		ISBN:957-8446-66-7 (98/05)	江宜樺/著　NT:250B/平
A9301	憲法與公民教育	ISBN:957-8446-95-0 (98/10)	周繼祥/著　NT:450A/平
A9302	中華民國的憲政發展	ISBN:957-8637-70-5 (98/12)	齊光裕/著　NT:500A/平
A9303	國會改革方案之理論與實際	ISBN:957-8637-84-5 (99/03)	顏明聖等/編著　NT:250A/精
A9304	政治理性的批判與重建		王賀白/著
A9305	當代政治經濟學	ISBN:957-818-011-X (99/07)	洪鎌德/著　NT:430A/平
A9307	社會役制度	ISBN:957-818-083-7 (00/01)	陳新民/著　NT:350A/平
A9308	軍事憲法論		陳新民/著
A9309	當代新政治思想		葉永文/等譯
XA001	中華民國的政治發展	ISBN:957-9272-47-6 (96/01)	齊光裕/著　NT:800A/精
XA002	憲法與憲政	ISBN:957-9272-89-1 (96/11)	齊光裕/著　NT:250A/平
XA005	爲什麼要廢省?我國行政區的檢討與調整		
		ISBN:957-97212-8-9 (97/07)	劉道義/著　NT:400B/平
XA006	第一階段憲政改革之研究	ISBN:957-97213-0-0 (97/08)	李炳南/著　NT:350B/平
XA007	不確定的憲政－第三階段憲政改革之研究		
		ISBN:957-97227-6-0 (98/08)	李炳南/著　NT:400B/平
XE008	憲政改革與民主化	ISBN:957-97278-3-X(98/05)	林水吉/著　NT:350A/平

憲法與公民教育

周繼祥/著

本書涵蓋「憲法」、「立國精神」、「公民教育」三個主要領域。
舉凡人權、國家、政治體制、公民、選舉、憲改、地方自治……等
當前重大的憲政議題都網羅書中。

本書題材新穎、立論平實、資料豐富,實爲教師必備之參考書、大
專學生必讀之教科書、社會人士常用之現代公民叢書之一。

亞太研究系列

張亞中、李英明／主編

D3001	當代中國文化轉型與認同	ISBN:957-8637-49-7 (97/11)	羅曉南/著 NT:250B/平
D3002	後社會主義中國：毛澤東、鄧小平、江澤民		
		ISBN:957-8637-48-9 (97/11)	林琳文/著 NT:500B/平
D3003	兩岸主權論	ISBN:957-8637-55-1 (98/03)	張亞中/著 NT:200B/平
D3004	新加坡的政治領袖與政治領導	ISBN:957-8637-60-4 (98/08)	郭俊麟/著 NT:320B/平
D3005	冷戰後美國的東亞政策	ISBN:957-8637-66-7 (99/02)	周　煦/著 NT:350B/平
D3006	美國的中國政策：圍堵、交往、戰略夥伴		
		ISBN:957-8637-85-3 (99/03)	張亞中、孫國祥/著 NT:380B/平
D3007	中國：向鄧後時代轉折	ISBN:957-818-021-7 (99/08)	李英明/著 NT:190B/平
D3008	東南亞安全	ISBN:957-818-033-0 (99/10)	陳欣之/著 NT:300B/平
D3009	中國大陸與兩岸關係概論	ISBN 957-818-104-3(00/04)	張亞中、李英明/著 NT:350B/平
D3010	冷戰後美國的全球戰略和世界地位		王緝思/主編
D3011	重構東亞危機－反思自由經濟主義		李劍明、羅金義/主編

兩岸主權論

張亞中／著

本書為兩岸學術界從法理上專門探討兩岸主權問題的第一本專著，有系統地從國際法、憲法、政治學、國際關係、社會學等各個層面對兩岸間主權問題作深入而清晰的探究。本書並提出「一個中國，兩個中國人國家」（「一中兩國」）應為兩岸主權之合理定位。

信用卡專用訂購單

（本表格可重複影印使用）

· 請將本單影印出來，以黑色筆正楷填妥訂購單後，並親筆簽名，利用傳真02-23660310或利用
  郵寄方式，我們會儘速將書寄達，若有任何問題，歡迎來電02-2366-0309洽詢。
· 歡迎上網http://www.ycrc.com.tw免費加入會員，可享購書優惠折扣。非會員以定價銷售。
· 台、澎、金、馬地區訂購9本（含）以下，請另加掛號郵資NT60元。

訂購內容

書　號	書　　名	數　量	定　價	小　計	金額NT(元)

訂購人：
寄書地址：□□□

（A）書款總金額NT（元）：
（B）郵資NT（元）：
（A+B）應付總金額NT（元）：

TEL：
手機：
FAX：
E-mail：
發票抬頭：　　　　　　　　　　　□二聯式　□三聯式
統一編號：
信用卡別：□VISA □ MASTER CARD □JCB CARD □聯合信用卡
卡號：
有效期限（西元年/月）：
持卡人簽名（同信用卡上）：
今天日期（西元年/月/日）：
商店代號：01-016-3800-5　　　授權碼：（訂書人勿填）

版權所有　揚智文化事業股份有限公司
地址：106台北市新生南路三段88號5樓之6
TEL：886-2-23660309 FAX：886-2-23660310
E-mail：tn605547@ms6.tisnet.net.tw